HAPPY BUSINESS

Madlen Heller

MADLEN HELLER

# Happy BUSINESS

## TRAUMJOB UNTERNEHMERIN

Wie du dein eigenes Business aufbaust und deine Träume verwirklichst

Bibliografische Information der Deutschen Nationalbibliothek: Die Deutsche Nationalbibliothek verzeichnet diese Publikation in der Deutschen Nationalbibliografie, detaillierte bibliografische Daten sind im Internet über http://dnb.dnb.de abrufbar.

**Für Fragen und Anregungen:**
buch@madlenheller.com



**Haftungsausschluss**
Die Inhalte dieses Buches dienen ausschließlich allgemeinen Informationszwecken und stellen keine Rechts-, Steuer- noch Finanzberatung dar. Für individuelle Beratung wenden Sie sich bitte an einen qualifizierten Experten. Auch ersetzt dieses Buch keinen ärztlichen Rat. Bei gesundheitlichen Fragen konsultieren Sie bitte einen Arzt oder Therapeuten.

Die Aussagen in diesem Buch spiegeln die persönlichen Ansichten der Autorin wieder und sind rein didaktischer Natur.

In diesem Buch enthaltene Übungen und Ratschläge können individuell unterschiedlich wirken. Eine Garantie kann dennoch nicht übernommen werden. Haftungsansprüche gegen die Autorin und / oder den Verlag sind ausgeschlossen, es sei denn es liegt Vorsatz, grobe Fahrlässigkeit oder Arglist vor. Die Umsetzung der Anweisungen und Impulse erfolgt auf eigenes Risiko.

Aus Gründen der besseren Lesbarkeit wird im Buch auf eine geschlechtergerechte Schreibweise verzichtet. Sämtliche Bezeichnungen gelten jedoch gleichermaßen für alle Geschlechter.

Druckfehler und Irrtümer bleiben vorbehalten.

ISBN-Print: 978-3-6902-849-67
Originalausgabe: 1. Auflage 2025
Text: Madlen Heller, 01458 Ottendorf-Okrilla, Bahnhofstr. 9
Lektorat und Mentoring: Kyrala Bettina Belitz
Umschlaggestaltung: Sophie Weiss – Werkstatt München
Buchsatz & Layout: Satzwerk Huber, Germering
Buchcoaching: Angela Löhr, Expertenbuch Akademie
Cover-Foto: Stefanie Lippert – Businessfotografie
Druck: Books Factory Sp. Z. o.o, Szcecin, Poland
Versand & Vertrieb: Nova MD GmbH, Vachendorf

https://hellerzauber.de
buch@madlenheller.com

Dieses Buch ist allen Frauen gewidmet, die den Mut haben, ihr eigenes Business und Herzensprojekt zu starten, und ebenso jenen, die entschlossen sind, den nächsten Schritt darin zu gehen oder sich neu auszurichten. Denen, die bereit sind, alte Begrenzungen hinter sich zu lassen und ein Leben voller Fülle, Freude und Leichtigkeit zu erschaffen – ein Leben, das sie selbstbestimmt gestalten, nach ihren eigenen Regeln.

Es ist eine Widmung an alle, die nicht nur für sich selbst träumen, sondern auch andere inspirieren, neu und anders zu denken.

Lasst uns gemeinsam eine Welt erschaffen, in der jede Frau ihre Freiheit lebt und andere zauberhafte Frauen dazu ermutigt, dasselbe zu tun.

# Inhalt

# TUN

**Anfangen, losgehen und zwar unperfekt perfekt. Einfach machen.**
Wie du dein Business aufbaust und die nächsten Schritte setzt.

## HABEN

**Unternehmerisch denken, umsetzen und empfangen.**
Wie du dein Business in die Fülle trägst und deine Finanzen gestaltest.

# Vorwort

Madlen Heller ist eine Frau der neuen Zeit – eine Visionärin, die spürt, dass Frauen nicht nur träumen, sondern ihr Leben und Business in die eigene Hand nehmen dürfen.

Sie steht für Wachstum, für Mut und für die unaufhörliche Reise zu sich selbst.

Was ich an Madlen besonders schätze, ist ihre Fähigkeit, Menschen nicht nur zu begleiten, sondern sie auf tiefer Ebene zu sehen. Sie gibt anderen die Erlaubnis, groß zu denken, für sich loszugehen und sich eine neue Realität zu erschaffen. Sie selbst geht ihren Weg immer weiter und ist somit ein Vorbild für andere, weil sie authentisch ist und eben eine von uns.

Madlen geht immer weiter. Ich kenne sie als eine Frau, die sich ihren Themen stellt, sich konfrontiert und nicht davor zurückschreckt, die notwendigen Schritte zu gehen.

Sie ist nicht nur eine Denkerin, sondern vor allem eine Macherin – jemand, der sich seinen eigenen Weg erschafft und bereit ist, dafür loszugehen.

Gleichzeitig ist sie eine außergewöhnlich herzliche und hilfsbereite Frau. Ihre Begeisterung für die Entwicklung und das Wachstum anderer Menschen ist ansteckend. Sie ist jemand, der mit offenem Herzen gibt, unterstützt und inspiriert.

Dieses Buch ist keine Anleitung aus der Perspektive von „Ich habe es geschafft und zeige euch, wie ihr dorthin kommt“, sondern vielmehr eine inspirierende Einladung, gemeinsam zu wachsen, mutige Entscheidungen zu treffen und sich selbst in eine neue Richtung zu bewegen.

Es zeigt, dass Unabhängigkeit nicht über Nacht passiert, sondern Schritt für Schritt – mit Klarheit, Hingabe und dem Vertrauen, dass der eigene Weg sich entfalten darf.

Ich bin dankbar, Madlen auf ihrem Weg ein Stück begleiten zu dürfen. Ich erlebe sie als eine warmherzige, unterstützende und unglaublich leidenschaftliche Frau, die es sich zur Aufgabe gemacht hat, andere Frauen zu stärken.

Dieses Buch wird dich nicht nur mit wertvollen Impulsen bereichern, sondern dir auch zeigen, dass es nicht um Perfektion geht, sondern darum, mit jeder Entscheidung bewusster, freier und mutiger zu werden.

Mit allen guten Wünschen,
Beate Glöser

# Einleitung

Auf der Suche nach den Antworten auf die Fragen „Ankommen, wie geht's?" und „Wo gehöre ich hin?" begann ich meine Reise zu mir selbst und gleichzeitig war es der Weg in mein Herzensbusiness.

Heute weiß ich: Es geht nicht um den einen Ort im Leben, sondern um das Ankommen im Herzen, um die tiefe Verbundenheit mit sich selbst und darum, zu lieben, was wir tun.

„Happy Business – Traumjob Unternehmerin" öffnet dir die Tür zu deiner Freiheit, für deinen Weg ins erfolgreiche Herzensprojekt, und macht dir Mut, etwas Eigenes zu starten und auszubauen, denn es ist nie zu spät mit etwas Neuem zu beginnen. Ich öffne dir die Tür dafür und durchgehen darfst du selbst. Dein Leben wird viel besser, intensiver und schöner, wenn du dich aus eigener Kraft veränderst.

Mein Buch ist ein Geschenk für dich selbst und eine **Anleitung zu deinem Erfolg**. Es ist ein Wegweiser für dich, deinen Traum vom eigenen Unternehmen zu verwirklichen; ein Kompass hin zur inneren Freiheit und der Unabhängigkeit von anderen Menschen und Strukturen, die dir nicht mehr guttun. Außerdem ist das Buch eine Motivation, dein Leben selbst in die Hand zu nehmen.

Damit dieses Buch eine wirkliche Anleitung für dich ist, lies es am besten von Kapitel zu Kapitel – also einmal vollständig von Anfang bis zum Ende. Danach kannst du beginnen, damit zu arbeiten, die Inhalte zu verstehen, zu festigen, Neues zu manifestieren und Altes zu transformieren. Wenn du parallel zum Lesen damit arbeiten willst, weil es dir so „unter den Nägeln brennt", dann lege dir gleich ein Notizbuch an die Seite, bunte Stifte zum Markieren oder Klebezettel zum Wiederfinden. (Ich persönlich liebe diese Art, mit einem Buch zu arbeiten.)

**Kapitel 1 ist das SEIN.** Es zeigt dir, wie du dein volles Potenzial so richtig ausschöpfst – die Grundlage für Erfolg und Erfüllung. Gleichzeitig geht es darum, gesund und stabil zu sein und zu bleiben. Ein wichtiger Teil davon beruht darauf, dich mit den eigenen Glaubenssätzen auseinanderzusetzen, sie bewusst wahrzunehmen und dir die Erlaubnis zu geben, das eigene Mindset zu verändern.

**Kapitel 2 ist das TUN.** Hier geht es um Unternehmens-Klarheit, Dranbleiben und vor allem Umsetzung. Der Schlüssel liegt darin, einfach zu starten – unperfekt perfekt. Du kommst ins Handeln, setzt die nächsten Schritte und baust dein Business mit Mut, Freude und der Entscheidung Leichtigkeit zu leben auf. Es zählt, was du daraus machst und welche Schritte du gehst.

**Kapitel 3 das HABEN.** In diesem Kapitel dreht sich alles um Geld und Unternehmertum. Du erfährst, wie es dir gelingen kann, Geld bewusst zu verdienen, den Überblick über deine Finanzen zu bewahren und dein Unternehmen stetig wachsen zu lassen. Du lernst, die Fülle aktiv einzuladen, deine Freiheit immer mehr zu leben und finanziell unabhängig von Dritten zu sein.

In meinem Buch gebe ich dir Impulse, Tipps und Handlungsempfehlungen zum direkten Umsetzen. Übungen, ich nenne sie „Momentum“ und zahlreiche Fragen warten auf dich.

Bitte mache dir beim Beantworten dieser Fragen keinen Druck, wenn du nicht sofort eine Antwort weißt. Manchmal erreichen dich die Antworten genau dann, wenn du nicht damit rechnest.

Sicherlich ist es dir wichtig, jetzt zu erfahren, wer in diesem Buch mit dir spricht. Ich bin Madlen Heller und eine lebensfrohe Visionärin und Business- und Umsetzungsmentorin mit Herz und Klarheit. Meine große Leidenschaft ist es, mich zu bewegen; ganz egal ob in der Natur zu Fuß, auf dem Bike, im Fitnesscenter oder auf den Skiern. Ich liebe es, fit und gesund zu sein, schätze Genuss und gesunde

Ernährung. Und ich liebe es, zu lernen, aus Spaß an der Freude und für meine mentale Fitness. Ich liebe Wachstum. Ich lese gerne, habe Spaß mit meinem eigenen Business und liebe es, immer unabhängiger zu werden.

In meiner Arbeit und meinen Programmen liegt mein Fokus auf der Bewusstseinsebene, den Business-Strategien und der Entfaltung des eigenen Potenzials.

Durch meine eigene Reise habe ich für mich gelernt: Ich glaube nicht mehr an Probleme und Hilfslosigkeiten und auch du bist nicht gefangen in deinem Denken, in deinen Emotionen und Gefühlen. In Wirklichkeit kannst du alle Herausforderungen meistern und Lösungen bekommen, wenn du in dir selbst sicher bist und dir vertraust.

Mein größter Wunsch ist es, dass du den Mut fasst, für dich und dein Glück einzustehen und dass du beginnst, dir bewusst zu machen, dass du alle Möglichkeiten der Welt hast, ein noch besseres Leben zu führen – ein Leben, das du liebst.

Denn alles beginnt im Kopf – mit dem Bewusstsein für dich selbst, mit deiner inneren Haltung, deinen Emotionen und deinen Gefühlen.

Du darfst fit und gesund sein, du darfst Spaß haben, richtig viel Geld verdienen und für dich und dein erfülltes Leben vorwärtsgehen.

Denn nur, wenn es dir richtig gut geht, kann es anderen Menschen in deinem Umfeld auch gut gehen – und nicht andersherum.

Warum ich mir wünsche, dass Frauen diesen Weg gehen? Damit sie sich nicht nur „zufrieden“ geben, sondern wirklich in ihrem Herzen happy sind. Weil sie mehr verdienen, als sich mit „es passt schon“ abzufinden. Weil sie spüren dürfen, wie es ist, wirklich glücklich, frei und selbstbestimmt zu leben und ihr Leben voller Freude und Möglichkeiten zu genießen.

Ich wünsche mir, dass Frauen finanzielle Unabhängigkeit erleben. Dass sie genug eigene Möglichkeiten haben zu entscheiden, was sie tun, wie sie es tun und mit wem.

Damit sie ihre wahre Größe leben und durch ihre eigenen Liebe noch viel mehr Liebe in die Welt tragen. Für eine Welt voller Frieden.

Denn wenn eine Frau in ihrer vollen Größe lebt, verändert sie nicht nur ihr Leben – sie verändert die Welt.

# *Sein*

## STABILITÄT UND MENTALE FITNESS – BASIS UND FUNDAMENT

Wie du mit Freude den Boden für dein Business bereitest.

# 1.
# PRÄGUNG UND SPIRITUALITÄT

## DAS WARUM

Kannst du dich noch erinnern, wie alles begann, als du das Licht der Welt erblicktest. Du als kleines Erdenkind, als Baby. Wie du voller Freude, voller Neugier und voller Staunen in dein Leben gestartet bist?

Wahrscheinlich weniger.

Ab da nahm deine persönliche Reise ihren Lauf, geprägt von vielen Erlebnissen, den schönen und den weniger schönen; von Freude und Traurigkeit, Mut und Angst, Liebe und Gleichgültigkeit, Erfolg und Misserfolg, Fülle und Mangel, Vertrauen und Misstrauen.

Im sächsischen Nizza geboren und aufgewachsen in einem Vorort von Dresden, habe ich Anfang der 90ziger Jahre für eine gewisse Zeit meine Heimat verlassen. Ich zog nach Karlsruhe und lernte einen Beruf, der aus der heutigen Sicht nicht meinem Traumberuf entsprach: Steuerfachangestellte.

Damals hatte ich überhaupt keine Vorstellung, was mich erwartete.

Der Beruf erschien mir einfach praktisch und vernünftig und eine passende Alternative zu meiner bis dato geplanten Banklehre. Denn ich hatte ziemlich knapp beschlossen, das Gymnasium abzubrechen und den Realschulabschluss zu absolvieren. Zu diesem Zeitpunkt war die Bewerbungsfrist für die Banklehre schon abgelaufen und ein Abitur wäre von Vorteil gewesen. Und nach etwas aktivem Umschauen wurde ich tatsächlich Steuerfachangestellte – und so nahm mein Leben als junge Frau seinen Lauf.

Und wie war das bei dir?

Kannst du dich noch daran erinnern, aus welchen Motiven heraus du deinen Beruf gewählt hast?

Wenige Jahre später war ich Betriebswirtin und blieb mit dem Fokus auf Steuern und Zahlen in der freien Wirtschaft verankert. Doch je länger ich in diesem Bereich der Steuern tätig war, desto mehr Termindruck, Fristen und jede Menge Mehrarbeit nahm ich wahr.

2005 kam ich, mehr oder weniger „zufällig", in die Selbstständigkeit. Die Bauträgerfirma, in der ich angestellte Buchhaltungsleiterin war, war insolvent. Bedeutete: entweder neue Jobsuche, weil es im aktuellen Job nicht weiter ging, arbeitssuchend werden oder die Alternative dazu. Somit lag die Selbstständigkeit in greifbarer Nähe. Nach ein paar Preisverhandlungen mit den schon „vor der Tür stehenden" zukünftigen Kunden, hatte ich mich für die Selbstständigkeit entschieden und bin direkt gestartet.

Doch auf meiner persönlichen Reise stellte ich nach und nach immer mehr fest: Das hier ist nicht mehr meins. So hatte ich mir mein Leben auf Dauer nicht vorgestellt. Ich war ständig im Büro, viel unterwegs und irgendwann gefühlt 24/7 am Schreibtisch; getrieben und manchmal auch gefangen in Druck und Angst wegen meiner hohen Zahlen-Verantwortung. Ja, ich hatte Angst, Fehler zu machen und der Rechenschaft gegenüber dem Unternehmer, dem Berater und der Finanzbehörde nicht zu genügen. Zwischendrin erkrankte mein Vater. Gemeinsam mit meinem Bruder übernahm ich die Verantwortung im Familienunternehmen. Auch nach seiner Gesundung und Rückkehr ins Unternehmen blieb ich an seiner Seite. Kurz: Die Belastung war hoch, die Aufgabenliste lang und ich kam kaum dazu, mich mit mir selbst zu beschäftigen und meinen Träumen nachzugehen.

Und doch gab es vieles, was ich an meiner Arbeit liebte und schätzte – insbesondere die Zusammenarbeit mit Unternehmern und Unternehmerinnen. Ich war hautnah bei ihrer Entwicklung dabei und habe erlebt, wie Unternehmer und deren Unternehmen immer größer wurden, wie Business funktioniert oder wie aus einem

Ein-Mann-Unternehmen eine größere Firma mit zahlreichen Mitarbeitern wurde.

Schon damals spürte ich: Ich liebe es, Menschen zu begleiten. Ja, ich bin fasziniert von der Vielfalt an Businessideen, sowohl bei Unternehmerinnen als auch bei meinen heutigen Kundinnen. Zu sehen, wie sie mutig starten, weiterwachsen und für ihre Träume einstehen, erfüllt mich bis heute.

Ja, ich habe richtig Spaß daran, Frauen zu begleiten, die sich auf ihre eigene Reise abseits der ausgetretenen Pfade machen, für sich gehen und ihr eigenes Business in die Welt tragen, für ein Leben, das sie lieben.

Ja, es sind die Frauen, welche mir am Herzen liegen!

Frauen, die über Jahre hinweg die Träume anderer gelebt und andere Menschen unterstützt haben – den Mann, den Partner, die Eltern. Die alles gegeben haben, um ihnen den Rücken freizuhalten und jetzt spüren, dass es an der Zeit ist, endlich Mal für sich zu gehen. Die Lust haben auf Veränderung, die ihr eigenes Geld verdienen wollen, frei sein wollen von finanziellen Abhängigkeiten von Dritten, wie dem Partner, dem Mann, den Eltern, den Geldinstituten. Ja, auch manchmal von den eigenen Kindern. Frauen, die sich selbst lange zurückgestellt haben, obwohl Muttersein nicht heißt, auf eigene Wünsche verzichten zu müssen.

Meine ganz persönliche Reise mit all ihren Lehren hat mich dahin gebracht, wo ich heute stehe.

Ich bin Mentorin für weiblichen Erfolg, weil es mir eine Herzensangelegenheit ist, Frauen in ihre volle Kraft zu bringen, sodass sie über sich hinauswachsen. Ich mag ihnen Mut verleihen, sich mit ihrer ureigenen Kraft etwas Eigenes zu erschaffen.

Ich will motivieren. Inspirieren. Und sie einladen, mir zu folgen, um ihren eigenen und unverwechselbaren Weg zu finden.

Ich weiß aus eigener Erfahrung, wie es geht, das eigenes Offline- und Online-Business zu starten und aufzubauen, sodass immer genug Geld vorhanden ist, für jede einzelne von uns.

Damit Geld nicht mehr das Sorgenthema in Familien, in Partnerschaften und Freundschaften ist. Damit Frauen unabhängig von ihren Beziehungen frei und selbstbestimmt leben.

Weil sie es können.

Weil sie es dürfen.

Weil sie es sich erlauben.

Ich bin überzeugt davon, dass jede einzelne von uns – jeder und wir alle – in der Fülle leben werden, wenn wir damit beginnen, Geld eine andere Bedeutung zu geben. Sobald wir Geld nicht mehr die Macht über unsere Gedanken, Sorgen und Ängste überlassen, erkennen wir, dass Geld eine Energie ist, die wir liebevoll fließen lassen können.

Genau dann sind wir alle in der Liebe, dann gibt es kein Macht- und Konkurrenzdenken mehr, keinen Neid, keinen Hass, keine Eifersucht. Dann sind Menschen mit sich und der Welt im Frieden.

Meine eigene Bewusstseinsreise hat mich daran erinnert, dass es tatsächlich möglich ist, viel, viel liebevoller und freudvoller zu sein – in erster Linie mit sich selbst und dadurch auch mit den Menschen, welche uns prägten, mit unserem Umfeld und all den anderen Seelen, die uns immer wieder begegnen.

## DENKMUSTER

So sanft, so zart und so voller Liebe, wie du auf die Welt gekommen bist, kommen wir alle auf die Welt. Doch äußere Einflüsse haben dich zu dem Menschen, zu der Frau gemacht, die du heute bist.

Vielleicht haben sie dich zu einem liebevollen und teilweise doch so harten Menschen gemacht. Oder zu einer Person, die ganz leise und zurückgezogen für sich ist. Zu einer Frau, die Harmonie liebt und doch ständig Streitigkeiten erlebt. Zu einem Menschen, der neugierig ist und Lust auf so viel mehr hat, sich aber nicht traut, all die Träume, die Möglichkeiten zu leben und auszubauen. Vielleicht verharrst du in einem Leben, in dem du dich selbst hinten anstellst, statt dich nach vorn zu stellen. Vielleicht auch hast du dich zu einer Frau entwickelt, die nach außen hin laut, hart und resolut ist und gleichzeitig fühlst du dich in dir drinnen völlig einsam und ungeliebt.

Wie oft fragst du dich, ob dein Leben ohne dies oder das so viel freudvoller aussehen könnte und ob dein Leben schön wäre, wenn du doch dies oder jenes tun würdest oder getan hättest?

Wäre dein Leben dann so viel anders? So viel besser, leichter und du wärst so viel glücklicher?

*Ja, wenn, dann! Und dann?*

Passiert wieder nichts.

Wieder schneidest du dich von deinen Träumen ab, da deine Realität doch so viel anders ausschaut, oder weil es bequemer, einfacher und irgendwie friedvoller ist.

Und, wenn alles so bleibt, wie es ist…

Doch jetzt hältst du mein Buch in der Hand. Und ganz bestimmt nicht, weil du die Lust verspürt hast, irgendein Buch zu lesen. Nein, du bist hier, weil du genau dieses Buch lesen und etwas ANDERES erfahren willst. Dieses Buch hat dich angezogen. Wir sind uns definitiv nicht ohne Grund begegnet.

**MOMENTUM:**

Und jetzt frage dich noch einmal, ob du die Veränderung wirklich angehen willst:
Bist du wirklich bereit?
Für dich?
Für dein Leben?

3 mal JA? Na dann lass uns direkt beginnen.

(Alles Nein? Das kann ich mir ehrlich gesagt nicht vorstellen. Doch auch ein einziges Ja kann der erste Schritt sein, etwas zu verändern.)

Lass uns also starten – mit Prägungen, Glaubenssätzen und Affirmationen.

Ich kann mich noch so gut daran erinnern, dass ich immer Angst verspürte, wenn ich etwas vorzutragen hatte. Ganz egal, ob in der Schule, bei einer Familienfeier, in mündlichen Kontrollen oder Prüfungen – die Angst vor dem Vortrag und der sogenannten „Bühne" und damit der Sichtbarkeit war immer da. Sie kam genau dann auf.

Vielleicht fragst du dich: Warum das denn bitte? Aus heutiger Sicht war es die Angst, es nicht zu schaffen, Angst vorm Versagen. Meine Mutter sagte ab und an zu mir: „Wir sind nicht für die Bühne geboren.", „Prüfungen sind nicht unseres".

Vielleicht erinnerst du dich gerade an eine ähnliche Situation, eine, die du erlebt hast – und an etwas, was dir immer wieder gesagt wurde.

Und vielleicht denkst du in diesem Moment: „Naja, das habe ich auch schon gehört und ganz ehrlich, als wirklich schlimm empfinde ich das gar nicht." Dann ist dein Denken okay.

Es ist auch nicht „schlimm", doch in Wirklichkeit ist eines passiert:

Es sind tiefe Prägungen entstanden.

Es wurden unbewusst Gedanken durch andere Menschen in dich implementiert, welche dich im Laufe der Jahre und deines Lebens prägten und weiterhin prägen werden, solange du diesen Aussagen Glauben schenkst. Bei mir war es in diesem Fall die Bühne. Ich glaubte meiner Mutter, dass wir nicht für die Bühne gemacht sind – und dass ich eigentlich nur versagen kann.

Alles, was passiert und passiert ist, entsteht und entstand unbewusst. Es dringt unbewusst in deinen Geist ein, genauer: in das sogenannte Unterbewusstsein.

Stell dir dein Unterbewusstsein als Motor vor – deinen Motor, der dich lenkt in deinem Sein, in deinem Tun und mitverantwortlich ist für dein Haben.

Wenn du nun solche Sätze wie ich oder ähnliche Sätze gehört hast, dann kann es sein, dass in dir zum Beispiel angelegt wurde: „Ich bin nicht für die Bühne geboren.“ „Ich kann das nicht.“ „Ich habe Angst.“ „Ich bekomme es nicht hin.“ „Alle anderen sind besser als ich.“ und so weiter.

Damit hast du begonnen, diesen Worten zu glauben. Das Fazit? Unbewusst steigt in dir Angst auf und wahrscheinlich gehst du nicht auf die Bühne, obwohl du womöglich eine großartige Rednerin, Moderatorin oder Erzählerin wärst und das Talent in dir steckt, auf der Bühne zu glänzen.

Auf Grund deiner Überzeugung war dir sozusagen schon klar, dass der Vortrag nicht von großem Erfolg gekrönt sein konnte. Und dass es „eigentlich“ nicht deine Gedanken und Emotionen waren, sondern die deiner Eltern oder derer, die die Worte aussprachen.

Du bist vielleicht auch eine geniale Sportlerin, die die Power und die Fähigkeit besitzt, andere zu trainieren und fit zu machen für Olympia, für einen Triathlon oder was auch immer. Vielleicht bist du auch ein kreativer Kopf, der das Feingefühl mitbringt, zu gestalten oder Kleidung und Accessoires zu fertigen. Vielleicht kannst du Menschen mit deiner Expertise in Sachen Ernährung unterstützen. Gegebenenfalls hast du ein Faible für Styling und kannst unglaublich gut andere Menschen einkleiden, beraten und für den roten Teppich vorbereiten. Vielleicht bist du auch eine Frau, die Rechnen liebt, die sich mit Geld auskennt und supergut mit Geld umgehen kann und das Feingefühl mitbringt, dieses Wissen zu transportieren, wie andere Frauen und Männer ihr Geld vermehren und langfristig davon leben können.

Nimmst du wahr, was ich dir damit sagen will?

Du darfst an dich glauben, dir vertrauen und überprüfen, ob die Dinge, welche dir gesagt wurden, wirklich wahr sind und schauen, welches Potenzial tatsächlich in dir steckt!

Und glaube mir, du wirst noch überrascht sein!

Ich weiß heute, dass ich mir selbst Dinge erzählt habe, weil sie mir einst erzählt wurden. Fast immer werden diese Gedanken und Informationen über Generationen weitergegeben: Sprich, meine Eltern wie auch deine Eltern, deine Großeltern, haben das genauso schon von ihren Eltern und diese wiederum von ihren Vorfahren übernommen.

Wenn du dir darüber klar geworden bist, passiert Folgendes:

1. Du bringst den bisherigen alten Satz, den du nicht mehr willst, ins Bewusstsein. Damit nimmst du ihn wahr.
2. Und wenn das passiert, kannst du diesen Satz bewusst verändern.

Ja, du liest richtig – verändern!

Mit dieser Vorgehensweise verwandelst du den bisherigen Satz in einen neuen Satz. Du drehst ihn ins Positive und ins Kraftvolle. Damit kommst du ganz bewusst in ein neues Denken und Handeln. Du veränderst deine Einstellung und deine Haltung. Und je öfter du anderes denkst und handelst, verändert sich dein Unterbewusstsein.

Lass es uns an einem konkreten Beispiel verdeutlichen: „Immer mache ich alles falsch. Nie mache ich etwas richtig."

Du kannst stattdessen sagen: „Ich mache alles richtig. Ich bin großartig. Ich kann das. Ich bin wundervoll"… und so weiter.

Liebes, bitte nimm den Satz, der sich für dich stimmig anfühlt. Nimm deinen Satz – wähle das, was du stattdessen willst.

Was genau ist hier passiert? Weshalb bedarf es dieser Seins-Aufgabe überhaupt?

Jedes Kind kommt auf die Welt und ist offen für alles. Es ist neugierig und lernt durch die Freude an der Erfahrung. Instinktiv gibt es kein Falsch. Weil Kinder ihrer Intuition vertrauen – ihren Impulsen, ihrem Handeln. Sie machen einfach. Sie fragen nicht nach oder überlegen lange, ob irgendetwas falsch sein könnte, ob etwas nicht funktioniert. Sie gehen einfach los und kommen an.

Und wenn etwas nicht funktioniert, dann probieren sie etwas Neues aus. Oder sie sind müde und erschöpft, fallen in den Schlaf und dann, am nächsten Tag, geht es ganz neugierig weiter mit Ausprobieren und Experimentieren.

All das haben wir durch unsere Prägungen verlernt, hast DU verlernt. Das Kindliche, das Neugierige, das Spielerische, dieses „einfach mal machen".

Ja, mittlerweile gibt es diese Grenzen und Begrenzungen. Es sind Prägungen entstanden. Einfach so. Schnell und unbewusst, ohne dein bewusstes Einverständnis, weil du irgendwann angefangen hast zu glauben, was vertraute Menschen dir erzählt haben. Du hast es gehört und damit hat es sich in deinem Unterbewusstsein und in deinem Körper verankert.

Du kannst es dir ein bisschen so vorstellen wie Radiohören. Du hörst nicht wirklich hin und doch weißt du, wo schon wieder auf der Welt irgendetwas passiert ist oder wer mit wem angebändelt hat. Und weshalb?

Weil dein Unterbewusstsein alles hört; ganz egal, ob du bewusst hinhörst oder eben nicht.

All diese hinderlichen, negativen Gedanken über dich –, die du glaubst, kommen durch Erlebtes in jungen Jahren und in der Jugend, durch Schocksituationen, durch Traumata und immer wiederkehrende Situationen und Worte. Sie entstehen auch durch stetige Wiederholungen, weitere Prägungen und Manifestationen, welche dich heute so ausbremsen; ganz egal, ob privat oder beruflich. Ja, durch deine eigenen Gedanken.

Menschen prägen dich, sobald du auf der Welt bist. Meistens dein nahes Umfeld: wie Mama, Papa, Geschwister, Großeltern, Familie, Lehrer, Erzieher, Mitschüler, der Pfarrer. Die tiefsten Prägungen entstehen bis ungefähr zum neunten Lebensjahr.

Die meisten Menschen haben in irgendeiner Form Prägungen erfahren. Ich kenne niemanden, der völlig ohne Prägung durchs Leben geht. Bei manchen sind sie sehr deutlich, bei anderen nur leicht spürbar. Wir können nicht aufwachsen, ohne Prägungen zu erfahren. Viele von ihnen dienen und schützen uns ja, zunächst beim Überleben.

Auch ich habe Schmerzen erlebt, emotionale und manchmal sogar körperliche.

Jene Momente, in denen emotionale Ausbrüche in Form von Wut, Hass, Geschrei oder Gewalt geschehen, hinterlassen diese oftmals tiefe Prägungen. Schmerz und Leid entstehen. Auf einmal gibst du dein zartes, sanftes, liebevolles und freudvolles Sein immer mehr ab.

Und deshalb bist du heute so, wie du bist und nicht so, wie du „eigentlich" sein willst. Obwohl du es tief in deinem Herzen schon bist.

Ich habe ein paar Aussagen zusammengestellt, die mir mit Menschen und in der Arbeit mit meinen Kundinnen immer wieder begegnen. Wahrscheinlich kommt dir die eine oder andere Aussage bekannt vor, vielleicht hast du sie als Kind gehört.

Überprüfe: Was bewirken sie in dir? Was machen sie mit dir?

„Benimm dich". „Mach dieses und jenes nicht". „Hör auf, lass das.", „Sei nicht so laut.", „Du bist zu viel.", „Du kannst das nicht.", „Du bist dumm.", „Was denkst du eigentlich, wer du bist?", „Du Rotzgöre.", „Reiß dich zusammen.", „Du machst mich krank.", „Du bringst mich noch ins Grab.", „Was bildest du dir eigentlich ein, wer du bist?", „Aus dir wird nie etwas Ordentliches werden.", „Dir wird jeder Mann davonlaufen." – und es gibt noch viele Aussagen mehr.

## MOMENTUM:

Nimm dir dein Heft oder ein Blatt Papier. Am besten Querformat. Teile die Seite, das Blatt in 3 Spalten auf.

Und jetzt schaue bitte zu dir, fühle in dich rein. Welche Sätze hast du gehört? Welche Sätze kennst du aus deiner Vergangenheit? Notiere sie in der ersten Spalte.

In die zweite Spalte notierst du die Antworten auf folgende Fragen: Was macht diese Aussage in dem Moment mit dir? Welche Gedanken tauchen dabei in dir auf? Was fühlst du?
Wenn du damit fertig bist, kommen wir zu Spalte 3: Nimm Spalte zwei und drehe die Aussagen und Gedanken um. Was willst du stattdessen und zukünftig über dich glauben?

Hier ein Beispiel, wie ichs meine:

| 1.Spalte | 2. Spalte | 3. Spalte |
|---|---|---|
| Benimm dich. | Nie mache ich etwas richtig. | Ich bin richtig. |
| Immer gibt es was zu meckern. | Ich bin gut. | Ich bin wundervoll.... |

Prägungen, die durch Sätze wie die obigen ausgelöst werden, sind oft absolute Erfolgs-Verhinderer und bremsen dich aus, weshalb du oftmals da stehst, wo du eben gerade bist. Deshalb sind sie ein wichtiger Bestandteil meines Buches und meiner Arbeit.

Denn all diese Aussagen, all diese Paradigmen sind Gedanken-Konstrukte, aus denen du dir deine eigene Welt erschaffen hast. Genauso, wie sie jetzt ist.

Durch sie hältst du dich unbewusst immer wieder klein. Sie sind der Grund, warum du dich so verhältst, wie du dich verhältst und warum du dich manchmal gerne anders verhalten hättest, als du es im entscheidenden Moment getan hast. Wo du sagst: Ich konnte nicht anders – und dich ärgerst über deine Ergebnisse, dein Verhalten und das Miteinander mit anderen. Über all das, was so ist, wie es ist.

In der Psychologie und der Neurolinguistik wird auch von Programmierungen gesprochen, jenen inneren Mustern, die als Denkmuster bekannt sind.

Sprich: Du denkst etwas von dir und dieses Denken formt deinen Geist, formt deine Einstellung, positiv wie negativ. All dieses Denken wirkt sich positiv oder negativ auf dein Handeln und dein Verhalten aus.

Auf dem Coachingmarkt fällt in diesem Zusammenhang oft der Begriff „Glaubenssätze". Glaubenssätze sind tief verwurzelte Überzeugungen und Prägungen, die wir über uns selbst und unser Leben haben.

Das heißt:

*Wenn du deine Glaubenssätze veränderst, kannst du auch dein Leben verändern!*

Lass uns mal ein Bild malen:

Stell dir als erstes deinen Kopf vor – betrachte ihn wie ein magisches Haus, das in zwei Hälften aufgeteilt ist, einem Obergeschoss und einem Untergeschoss. Die obere Etage – deine Schädeldecke – entspricht deinem Bewusstsein. Dort ist es hell und aufgeräumt und mit viel Licht versehen. Hier entscheidest du bewusst, welche Gedanken du einladen willst und welche nicht.

Das Untergeschoss – die andere Hälfte deines Kopfes, bis hin zum Hals – steht für dein Unterbewusstsein. Hier ist es eher ungemütlich, es herrscht düsteres Licht und in diesem Halbdämmer sind u.a. die Geschichten deiner Kindheit aufbewahrt – deine Prägungen und all deine Erlebnisse. Vieles davon hast du vielleicht schon lange vergessen. Doch sie leben hier unten weiter, *auch dann,* wenn du die alten Geschichten, Prägungen und Erlebnisse heute gar nicht mehr „bewusst" wahrnimmst. (Wir kennen das aus unseren realen Kellern, wenn wir sie aufräumen, staunen wir oft, was dabei alles zutage tritt, das wir längst vergessen haben.)

Doch es geht noch weiter. Stell dir vor, zwischen Obergeschoss und Untergeschoss, Bewusstsein und Unterbewusstsein gibt es eine Tür und an dieser Tür, quasi direkt davor, wacht ein Türsteher. Ein

Kontrolleur, der alles ganz genau anschaut und überprüft, was vom Bewusstsein ins Unterbewusstsein wandern möchte.

Dieser Türsteher liebt nur eines: Gewohnheit. Gewohnheit bedeutet für ihn Sicherheit – und am liebsten mag er immer die gleichen Abläufe und Vorgänge. Das bedeutet: Der Türsteher will dich beschützen, doch in Wirklichkeit blockiert er dich.

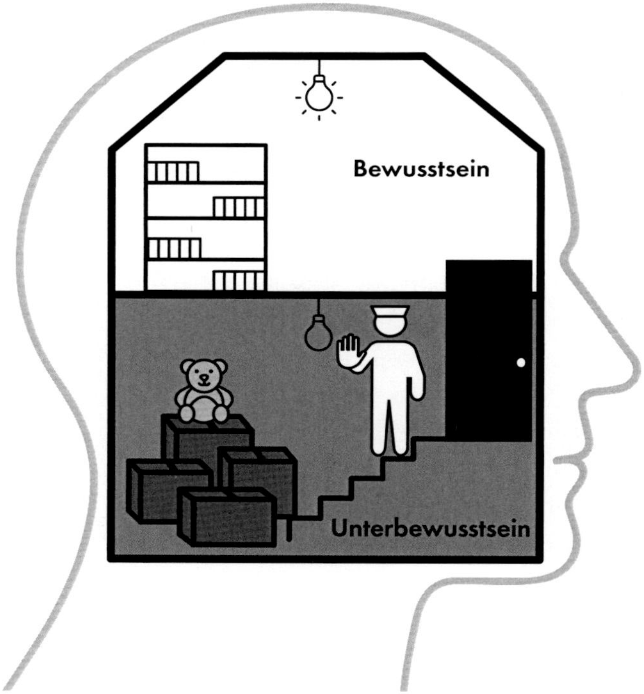


Wenn du nun eine Gewohnheit erkennst, die unbewusst in dir angelegt wurde, und diese jetzt verändern willst, indem du etwas anderes tust, kann es gut sein, dass der Türsteher zu deinem Unterbewusstsein sagt: „Moment mal bitte! So etwas haben wir ja noch nie gemacht! Hier kommst du nicht rein, das ist viel zu riskant!"

In meinem Fall hat er zum Beispiel gesagt: „Du kannst doch jetzt nicht auf die Bühne gehen und einen Vortrag halten. Nein, das geht nicht, du wirst versagen." Anderes Beispiel: Du willst deine neue Idee anpacken und in die Wirklichkeit bringen, und fängst an, neue Dinge zu tun. Auch dabei wird der Türsteher misstrauisch und wird alles in seiner Macht Stehende tun, um dich zu blockieren und um dich daran zu hindern.

Genau in diesem Moment setzt dein Bewusstsein an. Es hilft dir, genau zu erkennen, was unterbewusst in dir passiert. Nun heißt es, deinem Türsteher freundlich zuzulächeln, deine Angst aus dem Unterbewusstsein mitzunehmen und dem Türsteher zu sagen: „Angst, ich nehme dich wahr und ich gehe trotzdem auf diese Bühne, einfach weil ich weiß, dass ich's kann und das es gut werden wird."

Weißt du, was dann passiert?

Die Tür öffnet sich einen Spalt.

Licht aus deinem Bewusstsein fällt ins Unterbewusstsein.

Je öfter wir etwas tun, desto besser werden wir darin.

Und desto öfter wirst du bemerken, wie einfach es geht und wie gut du bist. Mit jedem Schritt wirst du mutiger und aus Unsicherheit wird Leichtigkeit, aus Angst wird Vertrauen.

Du fängst an, Dinge zu können. Jaaa, du kannst sie auf einmal, obwohl dir eingeredet wurde, dass es anders sei.

Von Herzen wünsche ich dir viel Freude beim Entdecken und Umsetzen.

Lass uns direkt weitergehen – und uns dem Thema der Affirmationen widmen.

*Affirmationen sind die positiven Sätze, die du dir sagst.*

Affirmationen und positive Glaubenssätze sind mächtige Werkzeuge, die dir helfen können, dich von negativen Gedanken und Überzeugungen zu befreien. Du, als Frau, als ein Geschöpf Gottes, du als die zukünftige Unternehmerin deines Herzensbusiness kannst besonders davon profitieren.

Auf meinem Weg habe ich erkannt, was für ein kraftvolles Tool Affirmationen sind. Sie sind dafür da, dass sich das Bewusstsein ausdehnt und verändert. Nach und nach habe ich gelernt, wie ich Affirmationen am besten für mich nutzen kann, um meine Ziele zu erreichen. Gleiches gilt auch für dich.

Daher empfehle ich dir von Herzen: Öffne dich diesem großartigen Werkzeug und entscheide dich ab sofort, es für dich zu nutzen. Integriere Affirmationen, um deine Zweifel loszuwerden.

Beginne am besten schon heute mit der Affirmation, dass du ein ganz wundervoller Mensch und eine großartige Frau bist. Genauso wie in der letzten Übung.

„Ich bin wertvoll und wunderbar."

„Ich gehe ab sofort für mich und meine Träume."

„Ich bin eine erfolgreiche Unternehmerin."

„Ich erreiche alles, was ich will."

Und zu noch etwas mag ich dich herzlich auffordern:

## MOMENTUM:

- Öffne dich wieder deinem Sein, deinem Zauber, so wie du auf die Welt kamst. Sei neugierig. Schaue hin, was dich geprägt hat! Du hast die Möglichkeiten, Dinge zu verändern und neu zu gestalten, neu zu denken und zu handeln.
- Der beste Weg Blockaden zu lösen, nächste Schritte zu setzen, Ziele zu erreichen und Träume in die Wirklichkeit zu bringen, besteht darin, einfach zu machen. Leg los und experimentiere!
- Du kannst jetzt loslassen – die alten Glaubenssätze und Gewohnheiten, die dir nicht mehr dienlich sind und all die Geschenke da-

hinter für dein Weiterkommen nutzen. Und glaub mir, hinter all deinen erlebten Situationen warten großartige Geschenke auf dich. Du wirst später erfahren, was ich ganz konkret damit meine.

Vielleicht kommst du jetzt auch an einen Punkt, wo du traurig wirst, weil du an das denkst, was du in deinem Umfeld erlebt hast. Das ist völlig normal und total in Ordnung. Du darfst traurig sein. Es heißt, dass niemand auf die Welt kommt, ohne das Gott – du kannst auch „das Universum" sagen – dir diese Aufgabe nicht zutraut. Das Universum glaubt daran, dass du das alleine schaffen kannst. Es glaubt auch daran, dass du stark und wundervoll genug bist und, dass alles, was dich zum Glück führt, in dir angelegt ist und du alles hast, was du brauchst.

Ich glaube heute, dass es genauso ist.

*Walt Disney sagte einmal: „Wenn du es träumen kannst, kannst du es auch tun." und „Alle Träume können wahr werden, wenn wir den Mut haben, ihnen zu folgen."*

Du wundervolle Seele, noch ein Gedanke von mir für dich: Das Umfeld, das mich prägte – ich bewerte es heute nicht mehr was war. Denn ich habe gelernt zu vergeben, Mitgefühl zu haben und zu senden und vor allem das „Alte" und das, was war, liebevoll loszulassen. Ja, ich habe gelernt, loszulassen von den alten Geschichten, die mir heute nicht mehr dienen und dadurch Freiheit erfahren.

Das kannst du auch. Ich glaube an dich.

# SPIRITUALITÄT

Irgendwann kam ich an einem Punkt, an dem ich begann, immer mehr zu mir selbst zu schauen. Ich setzte mich mit meinen Gedanken auseinander, mit meinem Verhalten, meinen Blockaden und meinem ganzen Sein.

Ich las viel, hörte Hörbücher, Podcasts und alles, was ich sah und mich interessierte, atmete ich gefühlt ein. Alles über Persönlichkeitsentwicklung, wie: Selbstbewusstsein, Selbstliebe, Selbstvertrauen, Grenzen setzen, Grenzen sprengen, Mut, Geld, erfülltes Leben.

Einfach, weil es mich berührte. Und bis heute berührt.

Weil ich spürte, dass sich in mir etwas verändert. Weil ich wahrnahm, dass da etwas in mir wuchs – ein Gefühl von Freude und Leichtigkeit.

Ich will nicht sagen, dass mein Leben zu diesem Zeitpunkt verdammt schwer gewesen ist. Aber ich möchte auch nicht behaupten, dass es so richtig leicht war. Dass ich nicht auch ab und an ins Drama abgetaucht bin, denn alles andere wäre gelogen.

Also besuchte ich Persönlichkeitsseminare, ließ mich von Mentoren begleiten und arbeitete mit Coaches. Und je weiter ich auf meiner eigenen Reise vorwärts ging, desto öfter begegnete mir auch das Wort „Spiritualität".

Ganz ehrlich: Am Anfang hatte ich den größten Respekt davor, weil ich überhaupt nicht wusste, was Spiritualität bedeutet und dass es, Achtung!, nicht gleichzusetzen ist mit Esoterik!

Spiritualität bedeutet außerdem nicht, den ganzen Tag „Friede, Freude, Eierkuchen" zu leben.

Spiritualität bedeutet für mich, sich zu öffnen – für den Raum des eigenen Bewusstseins. Zu erkennen, welche Möglichkeiten in uns angelegt sind, um leichter, freudvoller und bewusster durchs Leben zu gehen. Es heißt, der eigenen Wahrnehmung zu vertrauen und hinter all unsere Gedanken zu schauen.

So, wie ich bereits vorhin schon erwähnt habe: Es ging darum, wahrzunehmen, was in mir angelegt wurde, mir bewusst zu machen, warum ich tue, was ich tue und wie ich tatsächlich denke.

Wie ich wirklich sein will.

Spiritualität bedeutet, genau hinzuschauen. Hinter unsere Mauern und Masken. Dorthin, wo wir am liebsten weggucken würden.

Spiritualität bedeutet für mich, sich Zusammenhänge des eigenen Seins bewusst zu machen und der Intuition zu vertrauen – zum Beispiel zu spüren, dass mein Körper eine Pause benötigt. Genau dann, wenn meine innere Stimme es mir sagt.

Vielleicht bedeutet es auch mal, mich nach oben anzubinden und in die Stille zu gehen. Zum Beispiel mit einer Mediation, ganz egal, ob geführt oder frei.

Und warum das alles?

Bei all dem öffnen sich Türen dafür, fröhlicher, leichter und bewusster durchs Leben zu gehen. Und in Lösungen zu denken, statt im Problem stecken zu bleiben.

Das ist für mich Spiritualität.

## *Was es mir bringt spirituell zu sein?*

Ohne Ende Lebensfreude!

Vor allem aber ein Bewusstsein darüber, dass alles, was in meinem Leben ist, durch mich entstanden ist und deshalb auch nur durch mich verändert werden kann.

Seitdem mir klar ist, dass ich die Schöpferin und Gestalterin meines Lebens bin, kann ich jederzeit neu entscheiden: Wie möchte ich mein Leben haben? Wie kann ich meinen Alltag gestalten, damit ich Freude, Leidenschaft und Lust empfinde, immer weiter zu wachsen, zu leben und zu genießen?

*Ich entscheide, ob ich glücklich bin oder nicht.*

Spiritualität bedeutet für mich, wahrzunehmen, wo ich mich gerade gedanklich und emotional befinde. Meine Gedanken zu beleuchten. Meine Gefühle bewusst wahrzunehmen und mir zu erlauben, sie zu fühlen. Sie durch mich fließen zu lassen.

Und weißt du was? Du kannst das auch!

Du kannst dich jeden Tag neu entscheiden: Zum Beispiel am Abend dafür, dass der morgige Tag ein richtig guter Tag wird. Dass du morgen ganz bewusst deine Reise fortsetzt.

So, wie ich damals begonnen habe, mit einem einzigen Moment der Offenheit.

Ein Moment, in dem ich gespürt habe: *Da verändert sich etwas in mir.* Ein Gefühl, als würde eine Tür in meinem Kopf, in meinem Geist aufgehen. Als hätte sich ein innerer Stau gelöst, wie ein Pfropfen, der aus einem Kanal gezogen wird. Ja, wie eine Öffnung, die auf einmal da war.

Und du, kannst genauso beginnen. Mit deinem Scheinwerferlicht. Jetzt.

Heute.

Mit dir.

In dir.

Denn es ist eigentlich ganz einfach: Du kannst dich in jedem Moment, in jeder Sekunde, in jeder Minute – jeden Tag, jede Woche – neu entscheiden, was du wirklich denken und fühlen willst. Wie du handeln willst und was du wirklich glauben magst.

*Es bedarf „nur" der täglichen Übung.*
*Achtsam und liebevoll.*
*Du kannst wählen, was du dir erzählst.*

Und du kannst dich bei jedem hinderlichen Gedanken fragen: Will ich das weiter glauben? Und ist das wirklich wahr? (Mehr dazu findest du im Kapitel 5: Vertrauen und Liebe.

## MOMENTUM:

Vertraue deinen Impulsen. Höre auf deine Emotionen und schaue hinter deine Fassade. Tauche ein in die Tiefe.

Denn Spiritualität bedeutet, auf allen Ebenen eine Verbindung zu schaffen – eine Verbindung zu Körper, Geist und Seele.

Eines der bekanntesten universellen Gesetze ist das Gesetz der Anziehung. Alles, was du aussendest, ziehst du an. Alles, was du denkst und glaubst, ziehst du an. Du erntest, was du säst.

Nimm wahr, wie du fühlst, wenn du zum Beispiel mal traurig oder wütend bist, aufgeregt und voller Freude.

Wie denkst du in dem Moment? Und wie reagiert dein Körper darauf? Angespannt oder entspannt?

Und jetzt: Verbinde dich mit dir selbst. Mit dem Universum und deiner inneren Wahrheit. Öffne dich dem Raum der Spiritualität. Geh in deine innere Tiefe. Nutze die Verbindung mit dir selbst und tauche in deine Ideen und Impulse ein. Und finde zurück zu dir.

# 2.
# WAHRNEHMUNG UND KLARHEIT

## BESTANDSAUFNAHME

Wie geht es dir wirklich? Du zauberhafte Frau, wo stehst du gerade in deinem Leben? Weshalb hast du dir dieses Buch gekauft?

Weißt du – du wärst nicht hier, wenn in dir nicht schon längst dieses Gefühl wach geworden wäre, dieses tiefe Wissen, dass da mehr auf dich wartet.

Du hast zu meinem Buch gegriffen, weil du etwas ändern möchtest und die Sehnsucht nach Selbstverwirklichung verspürst, nach etwas, was wirklich deins ist. Etwas, wo auch DU mal die Hauptrolle übernimmst, du als Frau endlich an erster Stelle stehst. Ja, ein Leben, in dem deine Träume, Wünsche und Bedürfnisse nicht mehr länger hintenanstehen.

*DU. Dein Herzensprojekt. Deine Vision.*
*Ja, weil du es wert bist.*

Sicherlich kennst du das auch:

Situationen, Beziehungen, Freundschaften – ob in der Familie, in Partnerschaften, im Job, in Gemeinschaften oder Kooperationen – entstehen oftmals einfach so, ohne dass wir bewusst hin gespürt haben.

Und dann? Neue Termine und verpflichtet sein.

Dann ist alles andere wichtiger als du.

Weil wir es nicht gelernt haben, Nein zu sagen und vielleicht gerade keine Zeit haben oder keinen Mut, um ehrlich hinzuschauen: Wohin soll diese Beziehung führen? Was will ich „eigentlich" wirklich?

Doch in Wahrheit geht es im Leben darum, dass jeder seine eigenen Bedürfnisse lebt und seine eigenen Träume immer mehr verwirklichen kann.

Ganz egal, wo du und jeder andere geradestehen, egal, wie alt oder wie jung jeder ist. Die Natur zeigt es uns: Alles strebt nach Wachstum und Veränderung. Nach Atempausen folgt etwas Neues. Es gibt keinen Stillstand.

> Auch du bist nicht hier, um dich kleinzuhalten. Du bist hier, um zu wachsen. Schritt für Schritt, in deinem Tempo und ganz bewusst. Was hast du dir selbst schon viel zu lange verwehrt?

Du bist jetzt an einem Punkt, an dem du keine Lust und keine Kraft mehr hast, deinem Mann, deinem Partner, deinen Eltern, deinen Kindern oder sonst wem, ständig den Rücken freizuhalten. Du hast auch keine Lust mehr, immer nur die Erfolge der anderen zu feiern.

Du bist an einem Punkt, an dem du selbst grandios ins Verdienen kommen willst und Lust hast, deine eigene Chefin zu sein. Da, wo es in dir kribbelt und du endlich spürst: „Ich will selbst entscheiden, was ich mit meinem Geld mache." Ohne bei deinem Partner, den Eltern zu fragen: „Kann ich bitte …? Ich brauche doch, weil …" Ohne dich erklären zu müssen. Ohne um Geld zu bitten.

Vielleicht hast du es in manchen Momenten satt, immer nur für andere da zu sein. Ja, auch dann, wenn du gerne unterstützt und gibst und zuhörst. Das darfst du natürlich auch weiterhin tun. Und gleichzeitig ist es wichtig, es darf dir dabei gut gehen – und du darfst dich abgrenzen. Denn bitte sei dir eines stets bewusst:

*All den anderen kann es nur richtig gut gehen, wenn du zufrieden bist. Wenn du glücklich bist.*

Die Basis für ein ausgeglichenes und erfülltes Leben ist es, gesund, fit und beweglich zu sein; körperlich wie auch mental. Es geht darum, dass unsere Synapsen in Bewegung bleiben, wenn wir wachsen, lernen und uns entwickeln. Nicht umsonst heißt es: Dein Gehirn bleibt in Bewegung, wenn du jeden Tag etwas dafür tust – wenn du eine Sprache lernst, Sport machst, Gymnastik oder Yoga betreibst, vielleicht die Zähne mal mit der anderen Hand putzt als üblich und auf deinen Energiehaushalt achtest.

Gesund, fit und beweglich zu sein, ist die Basis für unsere Stabilität. Innerlich und körperlich.

Ich möchte dich nun mitnehmen auf eine kleine Reise in mein ganz persönliches Sein.

Mein Vater war eines Tages schwer erkrankt. Mein „Seniore" – so nenne ich ihn manchmal – war von jetzt auf gleich handlungsunfähig. Doch zu unser aller großen Freude kämpfte er darum, bei uns zu bleiben. Auch in dieser Situation war sein starker Lebenswillen stets spürbar. Und ja, er kehrte tatsächlich aus dem Koma zurück. Er überlebte, obwohl es laut den Ärzten in den ersten Stunden und Tagen ganz und gar nicht danach aussah.

Was in diesem Moment blieb und weiterhin genährt werden musste, war seine Firma.

Und so reiste mein Bruder Woche um Woche aus dem Ausland zu uns, wo er eigentlich lebte und arbeitete. Er übernahm die Leitung im Außen und das gesamte Management des Handwerks und ich übernahm alles Administrative, Organisatorische und Kaufmännische. Unsere Mutti (so nennen wir sie) blieb währenddessen ganz nah bei unserem Seniore und das war so, so wichtig und richtig.

Mein Bruder, die Mitarbeiter meines Vaters und ich, wir waren ein absolutes Dream-Team. Wir rockten das Geschäft – obwohl ich mein eigenes Business hatte, meine eigene Selbstständigkeit und mein Bruder damals stellvertretender Chef eines Schweizer Unternehmens war. Wir alle zusammen, als Familie und mit dem ganzen

Team, hielten großartig zusammen. Wir unterstützten einander, so gut es ging. Dafür bin ich bis heute zu tiefst dankbar und auch richtig stolz.

Als mein Vater nach fast einem Jahr Auszeit Schritt für Schritt wieder ins Unternehmen zurückkam, blieb dennoch ein Großteil der Aufgaben weiterhin bei mir.

Alles funktionierte. Und doch spürte ich mit der Zeit immer deutlicher, dass der Alltag immer herausfordernder und anstrengender für mich wurde – das Geschäftliche zu managen, mein eigenes Business am Laufen zu halten und für meine Kunden da zu sein. Die vielen Fristen, die laufenden Aufgaben, die Verantwortung begannen mich aufzufressen. Es war zu viel und das wurde spürbar.

Irgendwie war das nicht mehr meins. Ich hatte den Part im Familienunternehmen übernommen, weil ich es konnte. Und irgendwie war ich auch stolz darauf, meine Familie so kompetent zu unterstützen. Es machte Spaß – nur die Doppelbelastung und der damit verbundene Druck wurden immer größer und erfüllten mich einfach nicht mehr.

Meine Ferienzeiten waren aufs Minimalste begrenzt. Echte Auszeiten nahm ich mir kaum. Bald war ich an einem Punkt, wo das Fass zum Überlaufen kam. Es war zu viel für mich als einzelne Person und ich erlebte eines Abends völliges körperliches Versagen. Es war spät und wieder gab es eine Abgabefrist von Unterlagen, die ein Mandant von mir einzureichen hatte. Steuerliche Unterlagen, wo meine Zuarbeit gefragt war und dessen Berater in seinem Büro auf die Übergabe der Unterlagen und meine Informationen wartete. Ich hatte sie fertiggestellt und auf dem Weg in die Tiefgarage zu meinem Auto, sackte mein Kreislauf zusammen. Ich bekam Hitzeattacken, Schweißausbrüche und ich wusste nicht, dass mein Körper so laut schreien kann. Damals funktionierte ich nur noch zwischen Terminen, Erwartungen und dem Gefühl stark sein zu müssen. Und dann kam der Moment, der alles stoppte: Mein Körper machte einfach nicht mehr mit. Durchfall, Erschöpfung, Versagen – nichts ging mehr in diesem Moment. Kein Weiter, kein Durchhalten. Nur noch Zusammenbruch. Ich fühlte mich leer, schwach, beschämt und alleine. Und gleichzeitig war es der ehrlichste Moment meines Lebens. Und doch „musste" ich weiter. Wie ferngesteuert, fiel mir meine Sporttasche im Kofferraum ein. Ich erfrischte mich und nahm den Termin noch wahr. Verrückt.

Meine Überforderung zu erkennen und vor allem zuzugeben war damals ein Prozess für mich.

Nach einem Gespräch mit meinem Vater, stellte er jemanden ein, der mich unterstützte. Auch das war eine neue Erfahrung, denn ich durfte Aufgaben von meiner ToDo-Liste abgeben – alles bis auf den finanziellen Part. Ich durfte loslassen und darauf vertrauen, dass andere das auch können. Ja, auch das war ein Abnabelungsprozess.

Trotzdem war mir in Wahrheit noch immer alles zu viel und irgendwie fehlten mir die Liebe, die Freude und mittlerweile auch die Leidenschaft an dieser Arbeit. Ich war unzufrieden. Ich hatte keine Lust mehr auf meinen selbstkreierten inneren Druck, immer perfekt sein zu müssen, alles schaffen zu müssen, nicht Nein sagen zu können und der Vorstellung anderer zu entsprechen. Ich wollte den permanenten Alltagstress nicht mehr aushalten.

Ich wusste: Das, was ich tue, wird mich auf Dauer nicht erfüllen.

Ich wollte mehr: nämlich frei sein. Unabhängig sein. Etwas tun, das mir wirklich Freude macht. Und ich wollte ortsunabhängig arbeiten können – überall dort, wo ich gerade war oder sein wollte.

Dieser Zusammenbruch war kein Ende – er war der Anfang von echter Selbstfürsorge, von ehrlichen Entscheidungen. Heute weiß ich, mein Körper hat mich nicht im Stich gelassen, er hat mich gerettet und ich wusste, dass jetzt die Zeit reif ist, etwas an meinem Leben zu verändern.

Ja, ich war bereit und habe eine Entscheidung getroffen und mich auf die Suche gemacht, wie „Ankommen" geht.

Step by Step by Step.

Und du?
Du bist jetzt hier.

> Hast du dich auch schon gefragt: Was will ich wirklich? Wo will ich hin? Was darf sich verändern?

Es ist Zeit für eine Bestandsaufnahme.

## BEGRENZUNGEN

Hand aufs Herz: Weshalb hältst du dich immer noch zurück? Weshalb fängst du nicht einfach an und stehst für dich und deine Träume ein? Woran liegt es wirklich? Liegt es vielleicht daran, dass du dir noch nicht erlaubst, deinen Traum wirklich zu träumen? Ihn dir auszumalen?

Oder sagst du dir, dass es dir eigentlich ganz gut geht, weil

- dein Mann, dein Partner gutes Geld verdient?
- dein Vater, deine Mutter dir ab und an Geld zuschieben?
- du an für sich gut ausgesorgt hast?
- du damit gut um die Runden kommst?
- Alle sagen, dass es dir doch gut geht und du mal zufrieden sein könntest?
- so wie es ist, es doch ganz bequem für dich ist?

Wovor hast du Angst?

- Deinem Mann, deinem Partner, deinen Eltern endlich zu sagen, dass du jetzt ein Business willst – etwas Eigenes aufbauen?
- Dass du ab sofort keine Lust und Power mehr hast, nur für andere da zu sein?
- Zu sagen, dass du selbst beruflichen Erfolg willst?
- Zu sagen, dass du genug eigenes Geld willst, mit dem du tun und lassen kannst, was du möchtest – ohne zu bitten?

- Zu sagen, dass du etwas tun willst, was dir Spaß macht und dich zutiefst in deinem Herzen erfüllt?
- Auszusprechen, dass auch du als Frau mit deinen Träumen wichtig bist und du jetzt Zeit für dich brauchst?
- Dass du für deinen Sehnsüchte, Träume und Gedanken verurteilt wirst?
- Ausgelacht zu werden für deine Idee(n)?
- Ja, vielleicht auch deinen Mann, deine Eltern zu bitten, dich bei deinem Projekt zu unterstützen?
- …

Was raubt dir gerade am meisten Energie? Was willst du so, wie es jetzt ist, nicht mehr länger hinnehmen?

- Für alle andern da zu sein?
- Anderen den Rücken freizuhalten?
- Finanziell abhängig zu sein?
- Andere um Geld zu bitten?
- Dich ständig erklären müssen?
- Dich delegieren zu lassen?
- Dich immer wieder hintenanzustellen?
- Dich kleinhalten?
- Im Unternehmen deines Partners, der Eltern mitzuwirken?
- Rücksicht nehmen?
- ….

Mir ist es wichtig, dass du dich wirklich spürst und dich reflektierst und dass du wahrnimmst, wie es gerade in dir aussieht. Frage dich ehrlich und ohne dich zu verurteilen, warum du aktuell da stehst, wo du stehst.

Vielleicht spürst du gerade ein leichtes Ziehen in dir, vielleicht auch ein Zögern oder einen Widerstand.

All diese Fragen, all diese Gedanken sind genau dafür da, um dich herauszufordern und um dich mit dir selbst in Verbindung zu bringen.

Und weißt du was?

Das ist gut so. Denn genau hier liegt der Schlüssel.

Du kannst dabei erkennen, dass du die Antworten bereits in dir trägst.

**MOMENTUM:**
Also frage dich ganz ehrlich: Was hält dich wirklich zurück? Wo suchst du vielleicht noch nach Ausreden, weil es bequemer ist, nichts zu verändern?

Sei dir dabei gewiss: Es gibt keinen richtigen oder falschen Weg.

Es gibt nur deinen Weg, den, den du selbst wählst.

## SELBSTVERANTWORTUNG

Und genau hier kommen wir zu einem entscheidenden Punkt: Eigenverantwortung.

Denn die Wahrheit ist: Du bist diejenige, die entscheidet. Du bist diejenige, die die Richtung vorgibt.

Du, ganz allein du, bist für dich verantwortlich. Und tatsächlich, du liest richtig, nur du alleine.

Denn es ist dein Leben und dein Körper, deine Seele und dein Geist.

Du bist verantwortlich dafür, wie die Dinge in deinem Leben gelaufen sind. Genau deshalb stehst du heute da, wo du stehst.

Und das ist okay.

Ganz egal, wo du gerade bist.

Du bist okay.

Und ja, vielleicht zwickt es jetzt ein wenig, vielleicht zeigt sich ein innerer Widerstand. Aber genau das ist ein Zeichen dafür, dass du etwas berührst, das lange im Verborgenen lag und wo du nicht hinschauen wolltest. Vielleicht konntest du es auch tatsächlich nicht sehen.

Deshalb, du zauberhafte Frau: Bist du bereit, diese Verantwortung voll anzunehmen? Nicht nur für die schönen Momente, sondern auch für die Herausforderungen, die dich wachsen lassen?

Genau dann ist es Zeit, bewusst die Führung zu übernehmen – für dich, deine Träume und dein Leben.

Wenn du jetzt weißt, wo du stehst und was du nicht mehr willst, und wenn du weißt, wovor du Angst hast, dann ist es jetzt an der Zeit etwas zu verändern. Dann ist es Zeit zu sagen: „Time to say goodbye". Verabschiede dich von den Gedanken, die du bisher gedacht hast.

> In deinem neuen Denken gibt es zwei Regeln:
> Erstens: „Geht nicht" gibt es nicht!
> Zweitens: Ich übernehme Verantwortung und das voll und ganz!

Wahrscheinlich denkst du dir jetzt: „Das mache ich doch schon. Ich übernehme doch täglich Verantwortung. Kümmere mich um meine Aufgaben, unterstütze meinen Partner, die Eltern, die Kinder, wen auch immer, wo ich nur kann. Gehe Einkaufen, organisiere den Haushalt und so weiter und sofort."

Und ja, das, was eben getan werden muss. Und ja, das ist alles toll, doch mal ganz ehrlich:

Hast du damit bisher irgendetwas bewegen und verändern können? Hast du damit für dich Zeit bekommen?

Bist du mit all deinen Träumen auch nur ansatzweise vorwärtsgekommen?

Wenn du ehrlich bist, wirst du wahrscheinlich sagen: „Stimmt. Vielleicht ist etwas passiert und doch auch nicht viel. Eine große Veränderung in meinem Leben gab es nicht wirklich – und sie ist auch nicht in Sicht."

Und so wird es immer bleiben, wenn du nicht die volle Verantwortung für dich und dein Leben übernimmst. Für das, was du willst!

Und nicht mehr nur für das, was andere wollen und sagen.

Als ich Vollverantwortung, also Eigenverantwortung verstanden und damit auch für mich übernommen habe, wurde mir klar, was es in seiner Gänze bedeutet.

**Ich bin die Gestalterin meines Lebens** und nicht irgendjemand anderes. Nur ich selbst kann wissen, was ich wirklich will. Nur ich kann für mich entscheiden und für mich sprechen.

Mein Partner, meine Familie und wer auch immer, können selbst entscheiden, wie ihr eigenes Leben sein soll. Jeder denkt, fühlt, empfindet anders.

Selbstverantwortung zu übernehmen, bedeutet, sich aus der Opferrolle zu befreien und sich selbst beim Wort zu nehmen. Ja, einen Vertrag mit dir selbst zu schließen und ihn am besten aufzuhängen.

## MOMENTUM:

Ein möglicher Vertragsentwurf wäre:

Mein Versprechen

Ich... (dein Name) übernehme ab heute .... (Datum) die volle Verantwortung für mich und mein Leben. Ich entscheide mich dafür, wach zu sein für meine Gedanken, meine Gefühle und höre auf mich kleinzuhalten, mich zu verstecken und Ausreden zu finden.

Ich verpflichte mich dazu, ehrlich mit mir selbst zu sein, mich liebevoll zu betrachten und jeden Tag wieder, mich auf das, was ich will auszurichten.

Dieser Weg ist eine bewusste Entscheidung – jeden Tag.

Ich liebe mich.

Unterschrift.

Ich habe Entscheidungen getroffen, die mir nicht immer leichtgefallen sind. Dennoch habe ich wahrgenommen und erkannt, wie wichtig es ist, die eigene Führung zu übernehmen.

Wie du weißt, hatte ich mich nach meinem Zusammenbruch entschieden, etwas zu ändern. Ich wollte mein eigenes Online-Business in die Welt bringen und zudem ein komplett anderes Leben führen.

Ich hatte für mich gewählt, finanziell unabhängig zu werden.

Doch wahre Unabhängigkeit zeigt sich nicht nur im Kontostand, sondern vor allem in den Entscheidungen, die wir treffen, auch wenn sie uns herausfordern.

Und genau vor einer solchen Entscheidung stand ich damals.

Zwei meiner besten Freundinnen hatten mich zur Hochzeit eingeladen und auf beide dieser Hochzeiten wollte ich so gerne gehen.

Auf der einen Hochzeit kannte ich die meisten geladenen Gäste. Die andere Hochzeit sollte ganz idyllisch am See mit Übernachtung in einem wunderschönen Hotel bei Berlin stattfinden, mit vielen Gästen, von denen ich nur wenige kannte. Ja, ich wollte auf beide Hochzeiten „tanzen“. Doch um in meinem Leben vorwärtszukommen, hatte ich schon länger Coaches und Mentoren an meiner Seite und ausgerechnet an diesen beiden Hochzeitsterminen gab es Live-Events meiner Coaches im Rahmen des Programmes, welches ich gebucht hatte. Ich hatte Angst, meine Freundinnen vor den Kopf zu stoßen und sie zu verlieren, indem ich meinem Weg treu bleibe. Aber mein Herz rief danach, an dem Programm teilzunehmen.

Was tun? Das hatte ich mich gefragt.

Ich habe Nein zu meinen Freundinnen gesagt. Ja, zu beiden Freundinnen.

Vielleicht kommt dir das im ersten Moment falsch oder egoistisch vor. Doch genau das bedeutet Eigenverantwortung. Ich habe eine Entscheidung getroffen und bin neue Wege gegangen; auf die Gefahr hin, dass andere Menschen negativ über mich denken oder mich sogar verurteilen.

## *Wenn du etwas willst, darfst du neue Wege gehen! Du musst dich entscheiden!*

Ich wusste, was ich will und weiß es nach wie vor – und vor allem auch, was ich nicht mehr will. Ich habe mich für mich und meine Träume entschieden und meine Freundinnen sind immer noch da. Ich habe ihnen von meinen Träumen erzählt, von meinen Zielen und ihnen gesagt, wie wichtig es für mich ist, an diesem Programm teilzunehmen. Vielleicht waren sie für einen Moment traurig. Ich war es auch. Und doch haben sie mich verstanden und haben mir zusätzlich Mut zugesprochen und mich motiviert, mir treu zu bleiben.

Und dafür bin ich unendlich dankbar.

Weshalb also ist unsere Freundschaft nicht kaputt gegangen? Weil ich ehrlich war, weil ich über mich gesprochen habe und ihnen nicht irgendeine Geschichte oder Ausrede erzählt habe, sondern die Wahrheit.

Daher noch einmal: Wenn du selbst etwas anderes willst als dein Umfeld, übernimm voll und ganz die Verantwortung.

Und wenn du immer noch Groll gegenüber denjenigen verspürst, die du insgeheim als verantwortlich für deine Lebenssituation betrachtest, dann mag ich dich gerne zu dir selbst zurückholen. Es ist dein Leben und du hast es selbst in der Hand, wie du es gestaltest. Du bist kein Kind mehr. Keiner ist für dich verantwortlich und erst recht nicht schuld an deinem Leben.

Viel mehr beruht deine Situation darauf, dass du deine Wünsche nie an- noch ausgesprochen hast und Entscheidungen gegen sie getroffen hast, weil es bequem war, weil du Harmonie und Frieden wolltest, statt vielleicht die eine oder andere Disharmonie.

Und ja, auch ich wollte viele Jahre nur Harmonie und Frieden um mich herum erleben. Daran hat sich übrigens auch bis heute nichts geändert. Nur mein Blick, meine Reflektion und meine Perspektive sind heute andere. Ich entscheide mittlerweile, wie ich es haben will und was ich wirklich will. Auch spreche ich heute Dinge in meinem engem Umfeld an und aus, wo ich mich früher nicht getraut hätte, darüber zu sprechen. Zum einen aus Angst vor Ablehnung, zum anderen aus Scham und Missverständnis. Es darf dabei unterschiedliche Wahrnehmungen geben oder eine Diskussion zu den jeweiligen Perspektiven. Auf Augenhöhe, mutig, respektvoll und offen.

Heute will ich nicht mehr recht haben.

Heute kann ich andere Perspektiven und Wahrnehmungen fast immer stehen lassen.

*Heute weiß ich, dass das Leben nie gegen mich ist, sondern immer für mich.*

Und wenn es nicht gemeinsam geht, dann nimm dir die Zeit und geh deinen eigenen Weg der Veränderung. Starte am besten mit dir: Sei klar dir selbst gegenüber, kommuniziere ehrlich und lerne auch Nein zu sagen.

Weißt du, was mir dabei ganz klar wurde?

> Es reicht nicht, nur zu wissen, was man nicht mehr will. Die wahre Veränderung beginnt erst, wenn man sich fragt: Was will ich stattdessen?
> Wie groß darf mein Leben eigentlich sein?

Und genau hier beginnt der nächste Schritt unserer gemeinsamen Reise.

# 3.
# VORSTELLUNG

## ERLAUBNIS

An diesem Punkt der Erkenntnis Eigenverantwortung begann ich, meine Träume nicht nur zu denken, sondern sie in die Realität zu holen. Ich erkannte, dass es keine Grenzen gibt außer denen, die ich mir selbst setze. Und so erlaubte ich mir, größer zu träumen als jemals zuvor.

Eine Multimillionärin und eine der glücklichsten, erfülltesten und erfolgreichsten Mentorinnen und Unternehmerinnen im deutschsprachigen Raum zu sein, durch die Welt zu jetten und die schönsten Orte zu bereisen – das ist meine Vision.

Noch vor drei Jahren wäre es für mich undenkbar gewesen, selbst ein Buch zu schreiben. Es lag einfach nicht in meinem Feld, und so dachte ich damals: Ich kann das nicht.

Heute träume ich von der großen Bühne, doch mein Traum ist nicht mehr weit weg. Er ist schon in meinem Feld und zum Greifen nah. Nicht mehr nur ein Traum, sondern jetzt schon ein Ziel und ein Weg der Sichtbarkeit.

### *Träume, Visionen und Ziele.*

Ohne die geht es nicht.

Was bedeutet es, Träume zu haben – und was sind Träume für dich?

**Träume sind** das, was du dir irgendwann nicht mehr erlaubt hast, zu träumen oder dir vorzustellen. Es sind jene Visionen, die du immer weiter verkleinert hast, je unerreichbarer sie in deiner aktuellen Welt schienen. Je mehr du daran geglaubt hast, dass sie nicht für dich bestimmt sind.

Weshalb ist das so?

Weil dir irgendwann jemand eingeredet hat, du solltest auf dem Boden der Tatsachen bleiben. Realistisch sein.

Zufrieden mit dem, was du hast.

Vielleicht hast du irgendwann selbst begonnen, aufzugeben – in dem Moment, als du gemerkt hast, dass sich manche Dinge nicht so leicht greifen lassen oder nicht sofort zu dir kamen.

Ziele hingegen sind Ergebnisse, die zum Greifen nah sind. Es sind Wege, von denen du heute schon weißt, dass und wie du sie erreichen kannst.

Es gibt große und kleine Ziele. Hinter jedem großen Ziel liegen Zwischenziele – Etappen, die du dir für deinen Weg dorthin setzen darfst. Und genau diese Zwischenziele sind absolut sinnvoll.

Denn wenn es nur große Ziele gäbe, wärst du wahrscheinlich schnell frustriert und würdest im schlimmsten Fall aufgeben. Warum? Weil dein Ziel gerade zu groß erscheint und die Herausforderung, es zu erreichen, so gewaltig wirkt, dass du zwischendurch den Mut und die Energie verlieren könntest.

Wenn du dieses Buch liest, hast du wahrscheinlich das Ziel, dein eigenes Unternehmen aufzubauen.

Also ist dein erster Schritt nicht, gleich eine Webseite zu erstellen, sondern zuerst einmal herauszufinden, was du wirklich tun willst.

Erst dann macht es Sinn, dir klarzumachen: Mit wem willst du diesen Weg gehen, welche Menschen werden deine Kunden sein, wo willst du dein Unternehmen aufbauen und was genau soll dein Angebot sein?

Und um das alles für dich zu erkennen und bewusst zu gestalten, brauchst du eines: Zwischenziele.

Eines ist dabei ganz wichtig: Du brauchst auch am Anfang nicht alles wissen, z.B. wie etwas funktionieren kann. Das WIE ist nicht entscheidend.

Vorher geht es um das Allerwichtigste überhaupt: zu deiner persönlichen Basis, zur Basis von allem.

Deine Vision.

Das ist das ganz Große: deine persönliche Wunschliste ans Leben. Die farbenfroheste Fantasie. Das, wovon du träumst. Allerdings noch viel genauer, viel präzisier, bunter, lauter, als du es bisher gewagt hast, zu denken.

Die Vision bildet ab, wie dein Leben in all seinen Bereichen sein soll: Gesundheit, Finanzen, Business, Beziehungen, Partnerschaft, Hobbys,...

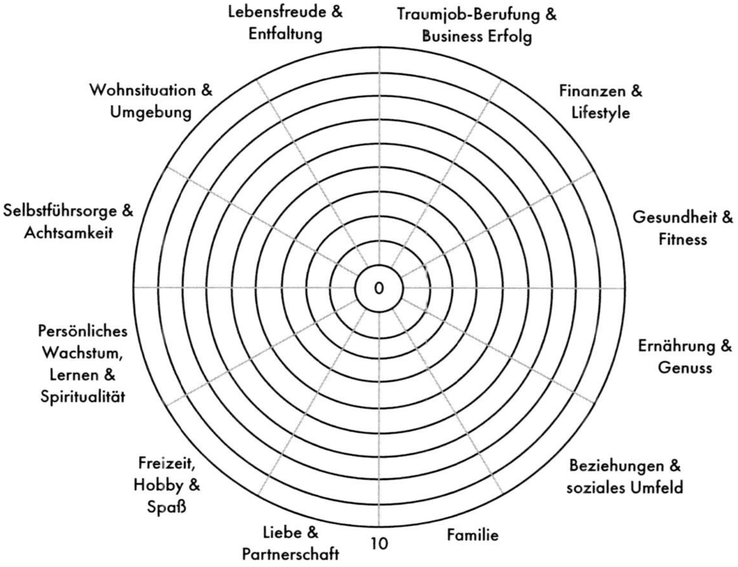

## MOMENTUM:

Frage dich, auf einer Skala von 0-10, wo du dich aktuell in den einzelnen Bereichen befindest. Dabei steht die Null für "nix und tiefer geht nicht". Die 10 hingegen bedeutet "alles ist und läuft perfekt, mir geht es sehr gut".
Hier ein Beispiel: Wenn dein Hobby das Golfen ist und du derzeit nie Zeit findest, um zum Golfplatz zu fahren und zu spielen, dann erfüllt dich dein Hobby nur bedingt. Somit steht es definitiv nicht mehr bei einer 10, sondern vielleicht nur noch bei einer 4.
Ein Hinweis: Nimm bitte die Antwort, die spontan in den Sinn kommt. Ansonsten würdest du dich nur selbst belügen. Und dann nimm dir einen Stift und markiere die Punkte auf dem Papier im Rad.
Jetzt viel Spaß beim Ausfüllen.
Bist du mit allen Lebensbereichen durch, dann verbinde die einzelnen Punkte, so dass du einen geschlossenen Kreis hast.

Die entstandene Linie in deinem Lebensrad ist meistens mehr ein auf- und ein ab. Weniger rund, wie ein Rad. Dafür an einigen Stellen etwas höher oder tiefer und an manch anderer Stelle ist sie vielleicht gar nicht da, weil die Null markiert wurde. Am idealsten jedoch wäre es, wenn deine Lebensradlinie rund läuft, dann wäre dein Leben im Einklang. Doch das ist mir bisher eher selten begegnet.

## MOMENTUM:

Nachdem du das jetzt alles ausgefüllt hast, kannst du dich fragen: Welche Lebensbereiche würdest du gerne erhöhen?

Zum Beispiel, um von einer 5 auf eine 8 oder sogar auf eine 10 zu kommen. In Sachen Fitness, der Gesundheit, dem Hobby könntest du z. B. zukünftig zwei oder dreimal pro Woche zum Golfen fahren. Damit wirst du trainierter, fitter, gesünder oder nimmst wieder regelmäßiger am Outdoortraining für deine persönliche Fitnessteil. In Sachen Business willst du vielleicht mehr Sichtbarkeit erlangen, dann darfst du öfter posten. Wie kannst du das tun? In dem du dich mit dir verbindest, du energetisch so im Flow bist, damit deine Storys angeschaut werden. Somit entsteht ein Sog und die Menschen werden neugierig – sie beginnen dir zu folgen.

Oder du willst deine Finanzen aufpeppen, dafür darfst du ggf. erst einmal die offenen Rückzahlungen regelmäßig tätigen und vielleicht auch monatlich/wöchentlich Geld zur Seite legen?

Wenn du mit dieser Übung fertig bist, habe ich noch eine weitere Frage an dich:

## MOMENTUM:

Wer wärst du gerne und was willst du in deinem Leben haben?

Jetzt wirst du Antworten finden. Ganz sicher. Und wie schon weiter oben erwähnt: Das WIE – wie es geht – ist dabei gar nicht so entscheidend.

Falls es dir schwerfällt, dann frage dich: Was gefällt dir nicht? Was willst du nicht und was möchtest du stattdessen erleben?

Gerade wenn es um Geld, Umsätze und Gewinne geht, trauen sich viele Frauen nicht, ihre wahren Wünsche auszusprechen. Ich erlebe es immer wieder bei meinen Kundinnen, besonders am Anfang. Sie spielen oft klein, von Natur aus, vielleicht auch aus Gewohnheit. Viele Frauen haben das Gefühl, dass es unangenehm sein könnte, wenn sie ihre wirklichen Wünsche äußern. Was könnten andere denken? Was könnte ich denken?

Aber, hier geht es nicht um die anderen, sondern hier geht es um dich. Nur um dich.

Ich habe einen Tipp für dich: Suche dir Vorbilder.

Welche Frau möchtest du sein und warum?

Was hat sie, das du dir wünschst?

In dir schlummert bereits so viel mehr, als du bisher sehen konntest: Wissen, Schönheit, Eleganz, Fähigkeiten und deine ganz eigene Größe.

Du Zauberhafte, erlaube dir, anders zu sein. Verändere deine innere Haltung und deine Einstellung zu dir selbst. Denn du bist so viel mehr wert, als du bisher geglaubt hast.

## VISION

Mit der Erlaubnis, groß zu denken und dich selbst nicht länger kleinzuhalten, öffnet sich eine neue Welt für dich.

Doch was kommt als Nächstes?

Jetzt geht es darum, deine Zukunft aktiv zu gestalten. Nicht nur in Gedanken, sondern in Bildern. Denn alles, was du dir vorstellen kannst, kann Realität werden.

Stelle dir bitte eine Zitrone vor. Was siehst du? Was nimmst du wahr?

Ich sehe sofort eine gelbe, ovale Frucht, die durftet. Und allein beim Gedanken an das Saure fließt mir sofort das Wasser im Mund zusammen, erst recht, wenn ich mir vorstelle, ich würde hineinzubeißen.

Wenn du ans Fliegen denkst, hörst du sicherlich die Triebwerkgeräusche. Spürst du vielleicht, wie du über den Wolken schwebst. Dein inneres Auge sieht dich vorbeischweben an den unterschiedlichsten geformten Wolken, an hellen, dunklen, mal nebeligen. Du nimmst wahr, wie sich die Farben verändern, wie die Sonne auf- und untergeht. Vielleicht siehst du das Meer unter dir, vielleicht fliegst du über Städte und weite Landschaften.

Du siehst Bilder. Und genau das ist entscheidend. Denn um Großes zu kreieren, braucht es deine klare Vorstellung: Deine **Vorstellungskraft**.

Male deine Zukunft.

Fang an, deine Bilder auszumalen!

Wie soll dein Leben sein, wie willst du es haben?

*Dein persönliches Sein ist untrennbar mit deinem Business verbunden. Du kannst nie nur das eine betrachten, es greift alles ineinander.* Du benötigst deine persönliche Vision, damit dein Business groß wird. Auch dafür, es auf stabile Beine zu stellen und den Fokus zu halten.

Vielleicht erinnerst du dich noch daran, wie du in der Schule gemalt hast, an die ersten Pinselstriche, als alles noch spielerisch und voller Freude war. Und jetzt stell dir vor, du hast einen großen Lebens-Malkasten mit den unterschiedlichsten Farben. Von ganz hell über pastellig bis hin zu den kräftigsten Farben. Alles ist möglich.

Sei kreativ, tobe dich aus und habe einfach nur pure Freude dabei. Erschaffe mit Begeisterung das Bild deines Lebens. Das meine ich übrigens wörtlich: Male dir deine Vision wirklich auf ein Blatt Papier!

*Nutze die Bilder deiner Vorstellungskraft, um deine Vision zu verankern.*

Wenn du jetzt sagst: „Malen ist nicht meins", dann habe ich eine weitere Möglichkeit für dich. Statt zu malen kannst du dir auch die unterschiedlichsten Bilder auswählen. Stöbere in Zeitschriften und schneide aus. Im Internet oder auf Social Media finde Fotos, die dich spontan anziehen.

Wähle die Bilder aus, bei denen du sofort etwas fühlst und bei denen du diesen „Haben wollen"-Sog verspürst.

Und all die Bilder, bei denen du erst zu überlegen beginnst, ob sie dir gefallen oder eben doch nicht: Lass sie los. Denn das sind nicht deine Bilder. Sobald du darüber nachdenkst, ist dein Verstand schon wieder aktiv.

Also, let's go!

## MOMENTUM:

Was wünschst du dir und wovon träumst du?
Suche dir für jeden Lebensbereich deine passenden Bilder aus. Du kannst sie auch mit Worten und Symbolen ergänzen. Dein Visionboard darf dich magisch anziehen.
Du bist völlig frei in deiner Gestaltung. Es ist dein Board und es dürfen Bilder darauf sein, die dich wirklich berühren und inspirieren. Ja, sie dürfen dich anziehen.

*Sehe deine Zukunft – jeden Tag.*

**Wichtig:** Bewerte die Bilder nicht. Denke niemals darüber nach, ob du sie erreichen kannst oder nicht. Unser Mind benötigt große Bilder. Gestalte dein Visionboard, dein Plakat nach deiner Lust und Laune und platziere es sichtbar. Hänge es an die Wand gegenüber von deinem Schreibtisch oder Esstisch, erstelle einen Screenshot für dein Handy oder nutze es als Desktop-Hintergrund, what ever. So stellst du sicher, dass du es jeden Tag sehen kannst.

Es kann nie zu viel sein. Dein Unterbewusstsein arbeitet mit Bildern.

Mit dem Visionboard bleibst du verbunden mit dir und deinen Träumen. Auch ein Traumtagebuch eignet sich hervorragend dafür.

Sei kreativ und verbinde dich mit dem, was du wirklich willst.

Deine Vision und deine Träume benötigen neben den Worten, dem Aufgeschriebenen auch deine Bilder zum Verankern. Immer wieder. Dein Unterbewusstsein darf sich jeden Tag aufs Neue mit dir und dem, was du wirklich willst, verbinden. Das passiert dann, wenn du unbewusst an deinen Bildern vorbeiläufst, sie unbewusst durch deine Augen siehst. Das heißt also, dein Unterbewusstsein wird immer wieder mit Bildern bestückt, wie dein Leben sein soll. Mit dem, was du willst. Somit werden unbewusst neue Verknüpfungen in deinem Kopf geschaffen.

Wie du siehst, ist alles miteinander verbunden.

Dein Leben besteht aus mehr als nur einer Säule. Auch dein Business steht nie für sich allein. Denn alle Lebensbereiche sind miteinander verbunden und ergeben das große Ganze. Je klarer deine Vision ist, desto stärker wirst du in deiner Umsetzung sein – und umso sicherer wirst du deinen eigenen Weg gehen und dein Business erschaffen.

Und je öfter du die Verbindung zwischen dir, deinen Bildern und diesen Worten spürst, desto tiefer wirst du verwurzelt sein – in dir und in dem, was du erschaffen willst.

## GLAUBE

Alles ist möglich, wenn du es wirklich willst.

**Was willst du wirklich glauben?** Das ist eine Frage, die du dir immer wieder stellen kannst.

Es ist ganz egal, an welche höhere Macht du glaubst. Ob es Gott ist, Buddha, das Universum oder sonst wer. Wichtig ist allerdings, dass du DIR glaubst. Dein Glaube ist deine Wahrheit. Mein Glaube ist meine Wahrheit.

Alles ist möglich, wenn du es wirklich willst.

Glaubst du daran oder nicht?

Es ist eine Frage deiner Einstellung. Wenn du beginnst, wirklich an deine Vision zu glauben, wirst du mehr und mehr wahrnehmen, dass Impulse zu dir kommen, die dich vorwärtsbringen. Du bekommst Antworten auf deine Fragen. Denn dein Glaube formt deine Überzeugungen und du hast immer wieder die Wahl: Willst du etwas glauben oder eben nicht?

Ich erinnere mich noch gut daran, wie es war, bevor ich mich mit Persönlichkeitsentwicklung und Bewusstseinsthemen beschäftigte. In meinem Kopf gab es so einige Begrenzungen, bewusste und unbewusste. Zum Beispiel diese hier:

„Alles muss ich alleine machen, sonst habe ich noch am Ende mehr Arbeit, weil ich die Arbeit der anderen kontrollieren muss. Bevor ich jemanden lange etwas erkläre, mache ich es lieber selbst und bin schneller fertig. Das kann nur ich machen. Ich kann das am besten. Und bevor noch irgendetwas schiefgeht, erledige ich die Aufgabe. Ich weiß genau, was ich wie gemacht habe und wie meine Technik und mein System funktionieren. Bevor ich erst lange jemanden frage, mach ich's doch lieber gleich selbst."

Ich bin mir sicher, du kannst hier noch den einen oder anderen Satz hinzufügen, weil du diese Spirale von dir selbst kennst.

Eine meiner Kundinnen kam zu mir mit dem Wunsch: „Ich will mein eigenes Business aufbauen." Aber: Hinter dem Businessaufbau stand noch ein anderes Thema, was sie pausenlos davon abhielt, ihren Traum zu verwirklichen – Überforderung, verbunden mit dem Glaubenssatz: „Alles muss ich machen."

Sie machte alles allein, weil sie Angst hatte, Verantwortung abzugeben. Aus Angst, ersetzbar zu sein. Aus Angst, dass nur sie in der Lage war, alles zu bewältigen. Und genau deshalb hatte sie nie Zeit für ihre wahren Ziele.

Dabei wollte sie sich doch endlich in die erste Reihe stellen, endlich auch zu den Selbstständigen gehören und etwas tun, was ihr Freude macht, und ihr eigenes Business haben.

Doch was ihr im Weg stand, war ihre Überzeugung, ihre Aufgaben nicht abgeben zu können.

Sie hatte zum Beispiel Angst davor, mit ihrem Partner darüber zu sprechen, dass sie die Aufgaben in seinem Büro zukünftig nicht mehr übernehmen könne, weil sie endlich ihre eigenen Träume in die Realität bringen wollte.

Ihre Ausrede war bis zu unserem ersten Zoom-Call, dass nur sie das Büro managen kann. Sie hatte Angst davor, ihm mit dem Vorschlag zu kommen, dass er sich nach einer neuen Bürokraft umschauen sollte. Denn mit all den anderen Aufgaben, welche sie sonst noch hatte – die Eltern unterstützen, den Haushalt organisieren, den Hausputz stemmen, das Essen kochen, Hemden bügeln und den Urlaub planen – war sie voll eingespannt.

Damit konnte sie keine Zeit finden, mit ihrem Business zu starten, obwohl das tief in ihr ihr Wunsch war.

In unserer Zusammenarbeit wurde ihr bewusst, dass sie selbst für ihre Situation verantwortlich war, also für das, was sie bisher geglaubt hatte.

Sie erkannte, dass es ihre eigene Geschichte war, die sie aufhielt: von der Unersetzbarkeit und bis zum Gebrauchtwerden. Die Geschichte, die sie sich selbst immer wieder erzählte.

Damit wurde ihr klar, dass sie unbewusst gar nicht hätte starten können, weil sie alle ihre Gedanken darauf ausgerichtet hatte, genau das zu verhindern.

Nachdem sie ihrem limitierenden Glaubenssatz und ihrer inneren Wahrheit auf die Schliche gekommen war, suchte sie das Gespräch mit ihrem Partner. Zu ihrer Überraschung sagte er „Ja" zur neuen Bürohilfe. Zusätzlich schlug er ihr vor, ab sofort die Einkäufe zu übernehmen und die Hemden zum Bügelservice zu bringen, um sie auch davon zu entlasten. Sie sollte die Zeit finden, ihren Traum vom eigenen Business anzugehen.

Ein weiteres Beispiel aus meiner Arbeit mit einer Kundin: Sie steckte in einer geschäftlichen Beteiligung fest und wusste nicht, wie sie sich daraus lösen sollte. Eigentlich hatte sie nie Teil davon sein wollen. Sie war nur eingestiegen, weil ihr Mann es sich gewünscht hatte. Er meinte, es sei eine großartige Chance für ihn und seine Geschäftspartner, eine neue Business-Idee umzusetzen, und steuerlich gesehen wäre es günstiger, wenn sie mit an Bord wäre. Meine Kundin selbst hatte nie vor, aktiv mitzuwirken. Ihr Mann hatte sie diesbezüglich noch beruhigt: „Schatz, du musst gar nichts weiter tun."

Doch jetzt, wo sie mittendrin war und sehr viel zu tun hatte, wurde ihr klar: Ganz so einfach war es nicht, da wieder rauszukommen.

Was war geschehen? Sie hatte von Anfang an selbst mit angepackt, kaum Geld für ihre Leistung erhalten – „Mach ich doch gerne!" – und den Herren alle unliebsamen Arbeiten abgenommen. Mittlerweile verließ sie täglich völlig gestresst das Geschäft. Und „eigentlich" wollte sie doch entspannt und erfolgreich den eigenen Träumen nachgehen – und jenen Dingen, die sie wirklich aus tiefsten Herzen wollte.

Auch diese Frau war davon überzeugt, dass es ohne sie nicht ginge, dass sie doch mithelfen und kontrollieren müsse. Dass sie nicht Nein sagen darf. Überdies steckte auch noch ihr mühevoll erspartes Geld in dieser Unternehmens-Beteiligung.

Tja, und nun stand sie an dem Punkt, wo sie ihr Geld zurückwollte. Sie hatte keine Lust mehr auf dieses von ihrem Mann eingefädelte Programm. Sie wollte endlich Zeit für sich haben, für ihr Rennrad, für das Golfen und ihre anderen sportlichen Aktivitäten, die sie doch so liebte.

Doch vor allem wollte sie ihr Geld dafür nutzen, sich ihren Traum vom eigenen Online-Business zu erfüllen und in sich selbst und ihre eigenen Ideen zu investieren.

Ihr Ziel war es, Menschen mit der richtigen Ernährung auf ihrem Weg zur optimalen Fitness zu begleiten. Also sprach sie mit ihrem Mann. Im ersten Moment war er nicht begeistert. Doch auch er fand schließlich eine Lösung: Er ermöglichte ihr, aus der geschäftlichen

Beteiligung auszusteigen und zahlte ihr nicht nur ihren Anteil zurück, sondern legte sogar noch eine Extra-Summe obendrauf – als Zeichen der Unterstützung.

> Du siehst, es ist alles eine Frage des Glaubens.
> Glaubst du, dass du keine Zeit hast, wirst du keine finden. Glaubst du, dass du gefangen bist in deinem System, in deiner Partnerschaft, deiner Ehe, in deinem Business oder in deinem Leben, dann wirst du aus deinem System nicht aussteigen können.

Das heißt:

*Glaube nicht alles, was du denkst. Sondern verändere dein Denken, um das zu glauben, was du wirklich glauben willst.*

Alles ist möglich, auch für dich.

Später erzähle ich dir mehr über eine gut geführte Kommunikation auf Augenhöhe, sodass Gespräche auf einer erwachsenen Ebene friedvoll zum gewünschten Ergebnis führen können.

In beiden Fällen waren die Frauen durch unsere Zusammenarbeit für ihre Gespräche sehr gut vorbereitet. Beide erlebten eine positive Erfahrung und eine offene Rückmeldung ihrer Männer, obwohl sie vor dem Gespräch mit ihren Männern befürchteten, dass es schwierig werden können.

Doch die beiden Damen hatten ihren Glauben an sich verändert und waren bereit, klar und bestimmt das auszusprechen, was sie wollten.

Auch anhand dieser Beispiele ist gut erkennbar, dass ganz oft geglaubt wird, dass Liebe an Bedingungen geknüpft ist. Und dass wir Frauen von unseren Männern nicht mehr geliebt werden, wenn wir uns nicht korrekt verhalten und nicht angepasst sind.

Bullshit!

Es ist, was du glaubst und denkst. Du kannst selbstbestimmt sein, du kannst Nein sagen – die Frage ist immer wieder: Wie kommunizierst du etwas, wie transportierst du das, was du wirklich sagen willst, und was sind deine wahren Werte?

Wie ist deine Haltung anderen Menschen gegenüber? Und auch dir gegenüber?

Bist du eher klein und verängstigt oder beginnst du, für dich einzustehen? Erlaubst du dir zu glauben, dass du Dinge schaffen kannst, dass du gute Gespräche führen kannst und dass du alles bekommst, was du willst?

Vielleicht hast du schon einmal von dem Gesetz des Glaubens und der Überzeugung gehört. Es ist eines der sieben universellen Gesetze, welche als Grundprinzipien des Erfolges und des Wohlstands gelten. Dieses Gesetz sagt aus, dass alleine dein Glaube an etwas nicht ausreicht, um es zu bekommen.

*Um das zu bekommen, was du willst, musst du zuerst an dich und deine Fähigkeiten glauben.*

Erst dann glaubst du daran, dass du dieses und jenes erreichen kannst.

*Dein Glaube an dich als Person steht über allem.*

Erst, wenn du an dich glaubst und überzeugt bist, dass du alles erreichen kannst, wonach du strebst, wird sich in dir die Energie drehen und du wirst Dinge erreichen, die zuvor nicht erreichbar waren.

Glaube an deine Fähigkeiten und deine Möglichkeiten und lasse Zweifel und Begrenzungen hinter dir.

Indem du deinen Glauben immer bewusster entwickelst und für dich neu ausrichtest, stellst du dein Unterbewusstsein zunehmend auf das ein, was du wirklich willst.

Du programmierst dich gezielt darauf und beginnst, immer mehr positive Ergebnisse zu erleben. Dein Glaube ermöglicht es dir, Hindernisse zu überwinden, Ausdauer zu zeigen und den Weg zum Erfolg zu gehen, selbst dann, wenn die äußeren Umstände widrig erscheinen.

Mit anderen Worten: Das Gesetz des Glaubens besagt, dass deine Gedanken, Überzeugungen und dein Vertrauen in dich selbst sowie in deine Fähigkeiten maßgeblich beeinflussen, **wie du handelst und welche Entscheidungen du triffst.** Und genau das bestimmt letztendlich die Ergebnisse, die du in deinem Leben erfährst.

*Verändere dein Glaubenssystem, entfalte dein volles Potenzial und du kannst alles sein, alles tun, alles haben. Auch alles wollen, was du dir vorstellst und wünschst.*

Ja, du kommst auf die Welt und bist mit allem ausgestattet. Mit reinem Potenzial. Alles ist möglich, **weil alle Fähigkeiten in dir angelegt sind**.

Ich mag dir auch davon erzählen, dass deine Werte mit deinen Überzeugungen verbunden sind. Sprich: Das, was du glaubst = dein Glaube → hat Einfluss auf deine Werte.

## MOMENTUM:

Prüfe doch einmal für dich, welche Werte du hast. Was ist dir wichtig?

Wenn du nach deinen Werten leben willst – was absolut essenziell ist, um authentisch zu bleiben –, dann ist es entscheidend, dass du entsprechend handelst und für dich und deine Werte einstehst.

Also, was ist dir wirklich wichtig?

Ist Ehrlichkeit einer deiner Werte? Dann ist es Zeit, mit dir ehrlich zu sein. Frage dich: „Was denke ich wirklich?“ Und dann frage dich weiter: „Will ich das so überhaupt glauben?“

Wenn Ehrlichkeit für dich wichtig ist, dann gehört dazu, ehrlich dir und anderen gegenüber zu sein. Dann gehört auch dazu, Dinge konsequent anzugehen, selbst wenn sie sich schwer anfühlen – zum Beispiel ein herausforderndes Gespräch mit deinen Liebsten, deinen Eltern oder nahestehenden Menschen zu führen.

Klar auszusprechen, wofür du nicht mehr zur Verfügung stehst.

Wenn Vertrauen einer deiner Werte ist, dann höre auf, alles zu hinterfragen und fang an, dir selbst zu vertrauen.

Ist Freude dein Wert, dann lebe deine Freude. Lache. Sei freundlich mit dir und mit anderen.

Wenn Verbindlichkeit dir wichtig ist, dann beginne verbindlich zu sein. Frag dich, was gehört für mich dazu, wirklich verbindlich zu leben? Was ist noch daran geknüpft?

Was ist dir jetzt ganz bewusst und wirklich wichtig?

# 4. TOOLS ZUR UNTERSTÜTZUNG

## DAS DENKEN IN LÖSUNGEN

Etwas verändern zu wollen ist eine Sache, es dann auch tatsächlich zu tun, eine andere.

Die meisten Menschen auf unserem Planeten wollen gerne etwas anderes in ihrem Leben haben, als das, was sie tagtäglich darin vorfinden. Jedoch sind sie nur selten bereit dafür, etwas anderes zu tun. Sie wollen weder den Preis für etwas zahlen, was ihnen helfen soll, noch etwas an ihren Gewohnheiten verändern.

Ja, gerne wird die geringste Art von Widerstand gewählt, weil alles andere einfach nur anstrengend und unbequem ist.

Vor einiger Zeit hatte ich den ersten Call mit einer neuen 1:1-Kundin. Sie brachte ein Thema mit, das sie so sehr bewegte und blockierte, dass es starke Zweifel in ihr auslöste. Schon während sie in der Session davon erzählte, begann sie zu weinen.

Ihre Berührtheit und ihre Tränen kamen daher, dass sie in ihrem Kopf permanent eine gigantische ToDo-Liste mit sich herumtrug. Die Fülle an Aufgaben hatte ihr den Überblick genommen. Alles fühlte sich nach „zu viel“ an. Zu schwer. Zu anstrengend.

Ich ließ sie erzählen.

Ihr größter Schmerz und ihre tiefe Angst beruhten auf der Vorstellung, dass sie wohl nie wieder aus diesem Gefühl herausfinden würde.

Womöglich kommt dir das gar nicht so unbekannt vor. Hier mal etwas für den Partner erledigen, da den Eltern helfen, dort noch mitwirken. Unternehmergattin, Ehefrau, Partnerin, Unternehmertochter, Hausfrau, Allesversteherin.

Ja, das alles bist du. Und ja, genau das sind deine täglichen Herausforderungen.

Doch tief in dir da ist dieses Flüstern. Die Sehnsucht nach Freiheit. Nach Zeit für dich. Nach mehr Energie, nach Sport, nach Wellness & Gesundheit. Nach einem Leben, in dem du nicht mehr fragst, sondern entscheidest. Und dann dieser Traum: dein eigenes happy Business. Dein eigenes Geld. Auf deine Art und in deiner Größe.

Nicht nach mehr bitten, nicht mehr warten, sondern erschaffen.

Genau da beginnt deine Geschichte.

Und genauso war es bei meiner Kundin. Sie wollte so viel mehr. Als ich sie fragte, was ihr Grund sei, weshalb sie mit diesem Thema zu mir kam, sagte sie: „Ich möchte einfach meine Listen abarbeiten, damit ich nicht resigniere oder kapituliere."

Doch ihr wahrer Grund war ein ganz anderer.

Als sie schließlich davon erzählte, strahlten ihre Augen vor Freude. Es sprudelte nur so aus ihr heraus und sie malte ihre Bilder bunt und lebendig aus. Der wahre Grund hinter dem vorgeschobenen Grund war: Sie wollte öfter ans Meer. In die Berge – und zwar mit ihrem eigenen Geld. Und sie hatte gerade keine Ahnung, wie sie sich ihren Traum jemals erfüllen sollte. Ihr sehnlichster Wunsch war nicht die erledigte ToDo-Liste, sondern frei und unabhängig zu werden. Einfach sein zu dürfen und tun und lassen zu können, was sie will, weil genug von allem da ist.

Und als ich sie fragte, was es dafür bräuchte, um ans Meer und in die Berge zu kommen, ja, mehr zu reisen und mehr shoppen zu gehen, mehr Wellness und Beautybehandlungen zu erleben, meinte sie: „Wenn ich alle Aufgaben der Familie und deren Unternehmen erledigt habe, dann bin ich bereit."

Im Gespräch wurde klar: Sie hatte keine geschriebene Liste mit Aufgaben. Diese Liste existierte nur in ihrem Kopf. Kein Wunder, dass die imaginäre Liste sie überfordert hatte und sie kurz davorstand, zu versagen. Damit hatte sie keinen wirklichen Überblick über den echten Umfang und den zeitlichen Rahmen ihrer Aufgaben. Denn ihr Kopf war gefüllt mit dem, was sie sich alles merken „musste".

Als ich ihr Lösungen für dieses Chaos im Kopf vorschlug, waren ihre Worte: „Nein, das geht nicht. Und nein, das geht auch nicht. Das wird nix." Mein Mann, meine Eltern, meine Familie … und nein, ich habe wirklich keine Zeit.

Wenn du nun zu dir schaust, wie oft steckst du fest? Was bewegt dich und wie oft drehst du dich im Kreis?

Wie meiner Kundin geht es vielen Frauen. Und selbst ich habe diese Erfahrung ebenfalls machen dürfen.

Aber was meine Kundin von vielen anderen unterscheidet, ist: Sie steckte zwar im Problem fest und fand zunächst nur Gründe, weshalb etwas nicht funktionieren sollte. Trotzdem holte sie sich **Unterstützung**. Sie wollte eine **Lösung**. Und die hat sie sich organisiert.

Ganz genau darum geht es.

> Finde Lösungen für dein Problem, statt dich im Problem zu suhlen.

Am Ende der Session erlebte meine Kundin einen Moment der Klarheit. Sie hatte endlich einen genauen und vor allem schriftlichen Überblick über ihre anstehenden Aufgaben.

Sie wusste nun, wie sie die Liste schneller als gedacht erledigen konnte und das, ohne sich zu überfordern. Gleichzeitig wurde ihr klar, wie sie parallel Zeit finden konnte, um für ihren Traum loszugehen. Noch während unseres Gesprächs fand sie ihre Antworten, ganz aus sich selbst heraus. Und das war erst der Anfang.

Der Einstieg in ihr eigenes Business und das Abarbeiten ihre To-do-Liste in kleinen Häppchen war parallel machbar. Genau das war der Wendepunkt, sich endlich ihren Träumen hinzugeben und gleichzeitig Lösungen zu finden. Schritt für Schritt.

Sie war überglücklich. Jetzt wirklich zu starten und sich endlich zu erlauben, ihr eigenes Geld zu verdienen, brachte sie viel schneller auf ihren Weg, als sie gedachte hätte. Ja, hin zum Reisen und hin zu echter, gelebter finanzieller Unabhängigkeit.

> Was ich dir empfehle?
> Entscheide dich heute, jetzt und hier, in LÖSUNGEN zu denken. Lasse das Problem los. Frage dich stattdessen, was kann ich tun? Was wäre ein nächster, lösungsorientierter Schritt?
> Zusatztipp:
> Verbinde dich mit dem Universum und bitte ganz bewusst um eine Lösung für dein Thema. Erwarte die Antworten in kleinen, aufeinanderfolgenden Impulsen. Schritt für Schritt.

Und noch besser.

**MOMENTUM:**
Entscheide dich, ab sofort das Wort „Problem" aus deinem Wortschatz zu streichen. Schreibe es um. Nenne es ab heute HERAUSFORDERUNG oder AUFGABE.

Was wäre ein liebevoller erster Schritt, den du heute für dich und deine Veränderung gehen kannst?

## DIE RICHTIGE SPRACHE

Ich habe viele Bücher gelesen, die mich inspirierten und mich wachsen ließen und weiterhin wachsen lassen. Ja, ich investiere in mich, weil es mein Herzenswunsch war, dass sich etwas in meinem Leben verändert. Denn ich hatte keine Lust mehr darauf, mich im

Kreis zu drehen, zu jammern und mich manchmal auch selbst zu bemitleiden.

In Lösungen zu denken ist der eine Teil – und auf der anderen Seite wurde mir schnell bewusst, wie wichtig es ist, mein Mindset und damit verbunden meine Worte zu verändern.

Wahrscheinlich ist es dir noch nicht bekannt, wie mächtig Sprache ist?

> Vielleicht hast du dir schon mal selbst zugehört und wahrgenommen, was du dir den lieben langen Tag so erzählst und wie du mit dir und mit den anderen sprichst. Und falls du es noch nicht getan hast, dann probiere es unbedingt aus. Du wirst überrascht sein.

Ja, du wirst überrascht sein, was dein Quatschi im Kopf dir den ganzen Tag so erzählt und womit er beschäftigt ist. In seinem Hörbuch, „Der Selbstentwickler" bezeichnet Jens Corssen den Quatschi als die innere Stimme. Sehr passend, wie ich finde. Humorvoll und sehr verständlich hat er mich auf der einen oder anderen Autofahrt, nur alleine in Bezug auf Auto und das Umfeld, begleitet und mir Dinge vom Unbewussten ins Bewusstsein gebracht.

In der Tat ist es so: Das, was du denkst, ziehst du an. Im Umkehrschluss heißt es so viel wie: Deine Worte haben eine tiefe Wirkung. Sie haben Einfluss auf dich und dein Verhalten und deine Ergebnisse. Ja, auch auf deinen Gegenüber.

Du fragst dich, weshalb? Gerne mag ich dir mehr dazu erzählen.

Ich kann mich noch gut daran erinnern, dass Worte früher einfach so aus mir heraussprudelten. So, wie es den meisten Menschen geht, wenn sie im Redefluss sind. Kennst du das auch, wenn du im Dialog bist und einfach frei aus dir heraus antwortest? Du plauderst. Du hältst Smalltalk. Kontrolliert und unkontrolliert.

Auch heute passiert mir das noch, nur inzwischen nehme ich meine eigenen Worte viel bewusster wahr. Ich bin reflektiert, habe eine andere Haltung eingenommen. Und wenn ich rückblickend auf ein früheres Gespräch schaue, frage ich mich manchmal: „Was habe ich mir da eigentlich gesagt? Wie habe ich manchmal über mich gesprochen? Wie bin ich mit mir und anderen vielleicht auch sprachlich umgegangen? Wie lieblos war ich zu mir selbst?"

Und keine Sorge, du darfst auch zukünftig gerne frei weitersprechen. Nur bedachter, anders, klarer, ehrlicher und bewusster.

Die meisten Menschen auf unserem Planeten neigen dazu, in Pauschalisierungen zu sprechen. In der Neurolinguistik begegnete mir zum ersten Mal der Begriff der vagen Sprache. Er beschreibt Pauschalisierungen und ungenaue Formulierungen, die zu Mehrdeutigkeiten und Unklarheiten führen können. Das bedeutet, dass durch die Verwendung von bestimmten Formulierungen und Worte, sie die Dinge unklar lassen und Raum für die unterschiedlichsten Interpretationen schaffen.

Ich will es dir noch deutlicher machen. Einige dieser vagen Worte, welche du ganz sicher selbst und sehr oft verwendest, sind: „man, jeder, manche, alle, andere" ... Oder: „eigentlich, immer, ständig, bald, einige Zeit".

Nun, wenn du jetzt so in deine eigene Sprache hineinfühlst, was nimmst du dann wahr, welche Worte verwendest du oft?

Wenn du Fernsehen schaust, Nachrichten hörst und die Zeitung liest, kannst du wahrnehmen, wie Pauschalisierungen in den Medien eingesetzt werden, weil das Ziel, die Absicht dahinter, vielleicht bewusst eine andere ist.

Schau dir mal diese Aussagen und Beispiele an:

„ALLE Menschen waren heute baden." Jetzt komme ich zu der Frage: „Wer sind denn ALLE?" Alle Deutschen, Österreicher, Schweizer, Europäer oder 5, 50, 100, 1000de von Menschen... Mitarbeiter, Unternehmer, Startups, Coaches, Kinder? Klarer ist doch eine Aussage wie: Alle Schwimmbadbesucher im Freibad „Das Leben genießen" waren baden. Oder: 50 Gäste des Freibades „Das Leben genießen" waren baden. Oder: Steffi und Max waren baden.

Oder wer ist denn „man“? „Man kann doch mal schauen, ob das funktioniert.“ Hier ist doch besser, zu sagen: „Ich schaue, ob das funktioniert.“

Noch konkreter: „Ich schaue morgen Mittag, ob es dann wieder funktioniert.“ Oder: „Ich schaue bis 18 Uhr, ob ich dir noch einen Termin anbieten kann, und gebe dir Bescheid.“

Oder: „Wir schauen gemeinsam, ob das Gerät wieder funktioniert.“

Na, wie hört sich das an? Nimmst du den Unterschied wahr?

Vielleicht kennst du das noch von früher aus der Schule – Lehrer-Einträge ins Heft: „Ständig vergisst Joana ihre Hausaufgaben.“ Was bedeutet denn „ständig“? Einmal, zweimal, jede Woche, jeden Tag? Eine ganz konkrete Aussage wäre viel klarer.

Du siehst schon, wie mächtig Worte sind. Um Missverständnisse und Fehlkommunikation zu vermeiden, ist es sinnvoll, klar und präzise zu kommunizieren.

Ebenfalls zur vagen Sprache werden Worte gezählt wie: würde, „wollte, könnte, müsste, sollte, wäre, eventuell…“ Alle diese Worte können situativ verwendet werden. Doch wenn du dich für eine klare und direkte Sprache entscheidest, kannst du auch klar formulieren, was du konkret tust. Sprich: Ich will. Ich mache. Ich kann. Statt: „Es wäre schön“ klarer „Es ist schön“. „Ich würde morgen shoppen gehen." klar "Ich gehe morgen shoppen.“

Das Wort „soll“ taucht so gut wie gar nicht mehr in meinem persönlichen Wortschatz auf. Und, das Wort MUSS gehört in meiner Welt zu einem „Druckmacher-Wort“. Heute habe ich es fast überall ersetzt durch: „Ich darf.“ Hintergrund ist jener: Ich muss prinzipiell gar nichts, außer irgendwann aus diesem Körper gehen. Ich entscheide, was ich TUE und/oder was ich darf DARF. Und dir empfehle ich das auch.

Du wirst merken, all das hier unterstützt dich dabei, leichter und fröhlicher durchs Leben zu gehen. Gewiss, für andere mag es manchmal seltsam klingen, doch ehrlich gesagt: das ist mir wirklich egal. Mir war und ist es immer wieder wichtig, diese Gewohnheit zu verändern. Worte bewusst zu wählen, die mir mehr Fülle statt weniger davon kreieren. Und für dich ist es das sicherlich auch.

Noch ein Punkt ist mir wichtig: Wenn es um die Beschreibung von Situationen und Momenten geht – welche Worte nutzt du dann und wie wirken sie wirklich? Denke nur an Worte wie “furchtbar; ganz, ganz schlimm; schlimm; schlecht; grauenhaft…“

Meine Empfehlung: Lass sie weg! In meinem Wortschatz finden diese Worte aus heutiger Sicht keinen Platz mehr. Doch umso bewusster nehme ich sie bei Menschen wahr, die noch nicht darauf achten, wie sie sprechen. Ihre eigene Sprache beeinflusst sie stärker, als ihnen wahrlich bewusst ist, denn Worte programmieren unser Denken.

Wie du siehst, ist die Auswirkung von Sprache vielfältig. Zum einen kann die vage Sprache zu einfachen Verwirrungen bis hin zu Missverständnissen und zur Fehlinformation führen. Leider aber auch zu Angst. Genau deshalb sind wir manchmal, wie wir sind. Selbst dann, wenn wir uns wünschen, dass es anders wäre.

Kommen wir zu einer kleinen Übung für dich:

## MOMENTUM:

Mach dir bewusst, wie oft du die o. g. Worte benutzt und welche Worte du täglich in deinem Sprachgebrauch verwendest!
Am besten startest du mit zwei, drei Worten. Überlege dir, was du stattdessen sagen kannst. Und wie konkret kannst du ab heute werden, ohne diese Worte zu nutzen? Ich wünsche dir viel Freude dabei.

Sprache ist deshalb so wichtig, weil sie ungefiltert in unser Unterbewusstsein dringt. Weil sie sich positiv und doch oftmals negativ auswirkt, wenn sie nicht bewusst eingesetzt wird. Sobald du in Kommunikation trittst – egal, ob es mit dir selbst oder mit anderen Menschen ist, hat sie eine Wirkung auf dich. Sie lenkt und steuert dich.

Wie liebevoll bist du zu dir? Ganz sicher laufen Gespräche nicht immer so, wie du sie dir vorgestellt hast. Und wenn das Ergebnis nicht das war, was du wolltest, weil das Gespräch vielleicht aus dem Affekt heraus passierte, weil es weniger gut geplant bzw. durchdacht war, dann frage dich auch hier: Wie liebevoll bleibst du zu dir?

Sicherlich hast du schon von ICH-Botschaften gehört. ICH-Botschaften sind Botschaften, wo du von dir erzählst wie: ICH nehme dies und jenes wahr, ICH fühle mich, ICH wünsche mir.

Ganz im Gegensatz zu DU-Botschaften. Das DU wirkt oftmals anklagend, wie: DU hast ja gemacht; DU bist schuld, wegen DIR, wenn DU dies oder jenes nicht getan hättest, usw..

Gleiches passiert auch, wenn du dich betitelst, dich beschimpfst. „Du bist dumm!" „Wie blöd bist du eigentlich?!" „Bist du bescheuert?!" Wenn ich nur daran denke, wie auch ich mich ab und zu in der Vergangenheit bezeichnet habe: Vollidiot, dumme Kuh, Depp, Blödmann und teilweise noch härter. „Spinnst du, bist du bescheuert, verrückt, völlig irre, gestört …" Wow! Das war echt harter Tobak.

## MOMENTUM:

Wie geht es dir damit? Kommt dir das bekannt vor und welche Worte hast du immer wieder zu dir gesagt?

Was jedoch viel wichtiger ist: Wie hast du dich dabei gefühlt? Eher groß oder eher klein? Was hat das mit dir und deinem Selbstwert gemacht? Warst du stolz oder bist du fast im Boden versunken?

Wie du bereits wahrnimmst, kann Sprache viel bewirken. Zum einen kannst du damit dich und andere niedermachen. **Verbal** und dann auch **nonverbal**. Mit nonverbal ist die Körpersprache gemeint. Auch kann Sprache eskalierend wirken. Das heißt, du kannst in Streitigkeiten kommen, die so nicht geplant waren. Du kannst aggressiv und wütend werden. Deine DU-Botschaften sind in dem Moment anklagend, erzeugen Druck, erwecken Schuldgefühle und lassen bei deinem Gegenüber Zweifel am Selbstwert aufkommen. „Du hast das falsch gemacht." „Du nervst.", „Du bist schuld.", „Du bist verantwortlich dafür.", „Ich hasse dich!", „Merkst du es noch?", „Du bekommst das nicht hin.", „Kannst du nicht aufpassen?"

In meinen Beziehungen mit Menschen und in meiner Partnerschaft spreche ich heute offen davon, wie es mir geht. Wie ich die Situation wahrgenommen habe und was ich mir wünsche. Ich bewerte meinen Gegenüber nicht, ich nehme nur wahr und ich sage das, was ich will. Immer und immer mehr.

Nein, das war nicht immer so. Auch im Businessleben hat sich vieles für mich verändert. Ich setze mutiger und früher Grenzen. Heute kommuniziere ich mehr klar und deutlich.

Nun frage ich dich: „Wie kommunizierst du mit deinem Partner, deinen Eltern, deinen Geschäftspartnern, mit Menschen im Business und deinem Umfeld?"

Was fällt dir dabei auf?

„So wie es in den Wald hineinschalt, schallt es auch wieder heraus." Ja, das waren Worte, die ich oft gehört habe und weißt du was?! Sie sind wahr. Und nein, du musst nicht angepasst und still sein! Du darfst offen, ehrlich und vor allem klar sprechen.

Deine Sprache ist eines der mächtigsten Tools, also nutze sie positiv.

## MOMENTUM:

Was also kannst du jetzt konkret tun?

Sei wach für deine Sprache und verändere deine Kommunikation zu dir selbst.
Du darfst dir mit deinen Worten Gutes tun und beginnen, dich liebevoll zu behandeln!
Veränderst du dich, dann verändert sich dadurch automatisch deine Kommunikation, dein Verhalten gegenüber deinen Mitmenschen. Du wirst sehen, es finden sich schneller Lösungen und du lachst viel mehr.

Ich kann dir nur sagen: Bei mir hat sich dadurch alles verändert. Zum einen, weil ich noch viel liebevoller mit mir selbst geworden bin, zum anderen, weil ich wach bin für meine Sprache. Auch meine Lebenseinstellung, mein Bewusstsein wurde noch einmal so viel leichter und freudvoller. Ich fühle mich so viel erfüllter und ich bin glücklicher.

Ja, manchmal erwische ich mich noch dabei, nicht positiv mit mir zu sprechen, doch wenn es passiert, weiß ich: Dann bin ich nicht bei mir.

Und genau mit diesem Bewusstsein kann ich meine Sprache *sofort* wieder switchen und mein Erleben damit verändern. Genial oder genial?!

> Liebes – achte auf deine Sprache, achte auf deine Worte, denn sie erzeugen deine Wirklichkeit. Eine positive und ehrliche Sprache bringt dir mehr Freude und Leichtigkeit in deinem Leben.

## MOMENTUM:

Starte doch am besten gleich morgens, noch bevor du aus dem Bett hüpfst mit: „Schön, dass es mich gibt."

# DEINE INTUITION

Der eine meditiert, der andere spricht davon. „Alle bekommen Antworten, nur ich nicht." Das war meine Wahrnehmung, als ich vor mittlerweile mehr als 12 Jahren begonnen hatte, mich intensiver mit meinem Bauchgefühl zu beschäftigen.

Ich vermute, du selbst hast schon öfter mal gesagt: „Höre auf deinen Bauch." oder du wurdest gefragt: „Was sagt denn dein Bauch dazu?" Dann hörte ich immer mal wieder von Intuition.

Was ist Intuition? Für mich ist es ein Begriff, der sich auf das Gefühl und die Fähigkeit bezieht, etwas zu wissen, ohne dass es durch logisches Denken oder Beweise unterstützt wird. Intuition bedarf es immer, ganz egal, ob es sich um Entscheidungen im Business, in deinem Job, um die Gesundheit, dein Geld, deine Beziehung, deine Freizeit und all das, was in deinem Leben ist und kommen darf, handelt.

Sie hilft dir auch dabei, Herausforderungen zu lösen und generiert kreative Ideen. Ganz egal, bei welchem Thema, deine Intuition ist immer für dich da und vor allem ist sie immer perfekt.

Du kannst Intuition auch mit deiner inneren Stimme vergleichen. Mit einer Fähigkeit, die jeder Mensch besitzt, wenn er auf die Welt kommt, und ich glaube, auch schon davor. Sie ist eine Art innerer Kompass, der uns hilft, Entscheidungen zu treffen, Lösungen zu finden und Situationen richtig einzuschätzen. Intuition basiert auf Erfahrungen, Wissen und Empathie und kann dir in vielen Situationen helfen, schneller und effektiver zu handeln.

Nur ein kurzer Exkurs: Warum glaube ich, dass Intuition schon vor unserer Geburt vorhanden ist? Weil jedes Kind im Bauch seiner Mama schon fühlen und spüren kann. Weil jedes Kind wahrnehmen kann, wie es seiner Mama geht und was sie bewegt. Jedes Kind spürt, wie fröhlich, traurig, nachdenklich sie ist. Welche Dinge sie beschäftigen. Es nimmt die Gespräche zwischen Mama und anderen wahr. Alles ist nun mal Energie und diese Energie wird transportiert.

Um deine Intuition bestmöglich zu nutzen, ist es entscheidend, auf deine innere Stimme zu hören. Sei achtsam mit dir selbst und erlaube dir immer wieder Momente, in denen du deine Gedanken und Gefühle bewusst reflektierst. Es ist so wichtig, dir Zeit zu nehmen, dich bewusst mit deiner Situation auseinanderzusetzen und verschiedene Perspektiven einzunehmen. Eine ist die Meta-Ebene, auch Vogelperspektive genannt. Bedeutet soviel wie von oben oder von außen auf die Situation blickend. So findest du immer mehr den Zugang zu deiner inneren Weisheit.

Wie geht nun Intuition?

Intuition kannst du nicht direkt lernen, aber du kannst deine Fähigkeit, stetig „an sie angebunden zu sein", verbessern. Zum Beispiel, indem du regelmäßig deine Gedanken und Gefühle reflektierst und dich dadurch bewusst mit der eigenen Intuition auseinandersetzt. Auch Meditation und Achtsamkeitsübungen können dir dabei helfen, deine Intuition zu stärken.

Unterstützend wirkt auch eine positive Einstellung sowie eine offene Haltung und damit dein Mindset. Wenn du dich für neue Erfahrungen öffnest und bereit bist, aus deinen bisherigen Erfahrungen, Herausforderungen und Blockaden zu lernen, wird deine Intuition sich schneller entwickeln.

Eine meiner ersten bewussten Achtsamskeitsübungen begann mit der Parabel vom Glück: Der Mönch, der seinen Ferrari verkaufte – von Robin S. Sharma. Sie erzählt von einem Staatsanwalt, der sich sein luxuriöses Leben hart erarbeitet hat und es weiterhin tat. Nach seiner Erkrankung und auf dem Weg der Genesung begann er, den Sinn seines Lebens zu hinterfragen. Denn weder das, was er tat, noch wie er es tat und wer an seiner Seite war, erfüllte ihn mit Freude und Glück.

Ich kann mich noch gut an diesen Moment erinnern – ich habe mir damals eine Rose gekauft und sie betrachtet, jeden Tag aufs Neue. Wie sie gewachsen ist, ihre Stacheln, die Farben, der Duft, die Blüten, jede anders, jedes Blatt anders, die Blätter und so weiter. Sobald ein Gedanke außerhalb der Rose auftauchte, habe ich ihn weggeschickt. Diese Rose war meine Meditation.

## MOMENTUM:

Statt einer Rose kannst du auch den Wolken zuschauen, sie beobachten, Tierstimmen lauschen, auf das Meer schauen und die Wellen, den Sturm und das Wasser betrachten, deine Atmung wahrnehmen – die Einatmung und die Ausatmung, und dich auf die Stille konzentrieren.

Die Vorgehensweise ist überall gleich: Sobald ein Gedanke in dir und über dich, andere und die Welt aufkommt, schiebst du ihn beiseite. Zum Beispiel in dem du ihm liebevoll sagst: Danke, jetzt nicht. Später. Und dann konzentrierst dich weiter auf deine Atmung. Am Anfang eine Minute, dann step by step ein paar Minuten mehr.
Alternativ wähle dir eine geführte Meditation aus.

Um deine Intuition besser zu spüren und wahrzunehmen, bedarf es Zeit. Und bitte, erlaube sie dir.

Dein Vertrauen und dein Glaube spielen hierbei wieder eine zentrale Rolle. Du darfst darauf vertrauen, dass du geführt bist, denn du bist ein spirituelles Wesen. Wir alle sind spirituelle Wesen, nur die meisten von uns Menschen haben verlernt, es wahrzunehmen und zu leben. Es wird nicht gelehrt, der eigenen inneren Stimme zu vertrauen. Menschen lernen bereits als Kind, ja als Kleinkind, Dinge nur noch mit Vernunft, mit logischen Erklärungen, dem Denken und dem Verstand zu erreichen und verändern zu können. Sie treffen die meisten Entscheidungen aus dem Verstand heraus statt aus dem Herzen. Doch du darfst darauf vertrauen, dass deine innere

Stimme richtig liegt. Das erfordert Mut, Vertrauen in dich und in deinen Instinkt.

Intuitiv und spirituell zu sein heißt für mich, sich immer mehr auf das eigene innere Wissen und die eigenen spirituellen Überzeugungen zu verlassen, anstatt sich nur von logischem Denken und äußeren Beweisen leiten zu lassen.

Genau an dieser Stelle fällt mir gerade die Geschichte von Thomas Alva Edison ein.

Du hast den Namen sicherlich schon mal gehört und kennst Edison auf Grund seiner Erfindung – die Glühbirne, welche das Leben vieler Menschen auf der ganzen Welt verändert hatte.

Seine Mutter spielte dabei eine wichtige Rolle. Sie wurde irgendwann zu einem Gespräch in die Schule berufen. Als sie nach Hause kam, erklärte sie ihrem Sohn, dass sie ihn von jetzt an daheim unterrichtet würde. Edison wurde zum größten Erfinder des 20. Jahrhunderts, was ohne seine Mutter niemals möglich gewesen wäre. Denn nach ihrem Tod erst erfährt Thomas Edison, dass er die Schule damals verlassen musste, da die Schule ihn als geistig behindert betrachtet hatte.

Anhand dieser Geschichte ist es mein Anliegen, dir zu zeigen, dass diese Mutter ihrer Intuition vertraute. Sie hatte nicht an einer Diagnose festhalten wollen, welche die Schule stellte. Sie wollte kein Krankheitsbild im Kopf „pflanzen“, weder in ihrem Bewusstsein noch im Bewusstsein ihres Sohnes und damit auch nicht an dem Placeboeffekt festhalten. (Wie zum Bespiel: „Ich bin krank. Ich kann das nicht, weil ich krank bin. Ich kann das nicht allein.“ und so weiter.) Stattdessen hat sie darauf vertraut und daran geglaubt, dass ihr Sohn zu mehr bestimmt ist.

Sie hat ihrem Sohn durch ihre Intuition ermöglicht, seine Fähigkeiten zu entfalten und seine Talente zu entdecken. Ja, seine Leidenschaft zu leben. Sie half ihm, seinen Glauben und sein Vertrauen in sich zu stärken. Ohne ihre Unterstützung wäre Thomas Edison vielleicht nie zu dem Erfinder geworden, der er war.

Die Geschichte von Thomas Edison und seiner Mutter zeigt, wie wichtig es ist, an sich selbst zu glauben.

*Ja, entscheide dich, an dich und deine Fähigkeiten zu glauben und dir und vor allem deiner inneren Stimme zu vertrauen.*

Außerdem zeigt die Geschichte, an alle Kinder, die Enkel und andere Menschen zu glauben und sie zu ermutigen, ihren Träumen zu folgen!

Es ist so wichtig, die Intuition, den Glauben und das Vertrauen zu nutzen, damit du deine Ziele erreichst und deine Träume immer mehr verwirklichst. Daher mag ich dich ermutigen: Sei achtsam, fange an zu meditieren, ganz egal, ob stille oder geführte Meditationen.

Außerdem kannst du deine Intuition zusätzlich unterstützen. Ich liebe es zum Beispiel, Orakelkarten zu ziehen. Mal täglich, mal mehr gelegentlich; so, wie es passt. Wenn du beim Ziehen der Karte(n) mit deiner Essenz verbunden bist, dann ist die Botschaft, die du ziehst, intuitiv immer die richtige Karte. Du kannst sie als Impuls nutzen für deinen Tag, den Monat, das Jahr und für all deine Fragen, die du ans Universum sendest. Du wirst Antworten bekommen.

Wir sind alle geführt. Du auch.

# 5.
# VERTRAUEN UND LIEBE

## DIE LIEBE ZU DIR

Jetzt bin ich hier in meinem Buch an einer Stelle angekommen, wo es unabdingbar ist, auch über die Liebe zu schreiben. Liebe ist alles. Ohne Liebe wird dir immer etwas fehlen. In dir und im Außen. Sie ist die Verbindung zu allem: zum Privaten wie auch zum Business, zu deinem Körper, deiner Seele und deinem Geist. Ja, sie ist die Verbindung von dir zu anderen Menschen, zu deinem Partner, deiner Partnerin, zu deiner Gesundheit, deinem Erfolg, deinem Geld und all den Dingen, die du so tust, wie du denkst und fühlst.

Die Liebe ist für mich jener zentrale Faktor, der in allen Bereichen unseres Lebens eine wichtige Rolle spielt. Sie ist die Fülle unseres Lebens. Sie ist die Verbindung von allem: Sie hilft dir dabei, dein volles Potenzial auszuschöpfen und deine Ziele zu erreichen.

Liebe ist Energie, welche die Verbindung zu allem ermöglicht. Stell sie dir vor wie einen Lichtstrahl, der dich durchflutet, einfach alles durchdringt und verbindet. Wie ein Magnet, der eine Verbindung schafft, hin zu Vertrauen, Respekt und Wertschätzung. Ja, sie ist die Grundlage für Mitgefühl, Frieden und Harmonie. In dir und mit anderen, mit allem.

Liebe bedeutet für mich, mit mir und dem Universum angebunden zu sein.

Mit mir selbst und anderen in Liebe zu sein.

Ja, mit mir in Liebe zu sein!

Ohne Selbstliebe gibt es kein wirkliches Wachstum.

Ich erkläre es dir.

Es war ein Donnerstagabend und der 30. Geburtstag meiner Mutti, als ich mir eine tiefe Schnittverletzung am Bein zuzog. Mein Vati war nicht daheim, meine Mutti holte gerade die Sauerkirschen für den Geburtstagskuchen aus dem Keller. Mein Bruder – er war damals zwei Jahre alt und ich sieben – hatten Spaß miteinander; bis zu dem einen Moment, der vorerst Einiges für uns veränderte. Unsere Kinderzimmertüre fiel ins Schloss. Das darin enthaltene Glas zerbrach in tausend Teile und ich lag mittendrin. Eine lange Operation bis in die frühen Morgenstunden und Nachbehandlungen mit Reizstrom brachten die Nerv-Funktionalität nur minimal zurück. Nur kurze Zeit später gab es die Möglichkeit, mein Bein durch einen Nervenspezialisten erneut zu operieren. Ich verweigerte. Die Sportbefreiung in der Schule erlaubte mir trotzdem, beim Sport mitzumachen, wenn ich denn wollte. Jedoch alles ohne Benotung.

Sicherlich fragst du dich: Was hat das nun mit Liebe zu tun, mit dir und deinem Business?

Und was hat das mit mir und mit meiner Familie gemacht?

Ich bringe es auf den Punkt:

Unbewusste Schuldzuweisungen. Vorwürfe, Verletztheit, Traurigkeit und Angst. Für mich auf jeden Fall auch Angst, was die Zukunft betraf.

Keiner war schuld.

Es ist einfach passiert.

Doch durch jahrelanges Erzählen dieser Geschichte, durch mich und die Familie, entstanden unbewusste Zuweisungen. Es entstand ein Placebo bei uns allen. Als Mädchen, als Frau fühlte ich mich damals nie 100zentig. Ich sah mich als behindert und nicht vollwertig an. Damals habe ich mich bewertet. Ja, jahrelang habe ich mich dafür bewertet und vor allem abgewertet, mich runter gemacht.

Und ich bin mir ziemlich sicher, jeder aus meiner Familie hat es auf seine Art und Weise selbst auch getan. Jeder hat sich unbewusst Schuld zugewiesen, obwohl es keine Schuld gab. Die Mutti fragte sich, warum sie in den Keller gelaufen ist, statt bei uns zu bleiben. Und der Vati, der lieber daheim gewesen wäre, statt weg zu sein, hatte ebenfalls Schuldgefühle. Heute lebe ich, ohne zu bewerten. Weder mich noch die Situation. Heute bin ich im Frieden damit und das fühlt sich so wundervoll an.

Damals waren meine Worte alles andere als liebevoll für mich. In meinem Kopf war eingepflanzt: Alle anderen sind perfekt, nur ich war es nun nicht mehr. Alle anderen hatten gesunde Beine, nur ich nicht. Viele meiner Freunde haben zu mir gesagt, dass ich mir das nur einbilde; dass man doch gar nichts sieht. Andere sagten: „Das ist mir gar nicht aufgefallen."

Ja, Menschen im Außen können uns viel sagen und ja, es mag sein, dass es so ist und es manchmal gar nicht auffällt. Doch diese Geschichte, entstellt zu sein, war in meinem Kopf, es waren meine Prägungen, weil ich sie mir erzählt hatte und sie dadurch immer wieder präsent waren.

*Du wirst anderen Menschen das Gute über dich nicht glauben, solange du dir selbst nicht glaubst!*

Solange du dir selbst negative bzw. abwertende Geschichten über dich erzählst und sie für wahr empfindest. Ich habe mir erzählt, dass ich mich unschön fühle.

Und war es wirklich wahr? Nein, es war meine Geschichte, ich war nach dem Unfall kein anderer Mensch als davor. Ich hatte immer noch genau die gleichen Werte und immer noch schöne Beine. Es hatte sich lediglich etwas an meinem Bein verändert, etwas, das ich annehmen durfte, das zu mir gehört und für das ich mich trotzdem liebe.

*Jede Geschichte, die du dir erzählst, hat mit dir zu tun. Und sie erzählt immer etwas über deine Selbstliebe.*

Welche Geschichte erzählst du dir?

Dass du zu dünn, zu dick, zu groß, zu klein bist, zu schön oder zu unschön bist, dass du Cellulite hast, zu dünne und zu wenige Haare? Weil es Veranlagung ist, du vielleicht auch ohne Mama, ohne Papa aufgewachsen bist, du viel allein warst, verlassen wurdest, als Kind statt in einem schönen Zimmer im nicht ausgebauten Dachboden schlafen musstest, du irgendwo runtergestürzt bist .... etwas geschehen ist, weil...?

## MOMENTUM:

Deine Geschichte betrachten

Ich möchte dich zu einer kleinen, einfachen Übung einladen. Wenn du dabei bist, nimm dir jetzt ein Blatt Papier im Querformat und einen Stift zur Hand. Zeichne vier Spalten auf dein Blatt.

In diesen vier Spalten darfst du dich Schritt für Schritt deiner eigenen Geschichte annähern:

**1. Spalte – Was ist passiert?**

Schreibe alles auf, was dir einfällt: Situationen oder Erlebnisse, die dich geprägt haben und bis heute in dir nachwirken. Sie dürfen klein oder groß sein. Alles, was dir in den Sinn kommt, ist richtig.

**2. Spalte – Deine Gefühle damals und heute**

Welche Gefühle steigen in dir auf, wenn du heute an diese Situation denkst?

Wie hast du dich damals gefühlt?

Welche Gedanken über dich selbst tauchen in dir auf?

**3. Spalte – Was hättest du dir damals gewünscht?**

Was hättest du gebraucht?

Vielleicht eine Umarmung, Verständnis, dass dich jemand in deiner Verletzlichkeit gesehen hätte, dass du geliebt wirst oder dass du wusstest: Ich bin richtig, auch wenn ich Fehler gemacht habe.

**4. Spalte – Was möchtest du dir heute sagen?**
Wenn du noch weitergehen magst, kannst du dir in dieser Spalte aufschreiben, was du dir heute selbst sagen möchtest.
Vielleicht:
„Ich war trotzdem richtig."
„Ich darf mich liebevoll annehmen."
„Ich hab mich lieb."
„Ich war nie falsch gewesen." „Ich bin so gut." „Ich bin richtig." „Ich bin schön."
Lass die Worte aus deinem Herzen fließen und entscheide selbst, ob und was du dir sagen magst.

Du wundervolles Wesen: Es geht nicht darum, alle alten Muster sofort aufzulösen. Schon allein das Hinschauen, das Wahrnehmen deiner Gefühle und Wünsche ist ein liebevoller Schritt zu dir selbst.

## *Liebe beginnt in dir!*

Als ich auf meinem Weg erkannt und verstanden habe, dass Unfälle keine Zufälle sind und Krankheiten etwas mit unserem Denken, Fühlen und der Liebe zu tun haben, hat sich meine Liebe zu mir selbst stark verändert.

Negative Gedanken über sich selbst und die Welt machen Menschen krank. Bei Unfällen geht es um Aufmerksamkeit, bei Krankheiten um Selbstliebe, Selbstwert, Selbstbewusstsein; egal, in welcher Form. Ob du dir in den Finger schneidest, du hinfällst, dich am Kopf stößt – alles hat etwas mit dir selbst zu tun.

Aus heutiger Sicht weiß ich: Mein wahres Anliegen war, gesehen zu werden und dazu zugehören. Jahrelang bekam ich Aufmerksamkeit, wenn ich mal wieder gestürzt oder gestolpert war. Auch noch nach einer viel späteren OP. Ich habe mir in meinem Kopf unbewusst

Konstrukte erstellt – teilweise auch, um zu vermeiden, dass ich gesehen werde und Aufmerksamkeit bekomme und damit war ich so sehr im Kopf, das genau das, was ich vermeiden wollte, passiert ist.

Durch das unbewusste Erzählen unserer Familiengeschichte wurde immer wieder unbewusst Schuld zugewiesen. Nein, es wurde keiner direkt angeklagt, weil es nichts zum Anklagen gab, weil es erst recht keine juristische Schuld gab. Für niemanden.

Ich bin im Spaß nicht achtsam gewesen. Es hätte immer passieren können, auch dann, wenn Mutti in der Küche gestanden hätte und wenn mein Bruder nicht dagewesen wäre, hätte ich stolpern oder was auch immer können. Auch dann, wenn mein Vati daheim gewesen wäre.

> Es ist die eigene innere Achtsamkeit – die immer in uns ist – und vor allem die Liebe zu uns, welche uns trägt und sowieso vor jeglichen unbewussten Handlungen bewahrt.

Als ich das erkannt habe, konnte ich meine Geschichte neu schreiben. In meiner Ausbildung als Business-Coach habe ich erkannt, dass Unfälle und sonstige unschöne Situationen Geschenke enthalten. Was glaubst du nun, war das Geschenk dahinter?

Ich habe meine eigenen Stärken erkannt und du kannst das auch. Meine Geschenke waren und sind Durchhaltevermögen und Eigenmotivation. Mein Antrieb war, dass ich immer dazugehören wollte und so sein wollte wie die anderen. Und doch habe mich auf Grund meiner blockierenden Gedanken manchmal selbst ausgeschlossen. Und gleichzeitig – statt mich auf meiner Sportbefreiung auszuruhen, habe ich bis auf wenige Ausnahmen immer beim Schulsport mitgewirkt.

Zum anderen habe ich früh begonnen, auch außerhalb der Schule wieder Sport zu treiben. Sport verschaffte mir zusätzliche körperliche Stabilität und Gesundheit. Egal, ob es das Skifahren war oder das

Geräteturnen. Ab der Ausbildungszeit kam noch das Fitnessstudio hinzu mit dem Kraft- und Ausdauersport. Heute ist es das Radfahren, auf dem Rennrad oder dem MTB, ich habe Freude am Wandern gefunden und am Golfen. Ich habe erkannt, dass ich alles machen kann, was ich will. Und zwar vor allem dann, WENN ich es will. Liebevoll, konsequent und auf die innere Stimme hörend.

Ich habe es einfach gemacht, obwohl mir die Ärzte damals anderes erzählten. Warum geht es mir heute so gut und weshalb sind deren Diagnosen nie eingetreten? Weil ich an mich geglaubt habe, weil ich mir erlaubt habe, jeder Sportart nachzugehen, zu der es mich zog, und genau das hat sich auf meinen Körper übertragen. Nach und nach wurde mein Bein wieder stabil, ihm folgte mein Körper. Mein Interesse an guter und gesunder Ernährung unterstützt mich bis heute dabei.

**MOMENTUM:**
Was war bzw. ist das Geschenk hinter deiner Geschichte? Schaue hin, fühl mal hin.

Was hat jetzt noch mal die Liebe mit dem Business zu tun?

Wenn du in dir erfüllt bist und dich so annimmst, wie du bist, wenn du achtsam mit dir bist, du eines nach dem anderen erledigst, dann bist du liebevoll mit dir, dann bist du in dir selbst stabil.

Dann kann keine Eifersucht aufkommen, dann wird kein Unfall entstehen, dann können keine Streitigkeiten folgen. Wenn du mit dir eins und fein bist, sendest du Liebe aus. Dann stehst du zu dir, dann liebst du dich, so wie du bist. Dann kann eine andere großartige Leaderin kommen, die vielleicht schon weiter in ihrem Business ist, und du wirst nicht traurig sein, dass du dort noch nicht bist. Dann kannst du voller Stolz sagen:

Der Mann, die Frau, welche(r) dich mal bekommt und an deiner Seite ist, hat im Lotto gewonnen und darf dich über den roten Teppich tragen.

Punkt.

Denn **du bist das Beste in deinem Leben, was dir passiert ist.** Du bist die wichtigste Person in deinem Leben. Nur du! Wenn du dich selbst nicht so behandelst, dann darfst du noch mehr zu dir schauen, die alten Geschichten umschreiben und ein Happy End daraus machen. Ich hatte das so auch nicht gelernt und heute weiß ich – es geht alles. Dann kannst du dir noch öfter sagen, wie wundervoll und vor allem wertvoll und liebenswert du bist. Du bist besonders und einzigartig. Sag dir das bitte immer und immer wieder.

**Business ist Liebe.** Etwas zu tun, was du liebst, ist das größte Geschenk, das du dir selbst machen kannst. Dein Business wird ohne innere Liebe nicht liebevoll funktionieren. Dein Business wird weniger in der Fülle entstehen, wenn du mit dir nicht im Einklang bist. Es kann vielleicht groß werden – und doch wird die Liebe fehlen. Du wirst mehr Kampf, mehr Widerstände von innen und im Außen erleben. Deine innere Stimme wird sich nur gedämpft zeigen – wenn überhaupt.

Also entscheide dich für Liebe, für die Liebe zu dir. Kümmere dich um dich. Beginne deinen Körper zu lieben, deine Haut, deine Haare, deine Nägel, deine Zähne, dein Strahlen. Liebe dich, auch dann, wenn mal etwas nicht so funktioniert, wie du es haben willst. Auch dann, wenn du mal etwas tust, worüber du dich im Nachgang ärgerst. Sei liebevoll mit dir. Liebe dich auch mit deinen Makeln, mit deinen Schnittverletzungen, Knochenbrüchen, Unfällen, Einschränkungen, den alten Erfahrungen. Verändere deinen Fokus.

You go first.

Wie du Liebe jetzt lernen kannst?

Erst darfst du deine Geschichten, welche du erlebt hast, erkennen und sie liebevoll annehmen, sie umarmen. Denn es ist, wie es ist; du kannst nichts mehr rückgängig machen.

*Was war, war. Du kannst Dinge nur im Jetzt und in der Zukunft verändern.*

Schreibe deine Geschichte für dich um oder schreibe sie direkt neu.

**MOMENTUM:**
Wenn du in der Vergangenheit nicht liebevoll zu dir warst, was kannst du in der Zukunft stattdessen zu dir sagen? Schreibe es auf, lies es dir laut vor. Öffne dich dafür, bewusst wahrzunehmen, wie du über dich denkst und wie du mit dir und anderen sprichst. Privat und beruflich.

Nimm dir an dieser Stelle auch gerne wieder das Kapitel mit „deiner Vision" zur Hand und schaue dir deine Identität an. Wer willst du in Zukunft sein? Dazu zählt auch der Umgang mit dir und mit anderen.

So vielleicht: Ich lasse die alten Geschichten los. Ich vergebe. Ich finde zurück in meinen Einklang und öffne mich der Liebe, die mich mit mir selbst, mit den Menschen und mit dem Leben verbindet.

## DAS INNERE SPIEL

Vielleicht hast du es schon bemerkt: Wir spielen im Leben oft das gleiche Spiel – auf unterschiedlichen Feldern, die sich gegenseitig beeinflussen. Alles hängt miteinander zusammen. Dein Innen mit dem Außen, das Private mit dem Business, deine Beziehungen mit deiner Gesundheit. Wenn du etwas verändern willst, darfst du auch in dir etwas bewegen. Das ist das Prinzip von Ursache und Wirkung. Und wenn du gerade nicht vorankommst, dann vielleicht, weil noch etwas in dir gehört, gesehen oder gelöst werden will. Das ist kein Rückschritt, sondern eine Einladung zum liebevollen Wachstum.

Traurigkeit und Schwere sind auf der einen Seite unsere Schatten und auf der anderen Seite sind Freude und Leichtigkeit unser Licht. Schatten und Licht gehören zusammen, das eine geht nicht ohne das andere. Das Gesetz der Polarität wirkt immer.

Und genauso ist es mit uns.

Alles, was im Außen stattfindet, ist der Spiegel unseres Inneren und umgekehrt. Wenn also Chaos in deinem Umfeld, in deinem Büro, auf deinem Schreibtisch und in deinem Zuhause herrscht, kann schon das ein Zeichen sein, dass in deinem Geist Chaos herrscht. Hast du Stress mit deinem Partner, deinem Chef, deinem Kind oder sonst wem, dann frage dich: „Wo habe ich Stress mit mir. Wo bin ich mit mir nicht eins? Wo behandle ich mich in meinem Inneren so, wie mein Außen mich?"

In der Psychologie wird auch von Spiegelarbeit gesprochen und es heißt, alles im Leben ist dein Spiegel. Jede Situation spiegelt dir etwas, und alles, was dich berührt, spiegelt dir das, wo du noch nicht fein bist mit dir. Ja, meistens unbewusst.

Wenn dich ein Mensch oder eine Situation triggert, also dich emotional berührt, dann hat es etwas mit dir und deiner Seele zu tun, dann ist in deinem Geist noch unbewusst etwas hinterlegt, was geheilt werden möchte. Ja, in der Vergangenheit wurde etwas unbewusst abgespeichert. Und zwar eine Erfahrung, eine alte Verletzung, die in deiner Kindheit entstanden ist, und vielleicht sogar auch etwas, was von deinen Ahnen stammt und du so gar nicht wahrnimmst. Muster, Suchtverhalten, blockierende Energien, die sich durch die ganze Ahnenreihe ziehen. Bis hin zu vier Generationen ist eine Zurückverfolgung in deinem Stammbaum noch möglich. Ich habe sogar schon von sieben gehört.

Das Gute daran?

Genau da darf das Band von dir zerschnitten werden, um ein für alle Male diese Verbindungen zu durchtrennen und neue Weg zu gehen. Wenn du dich dafür entscheidest, wird es funktionieren.

Wie funktioniert nun dieser Spiegel allgemein?

Immer wieder erzählen wir uns verhindernde Glaubensätze. Wir sabotieren uns mit Gedanken, die in der Tiefe unseres Unterbewusstseins meistens ähnlich sind, wie: „Du bist nicht gut genug", weil du nie etwas richtig machst, weil du ständig Streitigkeiten im Außen erlebst, du verurteilt wirst von deinem Umfeld. „Du bist es nicht wert", deshalb kann dich dein Außen auch klein halten und dein Partner gibt dir vielleicht nur so viel Aufmerksamkeit, wie er denkt, dass dir zusteht. „Du kannst nichts", genau deshalb hast du keine Ahnung, womit du dein eigenes Business jetzt starten kannst, und fragst dich stattdessen, wer deine Unterstützung, deine Leistung überhaupt benötigen soll, wenn es doch da draußen schon Menschen gibt, die alles viel besser können alles du. „Du bist zu dumm" und deshalb schaffst du es nicht allein, etwas – vielleicht auch Großes – auf die Beine zu stellen. „Du bist nicht liebenswert" und deshalb bleibst du mit dem einen Menschen zusammen, der dir auf Dauer einfach nicht gut tut.

Also, was kannst du tun?

## MOMENTUM:

Geh zu einem Spiegel in deiner Wohnung. Am besten stellst du dich vor einen Ganzkörperspiegel und schaust dir in die Augen. Nimm Verbindung zu dir auf – seh dich! Schau dir tief in die Augen, so lange, wie du kannst, und wenn die Tränen kommen, dann lasse sie fließen. Schaue weiter zu dir, so lange, wie möglich.

Und wenn du keinen Spiegel hast, dann empfehle ich dir, kaufe dir einen Handspiegel, der in jede Tasche passt. (Hab ich übrigens auch getan und den Spiegel bekommst du in jedem Drogeriemarkt.)

Schau in den Spiegel und sage dir z.B.:

Ich bin genug.
Ich bin wertvoll.
Ich kann alles, was ich will.
Ich bin liebenswert.
Ich bin Liebe.

Ja, du darfst dich annehmen, genauso wie du bist! Sag es dir, schau dich an halte nach jedem Satz inne. Fühle.
„Ich liebe und akzeptiere mich, so wie ich bin. Ich bin ein Wunder. Ich bin einzigartig und wundervoll. Wunderschön."

Es geht ums Annehmen. Fühlen und dich Annehmen. Erst, wenn du erlebst, dass du dich liebst, wird sich in dir etwas verändern.

Alles andere ist Mindfuck, um Dr. Petra Bock zu zitieren, alles andere ist Selbstsabotage und genau deshalb entstehen Blockaden. Genau dann, wenn du etwas Neues willst und du im Inneren noch nicht bereit dazu bist, weil unbewusst deine alten Begrenzungen und Muster aufploppen.

Das innere Spiel zeigt dir immer wieder, welcher Mangel, welcher Trigger hinter all den Gedanken steckt.

Mangel ist: Angst, Wut, Scham, Neid, Hass, Schuld, Missgunst, Eifersucht, Selbstabwertung, Minderwertigkeitsgefühl, Verbitterung, Kontrollzwang, Ungeduld, Panik, Zweifel.

Wenn du ehrlich zu dir bist, erkennst du sicherlich, wie oft du schon das Wort Angst verwendet hast. Hinter jeder Angst stecken Erlebnisse. Sie sind nach wie vor in dir angelegt, wenn du sie nicht gelöst hast. Sie machen sich immer wieder bemerkbar, durch all deine Emotionen.

Schau doch bitte mal: Wenn du Angst hast, wie verhält sich dein Körper dann? Entspannt oder angespannt? Wie ist deine Atmung? Ruhig oder schnell? Dein Körper sendet Warnsignale aus und meldet sich mit: Vorsicht, Achtung, mach das nicht, das kann schief gehen.

Ist deine Angst falsch? Nein, natürlich nicht. Deine Angst will dir nur mitteilen, dass es schon einmal ein ähnliches Erlebnis gab. Eine Situation, wo etwas schief gegangen ist, und die Angst will dich schützen. Deine Angst ist okay. Doch wenn du etwas anderes als das Gewohnte erfahren willst, darfst du deine Angst mitnehmen und ihr zeigen, dass es heute trotzdem möglich ist.

Stell dir die Angst wie einen Mantel vor, der dir Schutz bietet. In seiner Umhüllung ist es sinnvoll, bewusst zu schauen, was unbewusst ist. Wahrzunehmen, wo du vielleicht schon mal Ähnliches erlebt hast. Du darfst dir vertrauen, du darfst an dich glauben, weil du es kannst.

An dieser Stelle teile ich ein Erlebnis einer meiner Kundinnen mit dir.

In der Schule wurde ihr erzählt, sie könne nicht malen. In Malen hatte sie immer die Note 4–5.

Ganz ehrlich, wer sagt denn bitte schön, wie etwas auszusehen hat? Der Lehrer, die Eltern, der Partner, der Bildungsplan? Wer hat das Recht, zu bewerten und zu beurteilen, wie dein Haus auszusehen hat, das du malst?

Wenn das Haus bei dir abstrakt ist, ist es dein Empfinden und deine Wahrnehmung von einem Haus, welches du malst. Niemandem steht es zu, dich wirklich zu bewerten.

Meine Kundin durfte durch das Mentoring wahrnehmen, dass sie bewertet wurde, und sie durfte erkennen, dass sie begonnen hatte, die Gedanken der anderen zu übernehmen und zu glauben. Deshalb hatte sie aufgehört zu malen und zu zeichnen, obwohl sie es liebte.

Heute zeichnet sie die genialsten Flipcharts und malt Bilder in ihren Workshops. Heute, nach unserer gemeinsamen Arbeit, erlaubt sie sich wieder, zu malen. Ist das nicht genial? Heute liebt sie das Malen, das Zeichnen und kann damit ihre Expertise über das Papier transportieren. Sie unterstützt andere Menschen und verdeutlicht nicht nur Wissensinhalte durch ihre Bilder.

Meine Kundin hatte den Glauben ihrer Lehrer zu ihrem Glauben gemacht. Deshalb hatte sie Angst zu malen, deshalb erlaubte sie es sich nicht mehr und meinte, sie könne das nicht. Zu Beginn unserer Zusammenarbeit glaubte sie nicht an sich und ihre Fähigkeit. Sie war überzeugt, nicht gut genug zu sein und dass die anderen mit ihren Aussagen Recht hatten.

Es ist immer deine Betrachtungsweise auf die Dinge, die dein Leben prägt. Daher prüfe genau, was du glauben willst und beginne bei dir. Schau in den Spiegel und drehe das um, was du nicht mehr glauben willst. Was du verändern willst.

Gleiches gilt auch, wenn du wütend bist. Weshalb bist du wütend? Frag dich mal: Was macht dich wütend und warum – und was steckt wirklich hinter deiner Wut? Ist es überhaupt deine Wut oder die von anderen? Was steckt hinter deiner Wut, was verbindest du damit, bei wem hast du diese Wut schon erlebt? Reflektiere dich.

Wut kannst du am schnellsten und am besten lösen, indem du nicht sofort reagierst. Indem du nicht sofort zurückbrüllst, sondern liebevoll zu dir bist. Nimm deine innere Wut wahr. Setze dich in dein Auto und brülle! Gehe in den Wald und schreie! Nimm die Kissen auf dem Bett, auf der Couch und schlage drauf ein! Und bitte, sei gleichzeitig liebevoll und achtsam, damit du dich nicht verletzt. Das braucht es definitiv nicht.

Danach nimm wahr, wie es dir geht. Währenddessen, danach – lasse deine Tränen fließen. Erlaube dir zu weinen.

Erst dann überlege dir, was du dir sagen kannst, um liebevoll mit dir zu sein. Dann erkläre deinem Gegenüber, wie du dich fühlst und weshalb du dann vielleicht reagierst, wie du reagierst. Du wirst staunen, was sich lösen wird, wenn du deine innere Wut wahrnimmst, sie annimmst und loslässt. Wenn du von dir erzählst und nicht davon, was der andere wie – aus deiner Perspektive, falsch gemacht hat.

Wenn du etwas im Innen löst, löst sich meistens auch alles im Außen. Und wenn nicht, darfst du das Außen auch so lassen, weil es dann das Thema deines Gegenübers ist. Jeder Mensch ist in einem anderen Tempo unterwegs. Der eine schaut hin und der andere nicht. Der eine will etwas verändern, der andere nicht. Du bist hier, um etwas zu ändern. Das weiß ich und das ist wundervoll.

Schön, dass du da bist.

## HINGABE

Nachdem wir über die innere Arbeit – die Liebe zu dir und das innere Spiel –gesprochen haben, sind wir noch nicht am Ende mit dem Kapitel „mentale Fitness". Ja, es ist wirklich wertvoll und gut, hinzuschauen, sich selbst den Spiegel vorzuhalten.

Jetzt geht es mit dem Aufräumen weiter. Es ist an der Zeit, Vergangenes ganz loszulassen.

Wenn dich etwas oder jemanden im Außen triggert und du emotional reagierst und berührt bist, ist das kein Zufall. Meist sind es alte, noch ungelöste Verletzungen in dir, die die Emotionen auslösen. Verletzungen, die du einst erlebt hast und noch in der Tiefe in dir schlummern.

Durch einen Auslöser, ja durch eine einzige Situation werden die alten Verletzungen erneut aktiviert.

> Diese Trigger entstehen nicht nur, weil dich einst jemand verletzt hat. Sondern auch, weil du dich in der Folge selbst verletzt hast – unter anderem mit harten Worten, Selbstverurteilung und innerer Strenge.

Im Kapitel davor hast du gut erkannt, was dich genau triggert und wo die Trigger-Berührungspunkte liegen. Ja, du weißt genau, was dich berührt und welche Geschichten es sind, wo deine Wut, deine Angst, der Neid, deine Scham entstanden sind.

Wie ich schon erwähnt hatte, kannst nur du entscheiden, ob du Frieden und Liebe finden willst, ob du in dir ankommen magst.

Wenn du Frieden und Liebe leben willst, braucht es dazu deine Offenheit, dein Bewusstsein und deinen Mut.

Spüre hin: Wer sind diese Menschen, die dir Leid und Schmerz zugefügt haben? Sind es die eigenen Eltern, Lehrer, Erzieher, Freunde, der Pfarrer, die Oma, der Opa? Meistens sind es die Erfahrungen und Erlebnisse aus jungen Jahren, die dich ein Leben lang begleiten.

Sicherlich nimmst du schon wahr, wie viel Gewicht einige dieser Erinnerungen noch in dir tragen.

All diese Namen, Gesichter und Erlebnisse sind wie Schatten, die dich manchmal noch begleiten. Damit ist jetzt Schluss, wenn du willst. Du musst sie nicht ewig mit dir tragen.

Genau hier beginnt ein Weg der Befreiung: mit der Bereitschaft, diese alten Lasten Stück für Stück loszulassen.

Wie Vergebung geht.

Prinzipiell kannst du allen Menschen vergeben. Das bedeutet nicht, alles zu entschuldigen. Es geht vielmehr ums wahrhaftige Vergeben und Loslassen. Ich empfehle dir, mit dem Menschen zu beginnen, bei dem dein Schmerzgefühl am stärksten ist.

*Doch DU bist der wichtigste Mensch in deinem Leben.*

Deshalb beginnt alles bei dir. Und ja, zuerst darfst du dir selbst vergeben. Nein – du **musst** es sogar. **Warum?** Weil Selbstvergebung der Schlüssel ist, um wirklich weiterzuwachsen.

All die schmerzhaften Geschichten über dich, all diesen inneren Lärm – hast du dir selbst erzählt. Und irgendwann hast du begonnen, sie zu glauben.

- Und sind sie wirklich wahr? Wie ist deine Antwort: Ja oder nein?
- Wer wärst du ohne diesen Gedanken? Wie würdest du dich fühlen? Frag dich!

- Kannst du einen Grund finden, an diesen Gedanken festzuhalten, der dir keinen Stress verursacht?

Klar, du kannst dich auch auf die Couch legen, dich zurücklehnen, die Netflix-Serie zu Ende schauen und eine Pizza bestellen. Was wird sich ändern, wenn du diesen Gedanken weiter glaubst? Genau. Nichts.

- Was willst du stattdessen wirklich glauben? Ab sofort und drehe deine Überzeugungen um.

Die Fragen von Byron Katie aus „The Work" verhelfen dir zu viel mehr Tiefe in diesem Prozess, decken Gedanken und Gefühle auf. Ich kann dir nur empfehlen, sich mit ihnen zu befassen.

Du merkst schon, es geht immer wieder um dein Bewusstsein. Du entscheidest permanent, was du denken, fühlen und spüren willst. Du entscheidest, ob du deine eigene Wahrheit glaubst oder die der anderen.

Wenn du jetzt erkannt hast, wer dich wie geprägt hat, kannst du vergeben. Starte am besten mit dir.

## MOMENTUM:

Nimm dir einen Zettel, ein Blatt Papier und ziehe dich zurück. Nimm dir einen Platz, an dem du ungestört bist, wo du die Ruhe und den Raum hast, um bei dir zu sein. Vielleicht ist es die Yoga-Matte in deinem Raum. Vielleicht ist es ein Ort draußen in der Natur, prinzipiell kannst du jeden Ort wählen, nur es ist wichtig, dass du mit dir allein bist.

Gehe in die Stille, um dich einzustimmen. Und frage dich, wofür vergibst du dir? Wofür willst du dir vergeben?

Dann fange an mit den Worten: „Ich vergebe mir selbst, für..." und dann fängst du an und lässt den Stift einfach fließen. Lass dich führen.

Mache diese Übung bewusst mit der Hand, nicht mit dem Rechner, denn durch das Schreiben kommt die wirkliche Tiefe.
Was hast du dir selbst erzählt? Wie hart warst du zu dir? Wie hast du dich beschimpft – immer und immer wieder, wofür? Wo hast du jemanden so behandelt, wie du es im Nachgang gar nicht wolltest? Was hast du gesagt, wo hast du andere verurteilt? Wie hast du gehandelt? Schreibe, lass alles aus deiner Feder fließen. Das befreit dich, ich weiß es.
Es ist gut möglich, dass jetzt Tränen fließen. Lass sie laufen, das ist wundervoll, sie gehören zum Prozess dazu. Bitte lass für dich alles los, halte nichts zurück. Das ist der Schmerz, die Liebe zu dir. Jetzt kannst du alles loslassen. Schreibe einfach weiter, schreibe alles herunter, was aus dir raus will.

Gleiches kannst du mit den Menschen machen, denen du vergeben möchtest. Schreibe auch hier wieder: „Ich vergebe meiner/meinem Mama, Papa, Freundin, Freund, ... für,..." und dann fängst du wieder an zu schreiben.
Erlaube dir zwischendrin Pausen. Mach es so, wie es für dich passt, schreibe in deinem Tempo.
Genauso gut kannst du auch einen Brief schreiben. Beginne mit folgender Ansprache: Liebe Mutti, lieber Vati – wähle jenen Menschen, dem du vergeben möchtest.
Schreibe deinen Brief und mache ein Ritual daraus. Lasse ihn in Frieden los. Nimm den Brief, zerreiße ihn und lasse ihn zum Beispiel in einem Fluss von dir wegfließen. Alternativ könntest du auch wählen, den Brief zu verbrennen; an einer feuerfesten Stelle, wo der Wind dann die Asche wegweht. (! Achte bitte darauf, dass du eine feuerfeste Stelle, ein Gefäß wählst und einen Ort, wo du kein weiteres Feuer, außer deinen Brief, entfachst!)
Oder du zerreißt den Brief und lässt ihn fliegen....

**Wichtig:** Diesen Vergebungsbrief musst du niemals abschicken. Du kannst das tun, und dafür empfehle ich dir, zu prüfen, ob die Person überhaupt etwas damit anfangen kann, ob sie dich in dem Moment versteht und ob du mit der eventuellen Rückmeldung gut umgehen kannst.

Ich selbst habe den Weg des Verbrennens und des Fließens gewählt.

Damit sind wir auch schon beim **Loslassen**. Um zu wachsen, darfst du deine Negativität, deine Selbstsabotage und deine Störungsprogramme loslassen. Fürs Gesundsein und Gesundbleiben. Um privat und beruflich erfolgreich zu sein, ist es sinnvoll, sich von destruktiven, dir nicht mehr dienlichen Gedanken und Gefühlen zu lösen und die alten Schmerzen zu heilen.

Lass los, was nicht mehr zu dir gehört, vergib dir und anderen. Verabschiede dich von all dem Groll. Finde deinen Frieden und deine Liebe zu dir, denn alles beginnt in dir und mit dir.

Ich empfehle dir, vom wiederholten Erzählen der alten Geschichten abzusehen. Verzichte darauf, andere anzuklagen. Und wenn du spürst, dass da immer noch etwas in dir steckt, immer noch Schmerz da, Vergangenes immer mal wieder aufpoppt, du es aufwärmst, dann schreibe bitte erneut einen Brief! Vergib dir und diesen Menschen – so lange, bis du Frieden fühlst.

Wenn du nicht anfängst zu vergeben, werden die Schmerzen immer größer, sie werden mehr und mehr, und im Alter wirst du noch „griesgrämiger" und nachdenklicher, und die Prägungen, werden dich zwangsläufig immer wieder begleiten und zu einem Menschen werden lassen, der du nie sein wolltest.

> Frag dich:
> Willst du ein Leben leben, in dem du nachdenklich dasitzt, immer wieder die alten Geschichten abspulst, dich streitest, wie es deine

> Eltern schon taten oder vielleicht sogar ganz alleine endest? Oder willst du viel lieber ein Leben führen, in dem du dich endlich frei und unabhängig fühlst und von Liebe durchflutet bist?

Ich habe mich für die zweite Variante entschieden.

Du kannst alles loslassen, wenn du vergeben kannst.

Loslassen ist ein Gefühl von luftleerem Raum für mich. Es kommen nicht ständig irgendwelche alten Geschichten auf, sondern da ist ein weißes unbeschriebenes Blatt Papier, was darauf wartet, neu beschrieben zu werden.

Du kannst loslassen, du kannst dir vergeben. Entscheide dich für die Liebe, entscheide dich für Frieden mit dir und anderen Menschen. Loslassen bedeutet, alles loszulassen, was dich an deinem persönlichen Wachstum hindern kann. Finde also eine tiefe Verbindung zu dir, um dein volles Potenzial zu entfalten.

Wenn du vergeben und loslassen kannst, dann wirst du ohne Zwang in dein Selbstvertrauen kommen, dann wirst du fühlen, spüren und wahrnehmen, wie du geführt bist. Dass alles geführt ist. Es geht nicht darum, wie viel jemand hat oder wer er ist, sondern darum, wer du auf dieser Reise sein wirst. Du bist immer geführt.

Selbstvertrauen darf sich entwickeln und entsteht definitiv nicht über Nacht. Im Laufe der Zeit wirst du durch die verschiedensten Erfahrungen, Handlungen und vor allem durch deine innere Einstellung immer mehr ins Vertrauen kommen. Ja, Selbstvertrauen kommt zu dir durch deine eigenen Fähigkeiten, Stärken und Entscheidungen. Alles, was dazu beiträgt, sind deine Erfolgserlebnisse, ist deine Selbstakzeptanz, dich anzunehmen – und zwar so, wie du bist.

Du liest richtig: Alles an dir ist okay, all deine Ecken und deine Kanten sind in Ordnung, du kannst sie immer weiter formen – und doch bist du in jedem Moment genau richtig, denn das bist DU. **Du bist immer die beste Version von dir selbst.**

Wenn du dich mutig Herausforderungen stellst und sie löst, stärkst du dein Selbstvertrauen. Und wenn etwas nicht so funktioniert, wie du es dir vorstellst, kannst du diese Erfahrung mitnehmen und es entweder noch einmal auf dem gleichen Weg versuchen oder einen anderen Weg wählen. Es gibt kein Scheitern, nur neue Erfahrungen, welche dich wachsen lassen und dir jenes Vertrauen geben, das du brauchst, wenn du weiter gehst.

*Aufgeben ist keine Option.*

Und zu guter Letzt: Alles, womit du beginnst, dich zu reflektieren und hinter deine Gedanken zu schauen, stärkt dein Selbstvertrauen. Selbstreflektion ermöglicht dir, ein tiefes Verständnis für dich selbst zu bekommen und fördert dein Vertrauen. Und je öfter du all die Dinge ausprobierst, sie integrierst, desto sicherer wirst du in deinen Fähigkeiten.

*Wichtig ist, dass du dich immer wieder an erste Stelle stellst, dir Gutes tust und damit auch dein Selbstbewusstsein und dein Vertrauen zu dir stärkst.*

Wenn du dem Prozess vertraust, dann kann nur alles großartig und zauberhaft werden. Dann entsteht Magie.

# 6. VERBINDUNG

## MANIFESTATIONS-CODE

Das eine ist das aktive Tun, um deine Träume in die Wirklichkeit zu bringen und deine Ziele zu erreichen, und das andere ist die "Bestellung im Universum". Der Ansatz einer Bestellung basiert auf der Annahme, dass deine Gedanken und Gefühle energetisch Schwingungen erzeugen und du damit Ergebnisse in dein Leben ziehst, die du willst. Wenn du dich also auf positive Gedanken und Gefühle konzentrierst, kannst du auch nur positive Erfahrungen und Ergebnisse in dein Leben ziehen.

Eine "Bestellung im Universum" aufzugeben bedeutet, klare Absichten und Wünsche zu äußern, und daran zu glauben, damit sie sich erfüllen. Du bittest quasi das Universum um Hilfe und um Unterstützung, das Gewünschte in dein Leben zu ziehen.

Ja, es mag sich für dich vielleicht ein bisschen ungewöhnlich anhören, doch genau das ist der Weg. Alles ist Energie und miteinander verbunden. Das Universum ist dein höheres Selbst und wenn du verbunden bist, bekommst du Antworten und Ergebnisse die du willst.

Wichtig ist: Deine Bestellung muss exakt sein.

Wie manifestiere ich also?

Du darfst als erstes eine klare Absicht setzen und genau definieren, was du erreichen und haben willst. Formuliere so konkret und positiv wie möglich. Damit du so genau wie möglich bestellen kannst, ist es wichtig, dich mit allen Fasern in deinen Wunsch einzufühlen – in das, was du erreichen willst. Je klarer du visualisierst, je lebhafter du dir deinen Wunsch vorstellst und wie es sich anfühlt, wenn er sich erfüllt hat, desto besser. Visualisiere dir die Situation und die Gefühle dazu, die du haben willst, wenn dein Wunsch bereits wahr geworden ist.

Lasse hierbei wirklich jeden Selbstzweifel weg. Gib deine Bestellung mit dem besten Gefühl auf, fühle dich genauso, als ob du deine Lieferung schon empfangen hast.

Im zweiten Schritt ist es wichtig, den Wunsch loszulassen und den Glauben und das Vertrauen daran zu haben, dass alles möglich ist und du es empfangen wirst. Glaube daran, dass das Universum auf deine Absicht, auf deinen Wunsch reagieren wird, und vertraue darauf, dass alles zur richtigen Zeit kommt und sich erfüllt.

Wisse: Zweifel wie „Das wird eh nicht funktionieren", „Warum sollte es ausgerechnet bei mir funktionieren?" oder „Was für ein Blödsinn …", „Ist eh nur reichen bestimmt." könnten deine Bestellung stornieren bzw. dir wird diese in einer anderen Form zugestellt.

Ein paar Beispiele von mir. Die Hotelzimmer für das Oldtimer-Rennen waren ausverkauft. Nicht irgendein Hotel, sondern „das" Hotel an der Rennstrecke. Mein Partner rief an und meinte danach: „Schatz, es gibt keine Zimmer mehr, komplett ausgebucht." Mein Gefühl: Will ich das jetzt glauben? Ein paar Minuten später rief ich erneut mit voller Energie und charmant, wie ich bin, in diesem Hotel an und die Dame am anderen Ende sagte: „Frau Heller, wir haben noch Zimmer auf Reserve, allerdings eine Suite." Ich musste lachen. „Ja, super gern, bitte reservieren sie es!"

Oder: Die Besuchertickets für die Leipziger Buchmesse waren ausverkauft und ich wollte unbedingt dorthin. Während eines Meetings erzählte ich meiner virtuellen Assistenz davon. Ihre Antwort: „Madlen, ich habe noch ein Ticket. Ich kann nicht gehen." Und es wurde noch magischer: Sie erwähnte ein zweites Ticket, weil auch ihre Freundin nicht zur Messe konnte. So hatte ich trotz Ausverkauf ein Ticket und konnte zusätzlich einer Geschäftspartnerin helfen, die ebenso zur Messe wollte. Hätte ich nicht vertraut, mich innerlich schon auf der Messe gesehen und im Gespräch mit anderen Menschen gespürt, wäre dieses Ticket-Gespräch vermutlich nie entstanden.

Du siehst: Du darfst deine Zweifel hinter dir lassen. Sie halten dich klein. Wenn du sie nicht loslässt, bekommst du vielleicht nicht einmal deine geliebte Trüffelpasta beim Lieblingsitaliener, obwohl du dich schon die ganze Woche darauf gefreut hast. Einfach nur, weil du ständig daran gezweifelt hast, dass es sie überhaupt noch gibt.

Daher achte genau auf das, was du bestellst, und dann lasse deinen Wunsch im zweiten Schritt los. Es braucht keinerlei Handlung von dir; lediglich dein Loslassen. Ja, oftmals ist Loslassen das Schwerste und doch wirst du dich mit diesem Schritt anfreunden „müssen", um empfangen zu können. Vertraue darauf und glaube daran, dass alles zu dir kommt, was zu dir gehört.

Der letzte Schritt ist das Empfangen: wahrzunehmen und anzunehmen, was ist. Du hast erreicht, was du wolltest. Du hast Ergebnisse, Antworten, Lösungen. Feiere dich. Sei dankbar.

Und wenn etwas nicht funktioniert hat, darfst du dir deine Bestellung noch einmal genau anschauen, sie verändern, daran glauben und neu bestellen.

### *Zusammenfassung: Drei Schritte zum Bestellen: 1. Bestellen 2. Loslassen 3. Empfangen*

Lass uns weiter zu den Routinen gehen:

Wenn ich mit dir hier schon übers Bestellen und Manifestieren spreche, ist es mir besonders wichtig, mit dir auch über Routinen zu sprechen. Warum erzähle ich dir jetzt:

In meinem Leben gibt es tägliche Routinen – sie sind nicht starr an Zeiten gebunden, aber stetig wiederkehrend. Routinen sind fürs Wachsen unabdingbar und auch fürs Verbunden sein und dafür, dass jene Energie richtig gut fließen kann, die es braucht, damit die Universellen Gesetze wirken und du genau das anziehst, was du wirklich willst.

Kommen wir zum ersten und wohl mächtigsten Tool – der inneren Haltung, überhaupt: Dankbarkeit.

Dankbar zu sein, indem du Bitte und Danke sagst, reicht definitiv nicht aus. Dankbar zu sein, ist so viel mehr. Es handelt sich hierbei um ein Gefühl, ein Gespür für die Fülle in deinem Leben. Sprich: für all das, was du bereits hast. Das, was schon da ist. All das, was du bereits in deinem Leben empfangen konntest. Die Fülle im Leben und all die Geschenke.

Es geht hier nicht nur ums Materielle, sondern vor allem um die winzig kleinen Dinge, die die meisten Menschen übersehen. Schau hin, wie gut es dir geht! Und ganz egal, wie viel oder wie wenig du hast: Überprüfe, was du schon alles erlebt hast, was du schon alles bekommen hast, empfangen konntest, sehen und riechen kannst.

Die meisten von uns Menschen befinden sich im Mangel und jammern, dass dies und jenes noch zum Glück fehlt. Sie beklagen sich über zu wenig Geld, zu wenig Liebe, zu wenig Lifestyle, zu wenig Urlaub, zu schlechtes Wetter, zu viel Wärme, zu wenig Freiheit, zu wenig Erlebnisse und so weiter und so fort.

## MOMENTUM:

Wovon hast du gefühlt zu wenig?

Schreib es dir auf und nimm diese Übung ernst.

Und nun nimm wahr, was du schon alles hast. Gehe durch deine Wohnung. Prüfe, was schon da ist.

Öffne deine Schränke, schau hinein. Ich meine es ernst – schau dich um! Und dann schreibe auf:

Ich bin so glücklich und dankbar, dass ich ... habe.

Ich bin so glücklich und dankbar dafür, dass ich schon.... in meinem Leben habe.

Liebes, wir vergessen so viel! Wir sind zu oft im Mangelmodus. Ich war es auch. Wie oft habe ich gejammert und auch meine Kundinnen, dass noch dies und jenes fehlt. Und ich dachte, wenn ich das eine und das andere endlich habe, dann werde ich glücklich. Was für ein Bullshit!

Du Zauberhafte, du kannst jetzt schon glücklich sein! Es braucht nicht dies oder jenes, um glücklich zu sein. Es bedarf lediglich deiner Erlaubnis, dafür glücklich zu sein – auch dann, wenn noch nicht alles so ist wie in deiner Vision.

*Du darfst die Fülle in deinem Leben erkennen – sie sehen. Jeden Tag. Das, was schon da ist.*

Egal, ob es ein Mensch ist, der dir ein Lächeln schenkt, oder du eine Situation erlebst, deren Geschenk du im Nachhinein entdeckst. Ein vollgeschriebenes Tagebuch, ein Foto von einer schönen Erinnerung – what ever. Glaube mir, es gibt immer Geschenke. Immer.

*Konzentriere dich auf die Fülle und dein Leben wird sich verändern.*

Im zweiten Schritt gehst du weiter:

**MOMENTUM:**

Auch hier kannst du wieder beginnen mit: „Ich bin so glücklich und dankbar dafür, ...", dass du zum Beispiel das eine und das andere in deinem Leben haben wirst. Genau hier geht es um deine Zukunft, um das gute Gefühl für deine Vision und für das, was du wirklich haben willst.

Träume, schreibe deine kraftvollen Sätze auf. Spüre rein. Es bedarf immer und überall dein Gefühl bei allem, was du tust. Es geht hierbei um physische Dinge, aber vor allem auch um die immateriellen Dinge und Werte im Bereich des Geistes, der Gedanken, deiner Haltung, deiner Emotionen.

Wie du siehst, kannst du die Dankbarkeit zum einen für all die Dinge nutzen, die du schon hast, also für das, was schon da ist in deinem Leben. Und zum anderen darfst du jetzt schon dankbar sein für das, was in dein Leben kommen darf und wie es dann sein wird. Ist es nicht wunderschön, dass du dadurch jetzt schon dieses und jenes haben kannst?

Eine meiner Kundinnen schrieb sich auf, wie genial es sei, dass sie in ihrem Herzensbusiness angekommen ist. Was für ein Gefühl in ihr aufkommt, so leicht und so überragend, das erste Produkt auf den Markt zu bringen. Wie erfüllend es sei, dass sie nun immer mehr das Thema Geld versteht. Und wie zauberhaft es sich anfühlt, sich jeden Tag freier zu fühlen und diese Freiheit zu leben. Wie berührend es ist, immer geführt zu sein, und wie magisch, heute schon den nächsten Kunden zu haben …

Du siehst: Du kannst immer dankbar sein.

> Daher hole dir unbedingt ein traumhaft schönes Notizbuch, einen wunderschönen Stift und schreibe. Sei täglich dankbar.

Dankbarkeit nur im Kopf zu denken, reicht an dieser Stelle nicht aus. Beim handschriftlichen Schreiben greifen motorische, visuelle und kognitive Prozesse stärker ineinander. Sie unterstützen dich beim Denken und Erinnern und aus der eigenen Erfahrung heraus kann ich sagen: Du kommst emotional noch eine Schicht tiefer.

All deine Gedanken und Informationen werden durch das Schreiben mit der Hand besser im Geist verankert. Denn beim Schreiben finden mehrere Prozesse zugleich statt: Erstens wird das Gedächtnis gestärkt, weil verschiedene Hirnareale aktiviert und verknüpft werden. Zweitens verlangt es mehr Konzentration, gerade weil es langsamer ist als das Tippen am PC. Dadurch bist du weniger abgelenkt und konzentrierst dich stärker auf den Moment, anstatt gleich an eine Überarbeitung zu denken. Drittens verarbeitest du Inhalte langsamer, was zu einem tieferen Verständnis führen kann.

**Kurz gesagt:** Handschriftliches Schreiben fördert deine Merkfähigkeit, deine Konzentration und die Tiefe deiner Gedankenverarbeitung. Gleichzeitig verstärkt es deinen Fokus. Damit wirst du dir Dinge besser merken können und dein Verständnis für all die Informationen wird vertieft und intensiviert. Außerdem entsteht durch die Bewegung des Schreibens eine stärkere Verbindung zu deinen Emotionen und diese bringen dich ins Handeln. Wie nebenbei wirkt das Schreiben dann auch noch entspannend und meditativ.

Neben der Dankbarkeit bedarf es außerdem deiner Liebe.

*Sende jeden Tag Liebe aus.*

An Menschen, von denen du gerade glaubst, dass es wichtig ist, sie mit Liebe zu überfluten. An Menschen, die vielleicht gerade nicht bei sich sind, die dich verletzen.

*Denn Liebe verbindet alles.*

Verbinde dich mit diesen Menschen und sende ihnen deine Liebesenergie zu. Trage Liebe in die Welt, damit unsere Welt zu einem noch viel liebevollerem Ort wird.

Übrigens, du kannst nicht zu liebevoll sein, auch wenn dir das womöglich gesagt wurde. Liebe will sich verschenken und ist grenzenlos.

Nun komme ich zu einem dritten Tool, einem weiteren Werkzeug.

Dein tägliches Journaling – dein perfekter Tag fürs Leben und dein Business.

Neben all der Dankbarkeit kannst du jetzt noch täglich dein wunderschönes Notizbuch für deine Träume und Wünsche nutzen, ihnen zu begegnen und ihnen noch mehr Raum geben.

**MOMENTUM:**
Schreibe deine Träume, deine Wünsche und deine Ziele auf. Das, was dir in den Sinn kommt, das, was dich erfüllt und dein Herz tanzen lässt.

Denke darüber nach, wie denn dein perfekter Tag aussieht, wenn du alles hast, wenn alles möglich ist. Wie würde er ablaufen? Wer wärst du dann, was würdest du tun? Was lässt dein Herz noch höherschlagen?

Journalen bedeutet, deinen Fokus zu weiten. Journalen versetzt dich in eine fantastische Energie, lässt dich noch größer denken und träumen.

> Worauf es beim Journaling ankommt: Schreibe in der Gegenwart, lasse Negationen weg. Statt „Ich bin nicht unsicher." besser „Ich bin sicher." oder statt „Ich habe keine Angst." besser „Ich fühle mich mutig und bin geführt." Dann konzentriere dich auf das Habenwollen und weniger auf das, was fehlt. Verwende eine klare Sprache. Schreib so, als wäre es schon da, mitten in deinem Leben.

Und dann lass los – wie beim Manifestieren. Hab Vertrauen, dass deine Worte wirken. Mit jedem Satz, den du aufschreibst, sendest du eine Botschaft ins Feld, gibst du deinen Wünschen Gewicht, eine Richtung und hauchst ihnen Leben ein. Du musst nicht wissen, *wie* es kommt. Das Universum hört zu. Wichtig ist nur, dass du spürst: Es ist möglich. Es ist deins. Es ist unterwegs.

Der Code ist aktiviert. In jeglicher Form.

## WACHSTUM

Und jetzt betreten wir ein weiteres wichtiges Feld: unser Wachstum. Wachstum entsteht, wenn wir uns weiter ent-wickeln. ENTwickeln bedeutet für mich, etwas rauszulassen, etwas offenzulegen, hinzuschauen.

Stell dir eine Zwiebel vor. Schale für Schale ziehst du ab. Du schaust immer genauer hin zu dem, was ist. Zu dem, wie du denkst, wie du tickst und fühlst. Du löst Schicht für Schicht, kommst in die Tiefe bis zum innersten Kern. Dem Teil von dir, der unverfälscht und echt ist.

*Hinschauen, wahrnehmen, loslassen.*

Wachstum ist Entwicklung; es bedeutet, alte Prägungen und Paradigmen aufzudecken, umzudrehen, zu verändern.

Ja, in manchen Fällen darfst du die Büchse der Pandora öffnen. Und nein, aus meiner Sichtweise braucht es heute keine langen Prozesse von: Ich muss erst einmal ganz genau hinschauen, ich muss noch etwas auflösen, das dauert, ich weiß gar nicht, woher das kommt – keine Ahnung, wer mir das angetan hat … Und so weiter.

Aus meiner Sicht ist es egal, woher es kommt und wer es war. Egal, ob es aus der Geschichte mit den eigenen Eltern, der Schule, irgendeinem Freud, einer Freundin, von anderen Kindern, usw. kommt – es ist im Grunde total egal. Wichtig ist, dass du erkennst, welche Gedanken dich prägen und festhalten. Es geht in erster Linie um das Erkennen, dass das alte Prägungen sind und du mit ihnen ausgestattet bist. Und dann, welche alten Geschichten aufgedeckt werden wollen, damit du ein happy End daraus machen kannst und endlich wieder in deine wahre Ursprungsschöpferkraft zurückkehrst.

Nur durch das stetige Entwickeln entsteht inneres und äußeres Wachstum. Du stärkst damit in erster Linie dich als Person.

Ich kann dir nur empfehlen: Bleibe dran, wachse. Dein Wachstum ist das Lernen, das Verändern, das Entfalten, Aufsteigen und Erblühen. Alles, was in Bewegung ist, erlebt keinen Stillstand in Form des Nicht-weiter-Aufblühens. Dein Leben ist dafür gemacht, in Bewegung zu sein, damit du weitergehst und wächst. So, wie ein Baum, der immer größer, schöner, älter wird, wenn er von innen heraus genährt wird.

Zum Wachsen bedarf es neben all dem Lauten, was tagtäglich um uns herum passiert, auch die Stille. Du darfst wissen, durch unseren Verstand fließen täglich ca. 60.000 bis 80.000 Gedanken. Du liest tatsächlich richtig – pro Tag. Damit du deine innere Stimme immer besser hören und wahrnehmen kannst, dürfen dein Körper, dein Geist und deine Seele immer kraftvoller werden. Dies geschieht zum einen durch die Stille, die Ruhe, und zum anderen durch den Raum und die Zeit, die du dir erlaubst.

Ein ruhiger Ort wird dich dabei unterstützen und die Konzentration auf deine Atmung auch.

Das heißt, ziehe dich zurück und komme zur Ruhe.

Ruhe bedeutet: Schiebe alle Gedanken, die durch dich durchfließen, weg. Sage ihnen: „Jetzt nicht.“, „Später.“ Wenn ein Gedanke kommt, dann lasse ihn einfach vorüberziehen und nähre ihn nicht.

Ich hatte ja schon erwähnt, dass ich zunächst anhand einer Rose Achtsamkeit übte. Es war im Herbst 2014, als ich anschließend noch tiefer begann, das Meditieren zu lernen. Nein, es braucht keine Lehrer, um tatsächlich in die Stille zu kommen, und doch hat es mich damals zu Lehrern gezogen, ich wollte einfach mehr darüber wissen. Ich wollte erfahren, wie es ist, es von den Menschen zu lernen, die es tagtäglich leben – dort, wo Meditation herkommt, aus dem Buddhismus. Also fuhr ich ins Osterzgebirge in ein buddhistisches Kloster. Vier Tage und drei Nächte lang war ich dort. Vier Tage meditierte ich vier- bis fünf-mal täglich, meistens eine bis zwei Stunden. Ich lernte ein bewussteres Atmen, das lange Sitzen, die Gehmeditation und jede Menge Stille kennen. Wir aßen zusammen, ohne dass wir miteinander sprachen und uns anschauten. Neben dem Meditieren gehörten Arbeiten wie Holzstapeln und Laubfegen dazu. Ansonsten wählte ich in der wenigen freien Zeit, in der wir nicht meditierten, Spaziergänge oder bewegte mich durchs Gelände des Klosters. Es war, als wäre die Zeit stehen geblieben.

Seither meditiere ich fast täglich. Ich tauche ab in die Stille und erledige nicht mehr zehn Dinge auf einmal, sondern eines nach dem anderen. Ich bin achtsam zu mir und zu dem, was ich will.

Das möchte ich dir auch empfehlen. Sei achtsam zu dir und nimm wahr, was du wirklich willst.

Es braucht kein Kloster um Meditieren zu lernen. Es ist jedoch wichtig, dass du dir die Zeit und den Raum erlaubst, um in die Stille zu kommen. Ich selbst würde es jederzeit wieder tun. Es war eine spannende Erfahrung, die Stille und den Raum zu finden, abzutauchen und sich mit Themen zu beschäftigen, die dabei aufkommen, und Antworten zu empfangen. Heute bekomme ich auf alle meine Fragen Antworten, und wenn nicht sofort, dann weiß ich, dass sie kommen werden, und ich bleibe geduldig.

Der Wachstumsprozess verläuft im Grunde immer nach demselben Prinzip.

*SEIN – TUN – HABEN*
*Erst bist du, dann handelst du und danach kannst du empfangen.*

Für mich ist Wachstum, wenn du beginnst, wahrzunehmen, dass deine Gedanken dich am Wachsen hindern und sie damit deinen nächsten Schritt verhindern. Denn Gedanken erzeugen Gefühle und aus dem Gefühl entsteht ein Handeln und die Summe deines Handelns bestimmt als Ergebnis dein Leben. Wenn du dieses Ergebnis verändern, verbessern oder mehr erreichen willst, darfst du deine Gedanken ändern.

Du weißt, ich mag das Wort *Problem* nicht. Es wird immer Momente in deinem Leben geben, die dich herausfordern. Ganz egal, wie viel Liebe du erfährst, wie erfolgreich du bist oder wie schön dein Leben von außen wirkt – Herausforderungen gehören dazu.

Doch genau darin liegt ihre Kraft: Sie laden dich ein, noch eine Schicht abzulegen, noch ehrlicher hinzuschauen, noch mehr bei dir selbst anzukommen. Wenn du erkennst, dass jede Herausforderung dich wachsen lässt, dann nutzt du sie und machst sie zu deinem Sprungbrett.

Also sei bereit. Nimm sie an. Denn genau das ist Wachstum. Und genau das ist der Weg zu deinem inneren Kern.

## FESTIGUNG

Im Alltag gibt es immer wieder mal Hindernisse und Herausforderungen und wie du jetzt schon erkannt hast, ist das gut so.

Welche Wege stehen dir jetzt also offen, um deine Herausforderungen gut zu meistern? Auf deiner spirituellen Reise gibt es keine festen Regeln und auch kein richtiges Tempo.

Ich teile hier ein paar Schritte mit dir, die dich auf deinem Weg durch das Tal und durch die Schattenaufgaben deines Lebens begleiten können und dich dabei unterstützen, immer wieder zurück ins Licht zu finden.

*Sei reflektiert und nimm dir Zeit,
dich ehrlich zu beobachten.*

Immer wieder. Denn „Mindset-Arbeit“ ist eine stetige Reflektion deiner selbst. Selbstreflektion hilft dir dabei, genau zu erkennen, weshalb dich Hindernisse davon abhalten, dein volles Potenzial zu entfalten.

Zum Beispiel können solche Hindernisse sein: negative Glaubenssätze, Angst, Zweifel, Schuld, dein Ego, ungesunde Gewohnheiten, usw.

**Akzeptanz:**
Akzeptiere, dass Hindernisse ein natürlicher Teil deines Lebens auf deiner Reise sind. Statt sie zu verdrängen, nimm sie als wertvolle Gelegenheiten an, denn sie zeigen dir deine Möglichkeit auf, wie du wachsen und dich entwickeln kannst.

## *Praktisches Handeln.*

Nimm jetzt deine Antworten und Erkenntnisse und übersetze sie in praktische Handlungen. Übernimm all die Tools, die Übungen und Dinge, die du in diesem Buch kennengelernt hast, und setze sie in deinem Alltag mit um. Sie bewirken eine langfristige Veränderung in dir.

## *Halte deinen Fokus und bleibe im Jetzt.*

Lass all das, was bis heute nicht richtig gelaufen ist, zurück. Auch die Angst davor, dass in Zukunft wieder etwas anders laufen kann als geplant. Fokussiere dich stattdessen ab sofort bewusst darauf, dass alles funktionieren wird. Sei im Jetzt und im Hier und handle.

Du musst nicht alles wissen. Wichtig ist nur, dass du dir bewusst machst: Deine innere Haltung, deine Einstellung kannst du jederzeit verändern. **Du bist die Expertin auf deinem Gebiet.** Andere auf ihrem. Und genau deshalb darfst du auch Unterstützung annehmen;

von den Menschen, die bereits dort sind, wo du hinwillst. Und von denen, die das Wissen und die Erfahrung mitbringen und dir helfen können, genau deinen Weg zu gehen.

Achte auf deine **Vergebung**. Vergib dir selbst und anderen Menschen für vergangene Fehler und Verletzungen. Vergebungen sind befreiend und lassen dich weiter spirituell wachsen und kommende Hindernisse immer wieder überwinden.

## MOMENTUM:

Was kannst du jetzt tun, damit dich zukünftig deine Gedanken stärken und dabei unterstützen, vorwärtszukommen und dich in deinen gewünschten Erfolg bringen? Was willst du zukünftig glauben, um selbst im Frieden zu sein?

1. Du kannst diese Sätze umdrehen und Satz für Satz neu aufschreiben.
2. Formuliere positiv!
3. Schreibe sie auf bunte Klebezettel.
4. Verteile sie in deiner gesamten Wohnung, da, wo du sie immer wieder täglich und mehrfach lesen kannst.

Du wundervolle Frau, frage bitte nicht, wie meine Wohnung aussah?! Ich muss lachen. Auch heute arbeite ich nach wie vor mit Affirmationen. Geeignete Orte sind deine Schränke, dein Spiegel im Bad, die Türen, Küchenschränke, dein Schreibtisch, dein Auto – da, wo du dich immer wieder aufhältst, da, wo du unbewusst immer wieder hinschaust und vorbeigehst.

Was dich auch in Momenten unterstützen kann, wenn deine Energie eher traurig und negativ, festhaltend und blockierend ist: Tanzen, Mitsingen. Hier darfst du nur achtsam sein, was für Musik du dir tatsäch-

lich „reinziehst". Ganz ehrlich, schau auf die Texte – egal ob Englisch oder Deutsch oder welche Sprache auch immer, alles geht ins Unterbewusstsein.
Bitte sei für dich achtsam, was du wirklich denken, glauben und fühlen willst.
Ebenso ist Bewegung ein großartiges Tool, um die Energien zu shiften.
Manche Menschen lieben es, auf einem Trampolin zu springen.
Du siehst schon, es gibt jede Menge positive Möglichkeiten, sich in eine gute Energie zu bringen – raus aus blockierenden Energien, rein in die Lösungen und Ideen.

Letztendlich darfst du wissen: Alles, was dich zurückhält, kannst du in dir selbst lösen. Und alles, was dich stärkt, dir Stabilität gibt und dich in Möglichkeiten denken lässt, darf wachsen.

Transformation geschieht nicht auf einmal. Sie entsteht durch bewusste Schritte, durch liebevolle Wiederholungen, durch dein Dranbleiben und Regelmäßigkeiten.

*Transformation ist kein Ziel, sondern ein Zustand, der mit jedem Schritt mehr Licht in dein Leben bringt.*

Und aus genau diesem inneren Weg darf etwas ganz Eigenes entstehen: **ein Erfolg, der sich stimmig anfühlt, weil er aus dir selbst kommt.**

# 7.
# ERGEBNIS

## UMSETZEN

Zu guter Letzt bringt dich dein Denken, dein Fühlen, dein Spüren und schließlich dein Handeln in jene Stabilität, die du dir wünschst. In eine mentale und körperliche Verankerung und ja, auch in deinen Erfolg.

Und jetzt heißt das Zauberwort: UMSETZEN.

Es geht darum, aktiv in die Handlung kommen, aktiv etwas zu tun und dranzubleiben, damit die Wunder auch wirklich zu dir finden. Doch bevor du losgehst, nimm dir bitte einen Moment, um bei dir selbst anzukommen. Wie fühlt es sich an, jetzt zu starten, neue Wege zu gehen, weiterzuwachsen, andere Dinge auszuprobieren und dich zu zeigen?

Was macht die Vorstellung mit dir, sichtbar zu werden – mit allem, was dich ausmacht? Denn ohne Sichtbarkeit geht es nicht.

Vielleicht spürst du Freude, vielleicht auch Unsicherheit. Alles darf da sein. Denn Umsetzung beginnt nicht im Außen, sondern in dir. In deiner Haltung. In deiner Erlaubnis, dich ernst zu nehmen.

Genau das ist Persönlichkeitsentwicklung auf der Seins-Ebene: Du darfst dich Schritt für Schritt mit dir selbst verbinden und aus dieser Verbindung heraus handeln.

Das heißt: Willst du ein Business haben, ist es aus meiner Sicht unabdingbar, online sichtbar zu werden. Dann darfst du den ersten Schritt machen und in die Sichtbarkeit kommen – zum Beispiel, indem du dir ein Profil in den Sozialen Medien (z.B. Instagram, Facebook, LinkedIn, YouTube, TikTok, …) anlegst. Wähle einen Kanal aus, der dir am meisten liegt. Lade nun ein Bild von dir hoch, mit deinem Gesicht. Es geht nicht um Perfektion, um Schönheit – sondern ums Echtsein.

Die Menschen möchten dich sehen. Nicht dein Haustier, nicht einen idyllischen Waldweg, nicht deinen Rücken oder deinen Hinterkopf – sondern **dich**. Groß oder klein, geschminkt oder ungeschminkt, mit Locken oder glatten Haaren, das ist völlig egal. Wichtig ist:

*Wie willst du wahrgenommen werden?*

Schau dir ruhig andere Profile an – aber bitte ohne dich zu vergleichen. Spür stattdessen mal rein: Was gefällt dir? Was spricht dich an? Wo klickst du gerne aufs Profil und magst mehr erfahren und weshalb? Oft ist das ein Spiegel dessen, was auch in dir schon schlummert.

Also: Nimm dein Handy, mach ein Selfie. Wähle einen Hintergrund, der dir gefällt – draußen in der Natur oder ganz schlicht.

Um dich weiblicher zu fühlen, trag Lippenstift auf, tusch dir die Wimpern, so, als würdest du zu einem schönen Date mit dir selbst gehen.

Ich selbst liebe die Abwechslung. Mal bin ich mit rotem Nagellack unterwegs – früher hätte ich mich das im Business nie getraut, manches war sogar ein No-Go. Heute zeige ich mich mal geschminkt, mal ganz pur, mit einem Pickel oder meinen Naturlocken und ihrem natürlichen Drall.

Es geht um das, was **für dich** stimmig ist.

Also: Spür hinein, trau dich und lauf los. Geh weiter.

Zeig dich. Handle. Setze um.

Nutze das Tuniversum für deinen ganz eigenen Erfolg.

# ERREICHEN

*Umsetzen ist das eine – Erreichen das andere.*

Nur weil du aktiv bist, heißt das noch nicht, dass du dich auch erfüllt fühlst.

Erreichen bedeutet zu spüren, dass es wirklich bei dir angekommen ist. Doch wenn du aktiv umsetzt, bekommst du automatisch Reaktionen, die du wahrnehmen darfst.

Ziele sind individuell und variieren von Person zu Person. Und das ist gut so, denn wir alle sind unterschiedlich und jeder will etwas anderes erreichen. Jede Unternehmerin zieht auf ihre ganz eigene Weise Menschen in ihr Leben und in ihr Business.

Wenn du etwas erreichen willst, egal ob privat oder geschäftlich, dann ist es natürlich in erster Linie wichtig, dass du dein Ziel kennst und für dich definiert hast.

Hierzu hast du schon einiges im Teil *Vision(en)* gelesen. Das heißt: Wenn du ein Ziel hast, dann sollte dein Fokus auf der Erfüllung und dem Erreichen dieses Zieles liegen.

Doch woran kannst du nun erkennen, dass du dein Ziel erreicht hast?

- Indem du ein Gefühl von innerer Erfüllung und Zufriedenheit spürst. Du wirst stolz sein und dich überaus glücklich fühlen.
- Indem du ein messbares Ergebnis erkennst, zum Beispiel, wenn du sichtbarer werden willst: Dann bekommst du vielleicht erste Freundschaftsanfragen, gewinnst Follower, erhältst Likes, und Menschen beginnen, sich für dich zu interessieren.
- Indem du die Veränderung in deinem Leben wahrnimmst. Das Erreichen eines Ziels zeigt sich oft auch in deinem Verhalten: Du entwickelst Routinen. Deine Beiträge schreiben sich leichter. Du postest regelmäßiger. Es fällt dir leichter, passende Fotos auszuwählen. Du nimmst wahr, wenn Menschen kommentieren, weil sie wirklich deinen Worten zuhören.

Und ganz nebenbei wächst deine Leichtigkeit. Dein Spaß am Tun nimmt zu – weil Wiederholung Vertrauen schafft. Und je öfter du etwas denkst, fühlst und tust, desto selbstverständlicher wird es für dich.

> Auch wenn du selbst spürst, dass du noch nicht ganz da bist und du noch nicht das Ergebnis wie vorgestellt erreicht hast, dann kannst du dich liebevoll fragen:
> Was braucht es noch?
> Was kann ich tun, um mein Ziel zu erreichen?
> Was kann ich tun, damit ich unabhängig und frei werde?
> Was kann ich tun, damit ich keine Unterstützung mehr von Dritten benötige?

Du wirst merken, die Antworten kommen, wenn du dir selbst vertraust. Und wenn du bereit bist, gemeinsam mit dem Tuniversum deinen Weg zu gehen.

## IMMER DEN SPASS MITNEHMEN

Vertraue auf Leichtigkeit und Freude. Durch dein Denken und dein Vertrauen in dich, durch dein lösungsorientiertes Denken, kannst du ab jetzt nur Freude erfahren, weil du genau weißt: Es gibt immer eine Lösung. Immer. Selbst dann, wenn unsere liebsten Menschen von uns gehen, können wir mit ihnen verbunden bleiben und mit ihnen ins Gespräch gehen. Selbst dann, wenn uns etwas Tragisches widerfahren ist, können wir die Dinge verändern, die Geschichten neuschreiben und zu uns schauen, uns liebhaben. Denn **das, was war, das war.**

Glaube an die Liebe, hab Spaß im Leben, denn das alleine kannst nur du übernehmen. Wenn du Spaß hast im Leben, liebst du, was du tust. Auch in den Momenten, wo du mal auf eine Aufgabe weniger Lust hast. Du packst sie einfach an. Ja, du machst aus Schwere Leichtigkeit und freust dich nachher umso mehr, dass du es einfach getan hast.

Seitdem ich mit meinem Herzensprojekt gestartet bin und mein Happy Business für mich gefunden habe, ihm nachgehe und es stetig wachsen lasse, habe ich wahrgenommen, was dieser Satz bedeutet: Liebe, was du tust. Dabei kommt mir gleich der Song von Fargo in den Sinn: „… wenn du liebst, was du tust, wenn du lachst.“ Gutes Gefühl. Ich mag ihn einfach.

Wichtig ist und bleibt: Du darfst weitergehen, Schritte setzen und aufgeben ist keine Option. Hol dir deine Stabilität. Geh für dich und deine Träume los.

Hab Spaß und feiere dein Leben. Das Leben ist zu kurz für irgendwann. Entscheide dich für die Freude, den Spaß und die Leichtigkeit. Mach es einfach – immer und immer wieder.

*Du kannst jede Sekunde neu wählen.*
*Lebe Freiheit und liebe dein Leben.*

Und jetzt lass uns springen ins Tun – und dein Happy Business erschaffen.

Du bist nicht allein auf deinem Weg und wenn du Fragen hast oder dir innere Klarheit wünschst, findest du mich hier:

# Tun

## ANFANGEN, LOSGEHEN, UND ZWAR UNPERFEKT PERFEKT. EINFACH MACHEN.

Wie du dein Business aufbaust und
die nächsten Schritte einfach setzt.

# 1. REISE

## ENTSCHEIDEN

Du willst etwas anderes – auch, wenn du noch nicht genau sagen kannst, was.

Dir geht es gut. Und doch bist du manchmal darauf angewiesen, deinen Partner, deinen Mann oder deine Eltern um ein paar Euro zu bitten oder bekommst hier und da etwas zugesteckt.

Auf der einen Seite funktioniert das irgendwie. Du genießt deinen Lifestyle, leistest dir, was du brauchst. Aber auf der anderen Seite ist da eine leise, hartnäckige Sehnsucht danach, etwas Eigenes zu erschaffen. Etwas, das dir wirklich gehört und womit du erfolgreich dein eigenes Geld verdienst.

Tief in dir weißt du: Da wartet mehr.

Ich habe dir bereits erzählt, dass ich im Familienunternehmen meiner Eltern mitgewirkt habe, während ich gleichzeitig das eigene Beratungs- und Accounting-Business tagtäglich bediente, welches ich 2005 gegründet hatte. Das sieht auf den ersten Blick nach einer erfolgreichen Karriere aus. Und doch war ich nicht immer glücklich damit und zufrieden.

Auf der Suche nach dem Business, das mich glücklich macht – nach meinem Happy Business – und dem Ankommen in meinem Herzen veränderte sich alles, denn ich hatte mich auf den Weg gemacht. Das, was war, wollte ich nicht mehr. Was ich wirklich wollte, war allerdings noch unklar.

Und das kann sich erst einmal seltsam anfühlen; vielleicht sogar ein bisschen verrückt.

Ich kenne solche unklaren Momente gut und habe sie bereits in meiner Schulzeit erlebt. Nach der siebten Klasse Realschule wechselte sich in die achte Klasse Gymnasium und war für einen Moment überfordert von den Anforderungen und all dem Lehrstoff, den ich nachzuholen hatte. Ich durfte noch mehr lernen und musste meine Freizeit dafür nutzen, vorwärtszukommen. Hat mir das gefallen? Nein, ganz bestimmt nicht.

Zum Halbjahr der zehnten Klasse sah mein Zeugnis nicht berauschend aus. Dank meiner Eltern – DANKE! – hatte ich damals zwei Optionen: Entweder ich „kneife“ die Pobacken zusammen, lerne, ziehe durch und habe keine Freizeit mehr – oder ich begebe mich auf die Suche nach einer Ausbildungsstelle und beende die 10. Klasse mit einem Realschulabschluss. Ich habe mich für die zweite Variante entschieden.

Auf einmal war alles wieder ganz einfach, weil ich neue tolle Leute an meiner Seite hatte. Wir haben gemeinsam gelernt, uns mit selbstgekochten Spaghetti (mit Ketchup und Käse!) gestärkt und gegenseitig motiviert. So hat die Sache einfach funktioniert und ich habe die 10. Klasse gut abgeschlossen.

Doch vor dem Abschluss gab es noch „die Qual der Wahl“. Meine Klassenkameraden hatten ihre Bewerbungen auf eine Ausbildungsstelle schon in den Halbjahresferien rausgeschickt. Doch für welche Richtung sollte ich mich nun auf die Schnelle entscheiden? Die ursprünglich von mir angestrebte Banklehre war auf Grund des fehlenden Abiturs nun erst recht nicht mehr möglich. Außerdem war ich zu spät dran zum Mitbewerben auf andere Stellen und ich hatte keine Ahnung, was ich stattdessen tun könnte. Nach langem Hin und Her, Gesprächen innerhalb der Familie und guten Ratschlägen von allen Seiten gab es dann für mich eine ganz klassische Ausbildung beim Steuerberater und im Steuerwesen. Ein paar Jahre später fasste ich sogar noch den Entschluss, Betriebswirtschaft im Abendstudium zu studieren.

> Aus heutiger Sicht ist mir bewusst, dass wir wirklich vieles lernen können, ohne zu studieren. Nämlich dann, wenn wir uns für eine Sache aufrichtig und brennend interessieren – ja, wenn wir sie wirklich wissen wollen und neugierig sind.

Ich war damals ehrlich gesagt nicht immer voller Freude an meiner Ausbildung interessiert und doch bin ich heute dankbar für meinen alten Weg, für meine Ausbildung, das Wirtschaftsdiplom, die Erfahrungen und das Wissen, was mir heute niemand mehr nehmen kann.

Würde ich aus heutiger Sicht nochmals studieren? Wahrscheinlich nein. Weil ich glaube, dass es in vielen Branchen und Bereichen wunderbar ohne ein Studium geht und wir uns vieles in Eigenregie aneignen können. Wollte ich heute noch einmal studieren, würde ich mich für den Bereich Persönlichkeitsentwicklung, Psychologie und Spiritualität entscheiden.

*Denn alles beginnt mit und in uns. Und alles, was wir uns erträumen, können wir erreichen.*

Nun denn, mit all diesem Wissen hatte ich damals neben dem knatschigen Gefühl „Ich weiß nicht, was ich will" zusätzlich den zermürbenden Gedanken: „Was kann ich denn schon?" Mit der ebenso wenig wertschätzenden Antwort: „Nicht wirklich viel."

Wenn ich heute darauf schaue, fällt mir auf, wie selbstzerstörerisch mein Denken teilweise war. Wenn ich heute meine Kundinnen sehe, erkenne ich jedoch, dass ich kein Einzelfall war. Die meisten zauberhaften Frauen tragen dieses Gefühl in sich, nicht genug zu sein. „Wer will denn schon hören, was ich zu sagen habe, wer will schon gerne sehen, was ich zu geben habe ..."

Verrückt und doch so wahr. Kennst du das?

Mit diesem Gefühl bin ich losgegangen auf dem Weg zu meinem Happy Business und dem „Ankommen – wie geht's?".

Als mir meine Freundin Antje 2008 zum ersten Mal von ihren Coachingerfahrungen erzählte, wurde ich aufmerksam. Ich fragte mich, ob es da jemanden geben könnte, der mir beim Sortieren meiner Gedanken hilft und mir eine Antwort darauf geben kann, wohin meine Reise gehen soll.

Ich hatte mich kurz belesen, denn mein Verstand brauchte natürlich Input. Was machte so ein Coach denn wirklich?

Dann traf ich eine Entscheidung: „Ich will Veränderung! Ich will das Coaching ausprobieren." Und bestimmt hatte ich die Hoffnung, dass diese Coachin, die ich wählen würde, mir helfen könnte. Heute weiß ich: Es geht nicht ums Helfen, sondern viel mehr um die Energie des Coaches – alles andere kommt sowieso. Coaches legen jenen Weg frei, der bereits in dir wartet, gegangen zu werden.

Ich machte mich auf den Weg, probierte zwei Coaches aus, fand regional schnell jemanden Passenden und begann mit den ersten Coaching-Sessions.

Parallel las ich die ersten Bücher, die ich damals von meiner Freundin Moni, mit der ich ebenfalls eng verbunden war, geschenkt bekam. Wir lagen im Sommer bei ihr auf der Decke und ich saugte die Bücher förmlich auf. „Der Mönch, der seinen Ferrari verkaufte" und eines von Lothar Sievert und „Das Powerprinzip" von Tony Robbins.

Sechs Monate später war mein Coaching beendet – und anstatt in meinem Business weiterzukommen, hatte ich in Wahrheit viele persönliche Themen angeschaut und teilweise gelöst. Die Bücher, welche ich verschlungen hatte, hatten eine ähnliche Wirkung. Und so beschloss ich – koste es, was es wolle – zu einer Tony Robbins-Veranstaltung zu reisen, denn er hatte mich am intensivsten inspiriert. Ich traf also erneut eine Entscheidung.

Und nein, ich wusste damals nicht, wie ich das finanziell hinbekommen sollte – und doch habe ich es mir möglich gemacht. Trotz meiner wenigen Brocken an Englisch stand mein Entschluss fest: „Ich bekomme das hin, denn ich will das."

Bis es jedoch so weit war und Rimini anstand, denn dort sollte die 6.000 Mann-Veranstaltung stattfinden, beschäftigte ich mich weiter mit Thema Coaching. Meine eigenen Coaching-Sessions hatten es mir angetan und mich beflügelt – nun wollte ich die Seiten wechseln und ebenfalls Coach werden! Rasch fand ich eine sehr gute Akademie, die Business-Coaches ausbildete, und so traf ich die nächste Entscheidung, ohne zu wissen, wie alles gehen würde.

*Heute weiß ich: Das WIE ist nicht entscheidend! Entscheidend ist, WER du wirst auf dieser Reise!*

Ich entschied mich für die Business-Coach Ausbildung – nicht für eine Life-Coach Ausbildung, sondern mein Herz schlug fürs Business. Ich liebe die Businesswelt, sie bereitet mir selbst Freude, und ich liebe es, andere Menschen auf ihrem Weg ins Business zu begleiten, sie mit ihrem eigenen Unternehmen wachsen zu sehen und sie auf ihrer Reise zu unterstützen.

Mein Herz ging auf, ich fühlte mich bei mir angekommen, beschäftigte mich mit Neurolinguistik und von da an zusätzlich mit positiver Psychologie und Spiritualität.

So ging ich weiter und weiter und immer weiter. Auch heute ist das noch so: Ich treffe klare Entscheidungen, zögere nur noch selten, kurz: Ich mach's einfach. Ich weiß, was ich will und was ich nicht mehr will.

> Entscheidungen zu treffen, ist das A und O eines erfüllten Lebens. Wer lange zögert, zögert oft zu lang und trifft nie eine Entscheidung (was letztlich auch eine Entscheidung ist – doch selten zu deinem Gunsten). Unbewusst wählst du damit den bequemsten Weg, sodass alles so bleibt, wie es ist, auch dann, wenn es unbequem wird. Auch dann, wenn die Träume nur Schäume bleiben.

Ganz sicher ist das nicht dein Herzenswunsch. Ganz sicher willst du mehr vom Leben – und deshalb hältst du auch dieses Buch in der Hand.

Ich kann dir nur sagen: Heute weiß ich, was „Ankommen“ für mich bedeutet. Es war nie ein bestimmter Ort im Außen, sondern der in meinem Herzen.

Und gleichzeitig ist dieses „in mir ankommen“ kein einmaliger Moment. Es ist eine Erfahrung, eine lebendige Entwicklung, die immer wieder bewusste Reflektion braucht. Eine Reise ohne ein finales Ziel und doch mit klarem Kompass.

Heute bin ich angekommen in meinem Herzen. Und ich liebe, was ich tue.

Als Mentorin begleite ich Frauen, die ihre Träume nicht länger auf morgen verschieben wollen. Frauen, die ihre eigene Idee in die Welt bringen, ihr eigenes Business aufbauen und sich auf den Weg machen, finanziell unabhängig zu werden. Ja, ich bin für die da, die ihren ganz persönlichen Erfolg leben wollen mit Klarheit, Lust und vollem Herzen.

Ich habe mein Herzensbusiness gefunden, mein Feld – auf dem mein Herz tanzt. Es ist das, was mir Freude macht, und ich wünsche mir von Herzen, dass du deins auch findest.

## ENTSTAUBEN

Als meine Entscheidung klar war, Mentorin zu werden, durfte ich beginnen, mein bis dato schon bestehendes Offline-Business aufzuräumen.

Es war tatsächlich eingestaubt. Zwar lief es gut, doch inhaltlich plätscherte es gleichförmig dahin. Mein Unternehmen befand sich in einem Fahrwasser, das ich so nicht mehr wollte. Um ehrlich zu sein: Ich war seiner schon lange überdrüssig geworden. Zusätzlich war ich im Unternehmen meines Vaters noch voll integriert.

Ich stellte mich der Frage, was nun zu tun ist und wie ich am besten anfangen sollte. Doch ich fing an, umzusetzen, bevor ich vollkommene Klarheit hatte.

Unterstützt durch ein Coaching-Programm, in dem ich selbst Teilnehmerin war, wurde ich jedoch im Tun immer zielgerichteter. Ich packte eine Aufgabe nach der nächsten an, sortierte mich, begann mein Unternehmen zu entstauben und wir fanden Unterstützung für das Büro meines Vaters. Plötzlich lösten sich die Dinge größtenteils und nach und nach wie von selbst. Ich kam in den Flow und schaffte Platz für mein Herzensprojekt.

Meine Erkenntnis:

*Es ist völlig egal, ob du im Unternehmen deines Partners mitarbeitest, im Familienbetrieb eingespannt bist, deinem Mann den Rücken freihältst oder vielleicht selbst schon ein Unternehmen führst, das längst seinen Glanz verloren hat:*
*Ja, selbst dann darfst du trotzdem schon losgehen.*
*Für dich. Für dein eigenes Business.*
*Für deinen Herzenswunsch.*

*Es ist möglich, aufzuräumen und zu entstauben, Klarheit zu schaffen, Ballast abzuwerfen und gleichzeitig Neues entstehen zu lassen und gleichzeitig Schritt für Schritt dein Herzensprojekt aufzubauen. Weil du es darfst.*
*Und weil es an der Zeit ist.*

Und na klar, kannst du jederzeit starten und loslegen, und

- deine Träume verwirklichen.
- für deine eigene Unabhängigkeit einstehen
- Mut für deine Veränderung fassen
- dir erlauben, Geld zu verdienen und zu vermehren
- dein eigenes Business in die Welt tragen, für ein Leben, was du liebst
- dein Business aufbauen.

… unabhängig davon, was du im Außen schon hast oder eben nicht hast.

Und jetzt?! Starte. Geh los. Auch wenn du noch Altes aufräumen und entstauben darfst. Der perfekte Zeitpunkt? Der ist immer:

*JETZT.*

## LIEBEN

Wenn du liebst, was du tust, bist du unaufhaltsam. Wenn du liebst, was du tust, ist diese Tätigkeit das größte Geschenk, das du dir machen kannst.

So fühlt es sich für mich an, wenn ich wachse. Ab und an kommen mir vor lauter Dankbarkeit die Tränen.

*Liebst du, was du tust?*

Woran merkst du, dass das, was du tust, auch wirklich das ist, was du liebst? Hier ein paar Impulse:

1. Eines der Anzeichen ist das Kribbeln in dir und das Gefühl der Aufregung, wenn du dich auf deine Reise begibst. Du fühlst dich erfüllt und du spürst die Leidenschaft bei dem, was du tust

und was du auf den Weg bringst; geprägt von Freude und Erfüllung. In dir steigt ein Gefühl von Größe und Selbstvertrauen auf, das deine Fähigkeiten und deine Talente aufblühen lässt, und das dich dabei beflügelt, dein Potenzial immer mehr auszuschöpfen.

2. Ein zweites Anzeichen deiner Liebe zu dem, was du tust: Du bist motiviert und engagiert. Selbst dann, wenn die Arbeit herausfordernd ist, treibt dich die Liebe zu dem, was du tust, dazu an, weiterzumachen, zu lernen und dich zu entfalten.
3. Du verlierst oft das Zeitgefühl, wenn du in deiner Tätigkeit vertieft bist. Stunden können dir wie Minuten erscheinen, weil du so in dem Moment aufgehst.
4. Wie oben schon erwähnt, fließen mir ab und an die Tränen. Du verspürst ein Gefühl von Dankbarkeit dafür, dass du das Privileg hast, genau das zu tun, was du liebst. Du fühlst dich dankbar und glücklich darüber, dass du jeden Tag etwas tun kannst, das dich zutiefst im Herzen erfüllt.

Eine weitere entscheidende Frage auf diesem Weg ist die Frage nach dem **WER. Wer wird meine Firma sein, was wird sie tun?** Ja, du darfst dir dein Business bei dieser Frage wie einen Menschen vorstellen: Es hat ein Gesicht, eine Stimme und eine Aufgabe in dieser Welt.

Und so bin ich mit meinem Business und mit dem losgegangen, was eben da war: Von „Leicht gründen", „Buchhalten und Zahlen verstehen" über „Unternehmerinnen-Know-How" und den „Coach für dein cooles Business" bis hin zum „HellerZauber".

Was für eine Odyssee, was für eine Reise!

Alles gehörte zu meinem Prozess dazu. Und, wenn ich es heute betrachte, dann waren es vor allem blindes Vertrauen und pure Hingabe, die mich starten ließen, auch mit etwas, das noch nicht perfekt war. Es folgte ein Lernprozess, ein Annehmen jedes Moments, und zwar all dessen, was da ist; selbst dann, wenn es sich noch nicht vollkommen anfühlte. **„Liebe den Moment. Liebe das, was ist“**, wurde zu meinem täglichen Mantra.

Ich spürte schon, dass es noch nicht perfekt war. Doch da war dieses Kribbeln, das mich nicht mehr losließ; wie ein leiser Ruf aus der Tiefe meines Herzens. Noch nicht so kraftvoll wie heute, wenn ich vom HellerZauber spreche und doch spürbar genug, um weiterzugehen. Das war der Beginn meiner Reise.

Heute kann ich sagen: Ich bin unperfekt perfekt gestartet.

Diesem Motto folge ich noch heute.

Selbst mein Podcast *„Happy Business – glücklich, selbstbestimmt und frei als Unternehmerin“* ist eher unperfekt gestartet, da die richtige Technik noch fehlte. Ich wusste damals nicht, wie ich meinen Podcast ganz leicht und locker einsprechen kann – und manchmal habe ich selbst heute noch das Gefühl, dass es noch einfacher möglich ist. Und ich weiß: Das kommt.

Wenn du Lust hast, auch außerhalb des Buches in
meine Energiewelt einzutauchen: https://hellerzauber.de/podcast/

Worum geht es also wirklich?

Um das TUN.

Anfangen, losgehen, und zwar unperfekt perfekt. Einfach machen.

*TUN beginnt nicht im Außen –
sondern bei dir selbst.*

In den kleinen Dingen. In deiner Haltung zu dir, zu deinem Leben, zu deinem Business.

Noch ein kleines Beispiel aus meinem eigenen Weg: Ich habe dreimal versucht, meine Website aufzubauen – und erst beim dritten Anlauf ging sie wirklich online. Warum?

Es gestaltete sich für mich zäh, eine professionelle Website aufzustellen. Aus heutiger Sicht war einer der wichtigsten Gründe, dass ich diese Website und das Business noch nicht fühlte. Ich wollte nicht mit etwas nach außen gehen, das ich selbst noch nicht verkörpert hatte.

Ja, ich bewegte mich auf einem Businessfeld, in dem ich mich zwar sehr gut auskannte und es dafür auch Nachfrage gab und trotzdem: Es war noch nicht hundertprozentig das, was ich aus tiefsten Herzen tat und in der Zukunft arbeiten wollte. Ich war innerlich nicht bereit. Und ich war gehemmt, sichtbar und groß zu werden. Das mag verrückt klingen, ist es aber nicht. Viele Frauen scheuen davor zurück, wirklich sichtbar zu werden mit dem, was sie tun. Und so versandeten all die Stunden am Rechner ohne Ergebnis, ohne echte Resonanz. Und das macht den Unterschied.

Erst mit meiner eigenen Ent-wicklung, mit einer neuen Klarheit, mit dem bewussten Hinschauen auf das, was mich zurückhielt, kam Bewegung in den Website-Prozess. Ich hatte mein Businessfeld gefunden und mein Herz tanzte vor Freude. Plötzlich waren die Inhalte, die Texte dafür da. Sie flossen einfach aus mir heraus, ganz natürlich, ganz leicht. Es war der richtige Zeitpunkt. Die ersten Kundinnen von außen kamen, die mich online und meine Website gefunden hatten. Das war wie ein Signal für mich. Jetzt spürte ich es: dieses Kribbeln, dieses wohlige und verliebte Gefühl. Ich war angekommen im Herzensbusiness.

Heute bin ich verliebt in meine Website und sie ist genau richtig. Ich tobe ich mich darin aus, lasse meine Energie sichtbar werden und zeige meine Professionalität. Meine Angebote dürfen jetzt auch außerhalb der sozialen Medien sichtbar sein. Zusätzlich erreiche ich meine Community, meine Kundinnen über meinen HellerZauber-Impuls; genau da, wo sie offen sind, mich zu empfangen.

Mehr HellerZauber und Impuls auch für dich?
Dann empfange hier.

Wie ich schon an anderer Stelle in diesem Buch gesagt habe: Deine Website muss am Anfang nicht perfekt sein – sie muss nicht einmal da sein.

Du darfst auch ohne Website starten. Ohne alles schon zu wissen. Ohne alles fertig zu haben.

Nur: Komm ins Tun. Lege los. Setze um.

Denn wenn du liebst, was du tust, strahlst du anders. Du denkst größer. Du wächst über dich hinaus. Es ist das größte Geschenk, das du dir selbst machen kannst.

Geh los – mit Liebe, mit Klarheit, mit deiner ganz eigenen Energie. Erlaube dir, deinen Weg immer wieder zu korrigieren und neu zu erfinden. Und wenn dir in deinem Tun die Tränen kommen oder du dieses warme Kribbeln spürst, dann weißt du: Du bist auf dem richtigen Weg.

# 2.
# LOSGEHEN

## SELBSTSTÄNDIGKEIT = SELBTVERANTWORTUNG

Selbstständig zu sein bedeutet, Selbstverantwortung zu übernehmen. Alles geht auf deine eigene Rechnung, abhängig davon, welche Rechtsform du wählst. Aus meiner Sicht reicht es völlig aus, wenn du mit dem startest, was du hast, solange du nur erst einmal beginnst.

Das bedeutet konkret: Es reicht aus, mit einem **Einzelunternehmen** zu starten.

**Unternehmen und Ausland**
Dieser Exkurs ist interessant für dich, wenn du überlegst, eine andere Gesellschaftsform, statt dem Einzelunternehmen zu wählen, und vorhast, ins Ausland zu wechseln.

Mir ist wichtig, dass du schon einmal davon gehört hast, wenn du über eine GmbH- oder eine UG-Gründung nachdenkst und von einem Leben im Ausland träumst oder sogar schon zielgerichtet dahin unterwegs bist. Gerade, weil immer mehr Menschen, auch Unternehmerinnen und Unternehmer, von einem Ort träumen, der ihnen mehr Freiheit schenkt, außerhalb von Deutschland, Österreich usw. liegt, und steuerliche Vorteile bietet.

Wenn du nun deinen Wohnsitz ins Ausland verlagern willst und du Gesellschafterin einer Kapitalgesellschaft bist, dann greift hier die sogenannte Wegzugsbesteuerung (nach §6 Außensteuergesetz (AStG)).

Sie ist eine Sonderform der Einkommensteuer und fällt damit *zusätzlich* an. Über Steuerarten schreibe ich später noch.

Vom Prinzip her unterstellt dir das Finanzamt fiktiv, dass du deine Gesellschafteranteile der GmbH verkauft (im Gesetz wird von Veräußerung gesprochen) hast und damit einen Gewinn erzielen konntest, welcher dann in einem vereinfachten Ertragswertverfahren berechnet wird (§§199–203 Bewertungsgesetzt (BewG)).

In der Praxis kann das zu extrem hohen Steuernachforderungen führen. Dieses Thema ist an dieser Stelle viel zu umfangreich, um hier wirklich ins Detail zu gehen.

Beließ dich selbst, frage Experten. Sie können dir konkretere und detailliertere Auskünfte zu diesem umfangreichen Thema geben.

Und – ganz, ganz wichtig: Frage dich genau, warum du woanders leben willst. Ziehe nicht nur des Geldes wegen weg und um Steuern zu sparen. Sondern mit dem Wissen, weshalb du woanders leben möchtest. Ziehst du von deinem Heimatland, vielleicht sogar von deinem Lieblingsplatz weg, um Steuern zu sparen, obwohl du viel lieber bleiben würdest, kann es gut sein, dass dich deine Sehnsucht nach deinem Heimatland einholt und du wieder unzufrieden wirst. Achte daher auf deine Energie und deine Intention dahinter.

## Selbstständigkeit

Als Unternehmerin selbstständig zu sein, bedeutet für mich, mehr als nur irgendeinen Job zu haben und in den Erfolg zu kommen.

*Selbstständig zu sein, ist Freiheit und Selbstbestimmung pur.*

Es bedeutet auf der einen Seite, dass du die Freiheit hast, deine eigenen Entscheidungen zu treffen und deiner Leidenschaft nachzugehen. Es bedeutet aber auch deine Bereitschaft, Risiken einzugehen und Entscheidungen zu treffen, welche dein Wachstum und den Erfolg deines Unternehmens positiv beeinflussen.

Das Genialste ist, dass du unendlich viele Möglichkeiten hast, deine eigenen Ideen und Visionen endlich zu verwirklichen. Du gestaltest dein Unternehmen, wie du es für richtig hältst, und bringst deine Kreativität mit ein. Du kannst deine eigene Zeit einteilen und den Raum für deine Auszeiten selbst planen, Projekte wählen, die dir am Herzen liegen und die Früchte deiner Arbeit ernten.

> Gleichzeitig bringt die Selbstständigkeit die Entscheidung mit sich, dranzubleiben und immer mehr die Verantwortung für dein eigenes Einkommen zu tragen.

Mit der Entscheidung, selbstständig zu sein und etwas zu tun, was du liebst, übernimmst du die volle Verantwortung für dich und dein eigenes Unternehmen, welches du leitest und führst. Du darfst die Dinge deines Unternehmens selbst managen, wie Finanzen, Marketing, Verkauf, Personal … und kannst dir gleichzeitig jemanden an deine Seite holen, der dich unterstützt.

Jede Frau wird ihre eigenen Erfahrungen mit der Selbstständigkeit machen. Du Zauberhafte, letztendlich bedeutet Selbstständigkeit, dass du die Verantwortung über deine berufliche Zukunft und damit auch die für deine persönliche Zukunft selbst in der Hand hast. Zusätzlich kannst du endlich deine Leidenschaft und deine Talente umsetzen.

Du kannst nun noch einmal überprüfen, ob die Selbstständigkeit tatsächlich etwas für dich ist.

Für mich als spirituelle Frau hat es eine ganz besondere Bedeutung, selbstständig zu sein. Ich habe damit die Freiheit nach meinen eigenen Überzeugungen zu leben und meiner Intuition zu vertrauen, ja, meinem inneren Kompass zu folgen. Ich habe alle Möglichkeiten der Welt und kann meine persönlichen Werte und spirituellen Prinzipien und Praktiken in meine Arbeit einfließen lassen.

Ich kann meine Leidenschaft nutzen, um anderen Menschen dabei zu helfen, ihr eigenes spirituelles Wachstum zu fördern. Ich kann Menschen inspirieren und ermutigen, ihr volles Potenzial auszuschöpfen.

Selbstständig zu sein, ist die Möglichkeit, unser eigenes Unternehmen zu gestalten und unseren ganz eigenen spirituellen und unternehmerischen Weg zu gehen.

Also, du Wundervolle, wofür entscheidest du dich?

Übernimmst du die Verantwortung für dein eigenes Traumunternehmen? Dein Traumunternehmen, welches sich immer mehr in die Wirklichkeit verwandelt, dich in deinen Erfolg und in deine Unabhängigkeit bringt?

Oder liebst du dein Leben so, wie es ist, und alles kann bleiben wie bisher?

Jeder Weg ist einzigartig.

Jeder Weg ist besonders.

Sei ganz ehrlich zu dir. Nur du kennst die Antwort und du darfst wählen.

Mit einer Selbstständigkeit kannst du deine Träume immer mehr leben, sie Schritt für Schritt umsetzen und dir ein erfülltes Leben erschaffen mit etwas, was du liebst. Das geht auch in Verbundenheit mit deinem Partner, deinem Mann und deiner Familie. Du darfst ein erfolgreiches Business führen und eine liebevolle, erfüllte Partnerschaft leben. Du darfst genug eigenes Geld haben und anderen helfen. All deine Verbundenheit, dein gesamtes Leben, deine Werte – all das darf Teil deines Business sein.

Jeder Mensch hat besondere Bedürfnisse und Vorlieben, und was für mich oder andere funktioniert, mag für dich vielleicht nicht das Richtige sein. Wichtig ist, dass du deine eigene Reise antrittst und deinen Weg findest. Du wirst spüren, was für dich geeignet ist und was nicht.

Denn am Ende geht es darum, deinen Weg wirklich zu leben. Zum einen mit dem, was du hast, und zum anderen mit dem, was dir entspricht.

## DIE RICHTIGE WAHL – DIE EINKUNFTSART

Ich möchte dir noch ein paar allgemeine Infos mitgeben, damit du von Anfang an gut und klar startest. Als selbstständige Unternehmerin hast du verschiedene Einkunftsarten. Je nach Branche wird deine Selbstständigkeit samt der Tätigkeiten, die du ausübst, durch das Gesetz in unterschiedlichen Einkunftsarten gegliedert.

In Deutschland und Österreich sind die 7 Einkunftsarten identisch.

1. Einkünfte aus Land- und Forstwirtschaft
2. Einkünfte aus Gewerbebetrieb
3. Einkünfte aus selbstständiger Arbeit
4. Einkünfte aus nichtselbstständiger Arbeit

5. Einkünfte aus Kapitalvermögen
6. Einkünfte aus Vermietung und Verpachtung
7. Sonstige Einkünfte

In der Schweiz weichen sie ab und werden nur „grob" unterschieden.

- Erwerbseinkommen (aus unselbstständiger und selbstständiger Tätigkeit)
- Vermögenserträge
- Vermögensgewinne
- Übrige Einkünfte

Ich nenne dir nun ein paar wenige Beispiele für die gängigsten Einkunftsarten. Hierzu gerne mehr, wenn du meine Begleitung beim Businessaufbau wählst.

Ein Handwerker zum Beispiel bezieht **Einkünfte aus einem Gewerbebetrieb**, ebenso ein Online-Händler, der mit Ware handelt, ein Buchhalter, Friseure und Kosmetikerinnen.

Hingegen zählen Steuerberater, Rechtsanwälte, betriebswirtschaftliche Berater, Künstler und Heilberufe u.a. zu den **Einkünften aus selbstständiger Arbeit**.

Mentoren, Coaches und Berater können zu beiden Bereichen gehören, je nach Ausübung ihrer Tätigkeiten.

Daher, die richtige Zuordnung deiner Einkunftsart bildet die Basis für die korrekte Handhabung deiner Unternehmens-Steuern von Anfang an.

An dieser Stelle möchte ich nochmals erwähnen, dass mein Buch keine steuerliche noch eine rechtliche Beratung ersetzt und ich dir hier lediglich Impulse gebe, damit du schon mal von Dingen gehört hast, die dir auf deinem Weg in der Selbstständigkeit immer wieder begegnen können.

Daher spreche ich erneut meine absolute Herzensempfehlung aus: Hole dir einen Steuerberater, bespreche dein Vorhaben noch vor der Gründung mit ihm, damit von vornherein eine richtige Zuordnung der Einkunftsart erfolgt.

Investiere dieses Geld, lass dir die Informationen schriftlich geben und bitte achte darauf, dass dein Steuerberater auch dahingehend gut beraten kann. Nicht jeder Steuerberater ist der richtige Steuerberater für dich und deine Branche. Auch Steuerberater sind nur Menschen und können nicht alles wissen, auch wenn sie die Schätze in Form von Gesetzen, Richtlinien, Erlassen usw. kennen und wissen, wonach sie schauen dürfen. Wenn irgendwie möglich, empfehle ich dir, auf der Webseite oder in den sozialen Medien zu prüfen, in welchem Bereich dein Steuerberater Experte ist und worauf er sich spezialisiert hat, damit du die richtige Wahl triffst.

In meiner Branche z.B. nehme ich ab und an wahr, dass Steuerberater für das weite Feld von Beratung, Mentoring und Coaching nicht immer dir korrekte Einschätzung und die korrekte Bewertung vornehmen können. Ja, sie sind sich sogar teilweise nicht sicher, ob sie korrekt beraten, zumal das Online-Business-Feld noch immer relativ jung und vielfältig ist.

Hinzu kommt, dass sich heute viele Menschen einfach so Coach oder Mentor nennen. Wenn du gerade überlegst, dich in diesem Feld selbstständig zu machen oder es schon bist, dann hier noch meine Definition dafür. Denn diese Bezeichnungen sind keine geschützten Berufsbezeichnungen; jeder darf sich mit diesem Titel schmücken auch, wenn er keine entsprechende Ausbildung hat. Gerade deshalb möchte ich dich gerne in die Unterscheidung mitnehmen.

Was macht ein Trainer, ein Berater, ein Coach, ein Mentor? Worin unterscheiden sie sich wirklich?

Ein Trainer trainiert, er lehrt anderen Menschen etwas. Teilweise wiederholt er die Aufgaben immer und immer wieder, bis sie sitzen. Zum Beispiel in einer Sportart, auf der Bühne, in der Musikschule.

Der Berater hingegen berät andere Menschen in den Bereichen, in denen er Experte ist und in denen Menschen sich eine Antwort und eine Lösung wünschen, zum Beispiel betriebswirtschaftlich, unternehmerisch, steuerlich, rechtlich oder allumfänglich in Sachen Unternehmensaufbau und Optimierung..

Der Coach hingegen stellt intuitiv lösungsorientierte Fragen, bei denen der Coachee (so wird der Kunde, die Kundin in der Branche genannt) selbst auf seine eigenen Antworten kommt.

Denn: Alles liegt bereits in uns. Im Coaching passiert es ganz oft, dass der Coachee den Wald vor lauter Bäumen nicht sieht. Zwar liegt die Antwort schon in ihm, doch er dreht und windet sich um sein Problem, statt seine Frage(n) an sich selbst zu verändern. Deshalb ist es so wichtig, dass der Coach die entscheidenden Fragen stellt und einen geschützten Raum für die Antworten bietet.

Ein Mentor hingegen berät und coacht. Er tut beides und ist die Verbindung zwischen dem Berater und dem Coach.

Je besser du weißt, wie dein Business eingeordnet wird, desto freier kannst du es auf deine Weise, in deinem Tempo gestalten.

## DER RICHTIGE START

Ich habe es bereits gesagt: Starte einfach unperfekt.

Du zögerst noch? Das kann ich gut nachvollziehen. 2012 war ich startklar und wollte mein Coachingbusiness in die Welt bringen. Und weißt du was? Ich habe mich nicht getraut. Ich hatte Angst. Von jetzt auf gleich entfernte ich mich emotional immer mehr von meinem Vorhaben.

Ich hatte Geld investiert, war gut ausgebildet und bin dennoch nicht losgegangen, weil ich – das weiß ich heute erst rückblickend – perfekt sein wollte. Als ich damals so weit war, kam plötzlich die Angst angeschlichen und meinte: „Madlen, das willst du nicht wirklich. Bleib doch bei deinen Steuern, bei dem, was du hast, bei deiner Betriebswirtschaft, den Zahlen. Weshalb willst du jetzt andere Menschen coachen, mit Themen, die deine eigenen Themen sind? Die anderen können das doch sooo viel besser als du. Was willst du kleines Mäuschen denn den anderen erzählen? Was kannst du schon coachen? Lass es!"

Und ich bin ganz ehrlich – ich habe damals dieser inneren Stimme vertraut, meinem Verstand. Und so ist es bei den meisten Menschen. Sie glauben ihrem Verstand mehr als ihrer Intuition. Obwohl die innere Stimme, die inneren Impulse die richtigen sind, grätschen die Quatschies permanent dazwischen.

Und genau diese Quatschies, wie Jens Corssen sie bezeichnet, sind die, die dich aufhalten und von deinem Weg abbringen. „Was kannst du schon? Was willst du schon? Gibt doch schon so viele auf dem Markt, weshalb ich auch noch?" usw.

Aber selbst dann, wenn du noch nicht alle Themen für dich gelöst hast, kannst du losgehen. Du liest richtig! Denn du bist deinen Kunden prinzipiell immer einen Schritt voraus, vielleicht manchmal auch mehr als einen und manchmal nur ein wenig mehr. Und so ist es richtig. Du hast deine eigene Herausforderung gemeistert und kannst deine Erfahrung direkt weitergeben. Du hast es probiert und weißt, was nicht funktioniert. Also kannst du helfen.

*Es geht ums Sich-Trauen.*

Du darfst dich trauen, dich zu zeigen und darüber zu reden, was du schon geschafft hast, was du gemeistert hast, worin du gut bist. Es gibt so viele Menschen, die so gerne schon diesen einen Schritt gesetzt hätten, den, den du jedoch schon gesetzt hast. Ja, sie würden alles geben, um ihn zu erleben und zu wissen, wie es sich anfühlt.

Ehrlich, ich weiß, wie es ist, wenn du denkst, weit und breit mit deinem Thema allein zu sein. Egal, ob es die ewig lange ToDo-Liste ist oder das „Ich muss alles allein tun, da kann ich nix abgeben", „Wie soll das gehen ohne Geld?", „Ich habe kein Geld dafür", „Ich bekomme es einfach nicht hin" und „Ankommen, wie geht's?", „Keiner versteht mich", „Keiner kann mir helfen"...

Es war damals eine Qual für mich, ein Gefühl von Versagen und dem Gedanken, dass ich es niemals schaffen werde.

Doch da waren immer noch meine Träume, meine Vision, und sie brachten mich nach und nach immer mehr dahin, wo ich hinwollte, wovon ich träumte. Ich gab sie nicht auf – und bekam die Antworten, nach denen ich suchte.

Und als Sven, ein Bekannter von mir, 2017 auf dem Weihnachtsmarkt zu mir sagte: „Madlen, schau dir doch mal diese Business-Coachin an – die könnte was für dich sein …" Einige seiner Network-Kontakte waren bereits bei ihr gewesen und begeistert von ihrer Arbeit. Folgte ich seiner Empfehlung und lernte meine erste richtige Business-Coachin kennen. Ich habe mir einen Tag gebucht, danach mehrere Programme und bin mit ihr so richtig in die Tiefe gegangen.

Auf einmal verstand ich wirklich, weshalb ich mehrere Anläufe nehmen durfte, bis ich tatsächlich gestartet bin.

Nun stell dir vor: Mein Verstand wollte mich zwischendrin sogar noch zur Steuerberaterprüfung bringen, obwohl ich bereits davor schon voll war mit Kunden, permanenten Fristen, Aufgaben und dem Paragraphendschungel. Ein Jahr Vorbereitungskurs in Berlin. Er hat wirklich alles versucht, um mich im alten Trott zu halten – eben in dem, was er kannte und dem er vertraute.

Doch mit dem Einstieg ins Business-Coaching-Programm begann der Deep Dive zu mir selbst und den darin verborgenen Themen. Ich öffnete Stück für Stück die Büchse der Pandora. Ich erlebte Heilung, ich erlebte Wut, spürte alten Schmerz, tiefe Traurigkeit und danach Dankbarkeit. Ich fing an, immer mehr zu vergeben, nahestehenden Personen oder denen, die sich mir eng verbunden fühlten, und ich begann loszulassen.

Wie durch einen Zauber erlaubte ich mir endlich, mit etwas Neuem zu starten, genau mit dem, was ich hatte – meinen Zahlen, meinem Steuer-Wissen, meiner BWL-Expertise und meinem Business-Coaching.

Zurück zu dir.

**MOMENTUM:**

Wo zieht es dich hin?
Was fühlst du?
Wo brennt es dir unter den „Nägeln"?
Und, was hast du der Welt zu geben und was möchtest du gerne verändern?
Was willst du in die Welt tragen?
Nimm dir dein Journal und lass den Stift wieder laufen.

*Das, was dir wichtig ist in deinem Leben und das, wofür du stehst – das darfst du miteinander verknüpfen.*

Und erlaube dir zu wachsen. Shake den Status Quo!

Wie viele Menschen sind froh, dass sie den Schulabschluss geschafft haben, die Ausbildung, das Studium und sind glücklich darüber, dass sie nie wieder etwas lernen müssen.

Und das passiert meistens deshalb, weil viele Dinge gelehrt werden und gelernt werden „müssen“, die wir oftmals nie wieder benötigen. Die in der Praxis keine Anwendung finden.

Ich selbst liebe das Lernen inzwischen wieder. Zu lernen, bedeutet für mich, zu wachsen. Egal ob ich ein Buch lese, die täglichen Aufgaben neu betrachte, einen Podcast starte, ein Seminar buche, ein Coaching mache, in einen Austausch gehe – ich wachse stetig.

Aus meiner Sicht heute wäre es sinnvoll, in der Schule Dinge zu lehren, die die Kinder und die Menschen im Leben weiterbringen, wie:

- Wie baue ich mir Vermögen auf?
- Wie kann ich mein Geld vermehren?
- Wie werde ich Unternehmerin?
- Wie geht das mit der Selbstständigkeit?
- Wie kann ich mit meinen Emotionen, z. B. Ängsten und Zweifeln, umgehen und an all den verhindernden Gedanken arbeiten?

Aber stattdessen lernen wir Dinge über längst vergangene Kriege, lernen Gedichte auswendig – die aus meiner Perspektive keiner mehr benötigt –, lernen den Unterschied zwischen armen und reichen Menschen kennen, zum Beispiel anhand des Römischen Reiches, lernen Mathematik. Formeln, Konzepte und Theorien, von denen die meisten für das tägliche Leben nicht relevant sind.

Statt die individuellen Fähigkeiten und Interessen jedes einzelnen Kindes zu stärken und zu fördern, werden Unterrichtsfächer zu Pflichtfächern gemacht, wird Druck ausgeübt, das zu lernen, was du nicht willst.

Aus meiner Sicht jedoch fehlen hier ganz klar die Basics.

Oder hast du in der Schule gelernt, wie du liebevoll und klar in dein Leben startest, wie du dir ein Leben aufbauen kannst, das du wirklich liebst und in dem du gut leben und nicht nur überleben kannst?

Haben dir deine Lehrer erklärt, wie du dein eigener Chef wirst? Wie du mit Ängsten und Blockaden umgehst, deinen Selbstwert steigerst und in die Selbstliebe kommst? Damit du dich so annimmst, wie du bist: nämlich wundervoll, großartig, einzigartig und besonders und vor allem: genug!

Ich möchte hier niemanden verurteilen. Denn die meisten Lehrer sind selbst in einem System groß geworden, in dem all das nicht hinterfragt wurde. Meine Worte sind einfach nur ein Appell, das Gegebene zu hinterfragen.

Nun du Zauberhafte, spür wieder in dich hinein.

**MOMENTUM:**

Was macht dir wirklich Freude?
Was fühlt sich so leicht an, dass du es am liebsten jeden Tag tun würdest?
Und, nicht weil du musst, sondern weil du gar nicht anders kannst?

Hört sich das nicht genial an?!

Vielleicht ist da eine Idee, die schon lange in dir lebt. Vielleicht ist es ein leiser Impuls, der sich jetzt erst zu zeigen beginnt. Egal, ob du noch am Anfang stehst und deine Business-Idee finden darfst, dich entscheiden willst und auswählen wirst. Ganz gleich, ob du schon eine Weile mit deinem Business unterwegs bist und spürst: Es darf sich unbedingt wieder echter anfühlen. Wärmer. Lebendiger. Mehr DU.

Du siehst schon, unabhängig davon, wo du aktuell stehst, ist der Start immer wieder möglich. Er beginnt nicht mit Strategien, nicht mit ausgeklügelten Plänen und Perfektion. Er beginnt immer wieder bei dir. Mit deinem Fühlen. Mit deiner Wahrheit. Mit deiner Idee. Mit deinem Herzen. Und mit deinen Werten.

**MOMENTUM:**
Und jetzt frage dich weiter: Welche Werte tragen dich?
Was ist dir wirklich wichtig – im Business wie in deinem Leben?

Du kannst diese Werte miteinander verknüpfen und in deine Idee bringen, sie leben und sichtbar machen und vor allem mitnehmen in all das, was du tust. Für mich sind es unter anderem Freude, Leichtigkeit, Vertrauen und Freiheit.

Ja, mein Werte sind mein inneres Zuhause und sie geben meinem Business eine Richtung, Energie und auch Tiefe. Und sie erinnern mich immer wieder daran, wofür ich losgegangen bin und gehe.

Wie meine ich das? Businessaufbau darf Freude machen, also entscheide ich mich dafür. Er darf leicht gehen, also entscheide ich mich täglich für Leichtigkeit. Ich darf in mich und meine Kunden vertrauen und auch darauf, dass ich alles erreiche, dass es funktioniert, dass ich alles hinbekomme. Also, wähle ich und entscheide mich dafür.

Gleiches gilt für Freiheit. Will ich mich entscheiden, dass es nicht leicht geht? Dann lebe ich Schwere, dann fühlt sich nichts mehr frei an. Also wähle ich Freiheit – jeden Tag. So kannst auch du die Dinge für dich übernehmen und dich mit dir und deinen Werten und deiner Idee verbinden.

Also, let's go.

## MOMENTUM:
Was sind deine Werte?

Wenn du sie fühlst und sie erkennst, wenn du sie wirklich annimmst, wirst du wissen, wohin dein Weg führen darf.

Und du wirst es wieder lieben, zu wachsen und zu lernen.

Damit es dir leichter fällt,
habe ich dir eine Auswahl an Werten zusammengestellt.

# 3.
# GESTALTEN

## STEP BY STEP

Mit deiner kraftvollen Entscheidung „Ich mache mich selbstständig“ ist der erste Schritt in dein Business gesetzt. Jetzt darf es weitergehen, wenn du dir dein Business erschaffen willst, das du liebst.

Du machst dir Gedanken darüber, was entstehen wird, was du haben willst, wo du mit deinem Unternehmen starten wirst?

Und genau jetzt ist Pippi Langstrumpf dran:

*Werde zum spielerischen Architekten deines Unternehmens!*

Wo wirst du denn starten?

Das meine ich wörtlich. Und meine Antwort ist immer: Am besten zuhause, in deinen eigenen vier Wänden. Falls du einen Ort benötigst, um deine handwerklichen Fähigkeiten auszuüben für dein Herzensprojekt oder einen Lagerraum für deine Produkte, dann mach es dir einfach und schaue, wo du ihn dir in deinem Heim einrichten kannst. Es braucht fast immer für die ersten Schritte kein Büro, keine große Werkstatt, keine moderne Lagerhalle und schon gar kein großartiges Vorzeigeobjekt.

Dein Computer, dein Schreibtisch, eine kleine Werkstatt reichen aus, um zu starten. Liebes, bitte, **mache es dir so einfach wie möglich**! Denke nicht erst um die Ecke. Solltest du tatsächlich zusätzlichen Platz benötigen, damit du dein Business ausüben kannst, frage dich, ob ggf. ein Utensilien-Koffer ausreichend ist, in dem du deine notwendigen Arbeitsmittel transportieren kannst.

Und findest du daheim keine Ruhe, bist dort zu abgelenkt, dann gibt es auch Co-Working-Spaces, Hotel-Lobbys, ruhige Cafés, Bibliotheken.

Sei kreativ und denke an meine Worte: Die Welt steht dir offen, es gibt immer eine Lösung.

*Mach es dir leicht, denn nur, wenn du leicht denkst, wird es leicht werden. Dann kommt alles zu dir.*

Für ein reines Online-Business ist dein Zuhause der ideale Platz für deinen Start. So habe ich es auch getan, das war mein Businessstart.

Mein ehemaliges Wohnzimmer wurde irgendwann zu meinem Büro und das ist noch heute so. Es bedarf keines großen Büros bei meinem Online-Business. Allerdings habe ich die Freiheit: Ich kann wählen, von wo aus ich wirke. Wenn ich vor Ort – an meinem Wohnort bin, bin ich immer noch gerne in meinem Büro. Bin ich bei meinem Partner, kann auch sein Haus mein Büro sein, ein Café, ein anderer schöner Ort. Ich entscheide; genauso, wie du es auch kannst.

> Was jedoch wichtig ist: Es braucht einen festen Ort, an dem dein Business angemeldet ist und wohin deine Post zugestellt werden kann. Ein Ort, an dem du deine Briefe regelmäßig und verlässlich öffnest und beantwortest.

Lass uns einen Blick auf die Gesetze werfen:

Im zweiten Schritt ist es sinnvoll, zu wissen, wo es **Bedingungen, Zulassungspflichten und Grenzen in Form der Gesetzeslage** für deine Selbstständigkeit und Branche gibt. Auf der einen Seite ist es gut und wichtig, dass es für gewisse Branchen Genehmigungen braucht. Da denke ich nur an die Elektriker, die schließlich zuverlässig arbeiten müssen, damit die Kabel richtig und sicher verlegt und angeschlossen sind. Ohne Meisterabschluss und Eintragung in die Handwerksrolle ist das nicht möglich.

Auf der anderen Seite stellen manche Bedingungen auch einen Eingriff in das eigene gedankliche Gut und die Fähigkeiten eines jeden Einzelnen dar. Und doch gibt es irgendwie immer wieder Mittel und Möglichkeiten, andere Wege zu gehen.

Diese Grenzen und Bedingungen sind von Land zu Land unterschiedlich.

> Daher ist es relevant zu wissen, ob du für dein Business eine Genehmigung oder Zulassung benötigst oder nicht.

Hier ein paar Beispiele, damit du weißt, wovon ich spreche: Für das Ausüben von Handwerk benötigst du in der Regel einen Meisterabschluss, ein Gastronom benötigt in seinem Gewerbe Sondergenehmigungen. Um Immobilien zu verkaufen, brauchst du einen Maklerschein und innerhalb von Heilberufen gibt es oft spezielle Auflagen und Genehmigung- und Zulassungspflichten. Es kommt tatsächlich auf die Branche und die Art der Tätigkeit an.

*Schau dir an, was du wie darfst. Mach dich kundig, wie Bedingungen für deine Branche aussehen.*

Wichtig ist: Lass der Unsicherheit keinen Raum. Es gibt fähige Experten und Berater, die wissen, unter welchen Voraussetzungen du dein Herzensprojekt ausüben und gestalten kannst. Die jeweiligen regionalen IHKs (Industrie- und Handwerkskammer) und HWKs (Handwerkskammer) können hierbei gute Anlaufstellen sein.

Auch hier gilt: Nimm es leicht, denn es gibt immer Lösungen und Wege. Wenn du über eine Google-Recherche nicht fündig wirst, dann hole dir die Beraterin und eventuell auch eine fähige Anwältin mit Expertenwissen an deine Seite.

## Geld – die Basis für den Businessstart?

Es gibt finanzielle Unterstützung, wenn du sie willst. Je nach dem, an welcher Stelle du stehst, hast du Möglichkeiten der Bezuschussungen. Von staatlicher Seite gibt es Optionen, sich mit einem durchdachten und stimmigen Businessplan Startkapital, Förderungen oder ein Darlehen von einer Bank zu holen. Es sind meistens Maßnahmen, die nicht von heute auf morgen realisierbar sind und in der Beantragung etwas komplexer sein können.

Aber Achtung! Wenn du vorhast, eine Bezuschussung für deine Existenzgründung, deinen Unternehmensaufbau zu beantragen, musst du **ERST die Bedingungen des Geldgebers oder des Förderers kennen**, **BEVOR du** zum Gewerbeamt gehst oder beim Finanzamt deine Einkünfte als Selbstständige Tätigkeit **anmeldest.** Sonst ist es möglich, dass du keinen Anspruch auf die Bezuschussung hast, wenn deine Anmeldung bereits erfolgt ist!

Gleiches gilt auch für Bezuschussungen von diversen anderen Leistungen, wie z.B. für deinen Businessausbau, für Investitionen uvm. Du solltest auch hier **erst** das entsprechende Angebot des Lieferanten bei der zuständigen Geldgeberstelle **einreichen und abwarten, bis die Genehmigung – schriftlich erfolgt ist, und erst dann den entsprechenden Auftrag auslösen und das Angebot unterzeichnen,** z. B. bei Weiterbildung, Digitalisierung oder sonstigen förderfähigen Maßnahmen.

Mögliche Bezuschussungen erfährst du in Deutschland über die jeweiligen Landes-Förderbanken, die KfW-Bank, Agentur für Arbeit und die BAFA. Auch kann dir bei der Auswahl von Zuschüssen und Förderprogrammen die IHK – Industrie und Handelskammer oder die HWK – Handwerkskammer beratend zur Seite stehen.

In der Schweiz besteht die Möglichkeit für staatlichen Förderungen ebenso. Insbesondere für Start-ups und KMUs = Kleine und mittelständige Unternehmen, sind sie zum Beispiel über den Bund und die Kantone zu erfragen und zu beantragen.

In Österreich gibt es staatliche Förderungen, Zuschüsse, Kredite usw. von seitens des Bundes, der Länder und der Gemeinden.

Die meisten meiner Kundinnen haben keine Startgelder für ihren Businessstart abgerufen. Auch keine Bezuschussungen in Anspruch genommen, sondern haben direkt selbst investiert. Sie hatten keine Lust auf langes kundig machen, beantragen und abwarten. Du darfst für dich entscheiden, wie viel Energie du dafür aufwenden möchtest.

**Steuer – das ist wichtig: Exkurs für Starterinnen**

Nun kommen wir zum nächsten Schritt: Wenn du dein Gewerbe beim Gewerbeamt oder deine selbstständige Tätigkeit anmeldest, bekommst du von seitens der Finanzbehörde einen **steuerlichen Erfassungsbogen**. Den bekommt jeder in Deutschland, der gründet. In Österreich ist es die Betriebsanmeldung beim Finanzamt und in der Schweiz ist es die Anmeldung beim kantonalen Handelsregister. Auf jeden Fall bist du am besten damit aufgehoben, wenn du unmittelbar nach Erhalt mit deinem Steuerberater (in der Schweiz ist es der Treuhänder) in den Austausch gehst, damit dieser mit dir gemeinsam den Erfassungsbogen korrekt ausfüllt. Erst nach der Bearbeitung vom Finanzamt wird dir eine Steuernummer für dein Unternehmen vergeben. In Deutschland und in Österreich wird dir dann auch automatisch die Steuernummer zugeschickt. In der Schweiz läuft es anders, da gibt es dann eine Unternehmensidentifikationsnummer (UID).

Wenn du über deine Landesgrenzen hinaus tätig wirst – bzw. du mit Kunden aus dem Ausland zusammenarbeitest oder Leistungen aus einem EU-Land beziehst –, solltest du gleich im steuerlichen Erfassungsbogen die **Umsatzsteuer-Identnum-**

**mer USt-IdNr.** (manchmal auch ID-Nr. oder **VAT-ID** Nummer genannt) mit beantragen.
Derzeit gilt die Schweiz als Drittland und gehört nicht zur EU. Die USt-IdNr. ist somit nur für Länder der Europäischen Union bestimmt und nicht für das Drittland.

Hast du aktuell keinen Bedarf, weil du weder in ein EU-Land einkaufst noch verkaufst oder Leistungen beziehst, kannst du sie jederzeit später noch beantragen.

Mehr Infos und Tipps zum steuerlichen Erfassungsbogen und der USt-IdNr., wie, du was ausfüllst und auf was du achten solltest, im Unterkapitel „Führung und Gesetzgebung".

## BG und Versicherungen

Was gibt es noch zu wissen? Je nach Branche und Land, wie es z. B. in Deutschland ist, unterliegst du der Pflicht der **Berufsgenossenschaft (BG)**, sobald du Mitarbeiter beschäftigst. Die Berufsgenossenschaft ist zuständig für Arbeitsschutz und Unfallversicherung. Hier gibt es nichts zu tun, die BG´s schreiben dich an, wenn du gründest und Mitarbeiter einstellst.

Des Weiteren gibt es noch das Feld der **Versicherungen**. Hole dir dafür auch deine Experten an die Seite; Menschen, die sich in deiner Branche auskennen und wissen, was *vor allem am Anfang* sinnvoll und was notwendig ist. Es braucht nicht für alles und jedes einen Versicherungsschutz; schon gar nicht am Anfang. Ich halte es für sinnvoll die nötigsten Policen zu haben: eine Selbstständigen-Rechtsschutz-Versicherung und eine betriebliche Haftpflicht-Versicherung.

Bei der **Krankenversicherung** gibt es in Deutschland die Möglichkeit, sich freiwillig gesetzlich oder privat kranken zu versichern.

Freiwillig gesetzlich versichert zu sein heißt, dass du über eine gesetzliche Krankenkasse freiwillig versichert bist.

Privatversicherte sind alle, die in eine private Krankenkasse einzahlen. Am Anfang deiner Selbstständigkeit reicht ggf. eine Familienversicherung aus. Du hast in Deutschland die Wahl, wo du dich versichern lässt. Daher hole dir direkte Informationen und Angebote bei den jeweiligen Krankenkassen ein und vergleiche die Leistungen. Hast du diesen Punkt einmal ordentlich abgeklärt, hast du sicherlich für längere Zeit Ruhe.

In Österreich, der Schweiz, Polen, Belgien und anderen Ländern gelten abweichende Regelungen.

In der freiwillig gesetzlichen Krankenversicherung ist von der Bemessungsgrundlage (BMGL) irgendwann nach oben Schluss. Ab einer gewissen Einkommensgrenze wird sich dein Beitrag nicht mehr erhöhen. Du darfst wissen, dass die freiwillige gesetzliche Krankenversicherung den Beitrag von deinem Einkommen abhängig macht. Dieses Einkommen darfst du jährlich in Deutschland in der Regel mit deinem Einkommenssteuerbescheid nachweisen. Sobald du die Bemessungsgrenze erreicht hast, steigt dein Beitrag nicht mehr weiter nach oben, auch wenn du mehr verdienst.

Bei der privaten Krankenversicherung hängt dein Beitrag von den einzelnen Leistungen ab, welche du mit versichern möchtest. Hier ist dein Krankenversicherungs-Beitrag nicht vom Einkommen abhängig m. E. mehr von den Leistungen, die du absicherst. Jedoch verändern sich die Beiträge jedes Jahr, teilweise tatsächlich jährlich aufsteigend.

Auch das Thema **Rentenversicherung** ist wichtig. Lass dich auch hier grundlegend beraten. Nur du hast es in der Hand und entscheidest, wie du es willst und was aus deiner Sicht gut für dich ist. Es gibt in Deutschland die Möglichkeit, dich von Anfang an von der Zahlung in die gesetzliche Rentenversicherung befreien zu lassen und stattdessen dich selbst abzusichern. Oder aber du zahlst in die gesetzliche Rentenversicherung ein. Wende dich dafür direkt an den Rentenversicherungsträger.

> Ich weiß, all diese Themen hier, sind trockene Themen. Doch du kommst nicht um sie herum und sie gehören zwangsläufig zur Selbstständigkeit. Individuelle Versicherungen kannst du immer noch später und zusätzlich abschließen. **Wie gesagt, lass dich beraten und fang mit den wichtigsten Basics an. Kümmere dich!**

Schieb diese Dinge nicht weg, sondern stelle dich ihnen Schritt für Schritt – dann hast du vorerst Ruhe. Hast du einen guten Berater, dann trefft ihr euch idealerweise regelmäßig, zum Beispiel ein oder zwei Mal im Jahr, und schaut gemeinsam, wo du mit deinem Leben und deinem Unternehmen stehst.

*Und jetzt zurück zur Leichtigkeit und den Dingen, die richtig viel Freude machen.*

Das, was du willst, das, was entstehen soll, das, was du kreieren möchtest. Dein Business.

---

**MOMENTUM:**

Spring rein, tauche ein und habe Spass. Mache deine Vision von deinem Wunschbusiness klar.
Wie willst du dich fühlen in deinem Unternehmen?
Wie ist es aufgebaut?
Wer wird bei dir sein?
Male es in den buntesten und schillerndsten Farben. Beginne deine Reise ins Herzensprojekt. Wie ist er, dein perfekter Tag mit deinem Business? Tauche ein in deinen Umsatz, in deinen Flow.

---

Jeder Schritt zählt. Und je mehr du dir erlaubst, dein Business nach deinen eigenen Regeln zu bauen und zu gestalten, desto mehr wird es deins – Schritt für Schritt. Oder eben: Step by Step.

## SICHTBARKEIT

Damit Menschen dich finden können, musst du sichtbar werden. Deshalb sprechen wir jetzt darüber, wie du auf dich aufmerksam machst, wie das mit den sozialen Medien funktioniert und über mein Herzstück: den wirklichen Businessaufbau. Also nicht nur die Beantragung und dann einfach mal laufen lassen, sondern die Gedanken dahinter. Das was notwendig ist, wenn du ein nachhaltiges Business willst, was profitabel und erfolgreich wird.

Um dich auf dem Markt zu positionieren, darfst du dir klarmachen, was du zu geben hast und wo deine Expertise und deine Leidenschaft dich hinziehen.

Ich unterstütze Frauen wie dich dabei, dein eigenes Business in die Welt zu tragen, für ein Leben, das du liebst und das dich in deine finanzielle Unabhängigkeit bringt. Außerdem gilt meine Liebe und Leidenschaft dem Bewusstsein, der Energie und dem Businesswachstum.

Was ist es bei dir? Wobei willst du helfen, begleiten, unterstützen? Wofür brennst du, wo tanzt dein Herz, wobei hast du Spaß?

Ich liebe es, Frauen darin zu begleiten, sich aus ihren finanziellen Abhängigkeiten zu befreien und sich ein Business aufbauen, von dessen Umsatz sie gut leben können. Ja, ich brenne für dieses Thema, weil es mein Feld ist. Es macht mir Freude, weil ich selbst auf der Suche war und wissen wollte, wie ich mir ein ortsunabhängiges Business aufbauen kann – und weil ich am eigenen Leib erfahren habe, wie es ist, um Geld bitten zu müssen. Weil ich weiß, wie anstrengend es ist, sich im Kreis zu drehen, etwas anderes zu wollen und es trotzdem nicht zu tun.

**MOMENTUM:**
Wobei konkret kannst du helfen, begleiten und unterstützen?

Du weißt es, mach es dir leicht und wisse: Du kannst manchmal den anderen nur einen kleinen Schritt voraus sein und doch ist es genau der Schritt, den dein Kunde haben will. Den er von dir braucht, wobei du ihn unterstützen kannst.

Ganz egal, ob es hierbei um ein Produkt, eine Dienstleistung oder es sich um Sonstiges handelt, ob Buchhaltung, Unternehmensberatung, die richtige Ernährung, Körperarbeit, ob es sich um sexuelle oder sonstige Lebensthemen dreht, Themen in Bezug aufs Business, Tierhaltung, Reinigung, schnelle Autos, Lifestyle, Beauty, Geld, Sport, Gesundheit ….

**MOMENTUM:**
Was zeichnet deine Einzigartigkeit aus?
Wofür hast du ein Angebot?

Finde deine Nische und lasse dich nicht davon beirren, wie viele Menschen da draußen schon ähnliche Themen anbieten, denn du bist anders, du bist einzigartig! Auf dem Markt ist genug für alle da. Daher ist es so wichtig, zu wissen, wo dein Platz auf dem Markt ist. Und auch hier gilt wieder: Es ist nichts in Stein gemeißelt. Du kannst dein Angebot jederzeit verändern.

Überlege dir auch:

Wer wird der Mensch sein, der zu dir kommt, der dich honoriert, der gerne sein Geld an dich bezahlt, es ausgibt, es investiert? Wobei kannst du ihm helfen? Klarheit über deinen Wunschkunden zu haben, ist unabdingbar.

Und je klarer du in allem bist, desto klarer kannst du dich auch im Außen zeigen – zum einen mit deinem Gesicht in den sozialen Medien und zum anderen auf deiner „Über mich"-Seite auf deiner Website. Deine Biografie egal wo, steht für eine Zusammenfassung deiner Person bzw. deines Unternehmens. Dort kannst du kurz und knapp Informationen herausgeben, wofür du stehst, wem du hilfst und was du anbietest, kurz: um welches Thema es sich bei dir dreht. Diese Bio kannst du immer wieder aktualisieren.

> Ich persönlich empfehle dir, für deine Sichtbarkeit einen Kanal zu nutzen, auf dem dein Wunschkunde sich bewegt.

Beispiel: Zu Anfang nur einen Kanal, nicht alle gleichzeitig – zum Beispiel Instagram –, und finde den Kanal, der auch dir Freude macht. Später können es mehrere Kanäle sein. Heute reicht vorerst einer aus. Ich habe mit Facebook begonnen. Heute findest du mich unter anderem auf LinkedIn und auf Instagram; dem Kanal, den ich am liebsten mag.

Denn genau darum geht's: dich zu zeigen – mit dem, was du bist, was du kannst und was du geben willst und für wen. Sei sichtbar, spürbar und echt.

## FOKUS

Ich kann mich noch so gut daran erinnern, wie ich ins Business gestartet bin und nach kurzer Zeit das Gefühl hatte, überrollt zu werden. Ich hatte einen Traum und ich hatte dieses Ziel, zu verkaufen, Umsatz zu machen, mein Business zum Erfolg zu führen. Doch wie nur sollte ich dieses Ziel erreichen?! Dieses Gefühl, ein Angebot zu haben und es nach draußen zu kommunizieren, war die eine Sache – doch wie sollte ich das alles konkret umsetzen?

Mir kamen tausende Fragen zum Thema Sichtbarkeit. Wo finde ich meine Kunden? Welches Angebot ist genau das richtige? Wie bringe ich mich auf dem Markt ein? Wie kann ich Termine vergeben? Wie funktioniert das mit dem Newsletter? Es war eine Flut, die mich fast in die Starre brachte. Es gab einen Moment, in dem ich am liebsten davongelaufen wäre und mein Herzensprojekt wieder über Bord geworfen hätte.

Lass dich darauf nicht ein, lass dich nicht verrücktmachen. Und bitte habe nicht sofort den Anspruch, von vornherein alles selbst zu wissen und zu können.

Nein, ich habe mein Online-Business nicht über Bord geworfen und bin auch nicht davongelaufen. Was ich getan habe und immer tue, ist: *Ich halte den Fokus und ich hole mir Experten an meine Seite und mache eins, nach dem anderen.*

> Damit du den Fokus hältst, brauchst du eine Strategie. Eine meiner wichtigsten Strategien, die bei mir meistens aus einem Impuls heraus entstehen, ist das Setzen von Zwischenzielen. So steuere ich einen Meilenstein nach dem anderen an.

Solch eine Arbeitsweise habe ich nicht gelehrt bekommen. Ich habe intuitiv all die Jahre so gehandelt, ohne mir dessen bewusst zu werden.

Nehmen wir also an, du hast ein ganz großes Ziel, das du erreichen willst. Dann beginnst du zu schauen, wie du von A nach B kommen kannst – und nicht, wie du von A nach Z springst. Das würde dich maximal überfordern. Du beginnst mit einem groben Routenplan für deine Reise – von A nach B nach C nach D usw. Immer wieder schaust du, was der nächste passende Schritt wäre.

*Ganz wichtig:
Schaue nicht auf alle Schritte parallel,
sondern betrachte einen nach dem anderen.*

Ich habe früher immer gesagt, dass ich Multitasking-fähig bin. Heute habe ich für mich erkannt, dass es mir viel mehr innere Ruhe gibt, mich voll und ganz auf eine Sache zu konzentrieren. Doch da ist jeder Mensch anders. Der eine kann mehrere Dinge parallel managen und geht darin auf, der andere ist da vielleicht eher wie ich und erlaubt sich besser den Raum für eine einzige Sache.

**MOMENTUM:**
Zusammengefasst heißt das:

Kenne dein richtig, richtig großes Endziel. Nimm es wahr.
Teile es in erreichbare und attraktive Meilensteine auf und bringe sie in eine logische Reihenfolge.
Nun lege fest, bis wann du jedes Ziel erreichen kannst.

Je klarer dein großes Ziel ist, je stabiler deine Vision steht, desto mehr ermöglichen dir Zwischenziele, dein Endziel zu erreichen. Damit bleibst du motiviert am Ball und kannst die Spur auf deinem Weg halten, während du dich Schritt für Schritt vorwärtsbewegst.

Male dir deine Route auf. Schmücke sie aus in den schillerndsten und buntesten Farben. Mach es, so wie im ersten Kapitel beschrieben: Habe deine klare Vision von dir und deinem Leben.

Es kann immer mal passieren, dass dich alte Programmierungen (dein Autopilot) von deinem Weg abbringen wollen und dass nicht immer alles gerade läuft. Und auch das ist okay. Das darf sein.

*Wichtig ist, dass du die Spur hältst, dass du dein Ziel nicht aus den Augen verlierst.*

Selbst dann nicht, wenn du beginnst, Dinge vor dir herzuschieben. Prokrastination kann anstrengend sein. Doch Dinge einfach aufzuschieben, wird dich nicht ans Ziel bringen. Ich kenne das so gut. Ich bin selbst eine Expertin darin gewesen, Dinge vor mir herzuschieben. Und genau deshalb war meine ToDo-Liste unendlich lang.

Selbst in meiner NLP-Masterarbeit schrieb ich davon und habe so mein eigenes Tool kreiert. Es nennt sich „Fahrt aufnehmen". Dabei geht es um einzelne Zwischen-Häfen, die es braucht, um im Zielhafen anzukommen, wenn du mit deinem Boot unterwegs bist.

Also nimm Fahrt auf und halte den Fokus.

# 4.
# WACHSEIN

## AUFRÄUMEN

Selbstständig zu sein, bedeutet, eigenverantwortlich zu sein. Du darfst Dinge tun, die keiner für dich übernehmen kann. Du darfst Dinge anders machen als der Großteil unserer Gesellschaft, wenn du wirklich selbstbestimmt leben möchtest. Erst dann, wenn dein Unternehmen dein happy Business werden darf, wirst du selbst auch in die Freiheit und die Unabhängigkeit kommen.

*Sei anders, mach es anders und verändere die Welt.*

Ein Happy Business zu führen bedeutet, dass dein Business sich über **gewisse Strukturen** freut – gerade dann, wenn du es startest und auch später, wenn es wächst. Spaß im eigenen Business zu haben, bedeutet für mich, die eigenen Erfolge zu sehen, sie zu feiern und sie immer wieder bewusst wahrzunehmen und sie entsprechend zu vermehren.

MOMENTUM:

**Tagesplanung**

Meine Empfehlung: Beginne von Anfang an und gliedere dir am Abend zu vor grob deinen Tag. Mache dir Pläne, wie dein perfekter nächster Tag aussehen wird!

Schreibe auf, was dir wichtig ist.

Wo willst du hin und was gibt es konkret zu tun?

Was sind die Zwischenschritte?

Diese darfst du dann voller Freude und mit Leichtigkeit angehen und erledigen. Plane dir immer Aufgaben mit ein, die dich vorwärtsbringen, damit du schnellstmöglich Einkommen produzieren kannst. Nutze diese Maßnahmen, um schneller ins Happy Business zu gelangen.

Es ist wichtig, dass dein Business nicht nur ein Hobby bleibt, sondern schnellstmöglich Einkommen generiert, damit du wachsen, weiter aufbauen und dich stetig weiterentwickeln kannst.

Wenn du am Abend deine Struktur geplant hast, gehst du mit einem guten Gefühl ins Bett und dein Kopf kann über Nacht arbeiten und träumen, was am nächsten Tag entstehen wird. Es ist das gute Gefühl, was dich vorwärtsbringt und dich auf den kommenden Morgen einstimmt.

> Noch ein kleiner Tipp: Lass dich nicht zu sehr vom Außen ablenken. Plane für deine privaten Aufgaben – wie zum Beispiel Putzen, Waschen, Kochen, Besorgungen, Austausch mit Freunden, Sport – unbedingt extra Zeiten vor oder nach deinem Business mit ein und auch Pausen für deine Erholungsphasen.

Ablenkung vom Außen sind eine Herausforderung zum „Nein sagen" – gerade in Phasen, in denen dein Tag voll ist und du mit Dingen beschäftigt bist, die zeitnah zu erledigen sind.

Je klarer und strukturierter du bist, desto besser kannst du auch mit 20 Prozent deiner Aufgaben 80 Prozent deiner Ergebnisse erreichen. Es geht darum, **Prioritäten** zu **setzen**. Das ist quasi deine Fähigkeit, dich zwischen den wichtigen Aufgaben und den unwichtigen Dingen zu entscheiden – und ein Schlüsselfaktor für deinen Erfolg.

*Ein gutes Selbstmanagement ist Gold wert.*

Deshalb mag ich es so gerne, mit Plänen zu arbeiten.

Und nein, keine Sorge, ich rede nicht von großen Übersichten und Tabellen oder aufwändigen Tool. Es kann ein einfacher Zettel sein, auf dem du dir eine **Übersicht schaffst für deinen Tag.** Planen ist eine Übungssache, eine gewisse Disziplin, mit der du langfristig gesehen immer wieder gut reisen wirst und dich weniger ablenken lässt.

Ein guter Plan kann dir einen roten Faden für dein gesamtes Jahr geben oder eben für deinen Monat, deine Woche und deinen Tag.

Und wenn es mal anders kommt als gedacht, kannst du zwischendrin auch switchen. Doch mit einem klaren Plan weißt du genau, was du erledigen willst und musst nicht mehr all diese Dinge in deinem Kopf jonglieren.

Auch für mich war das Planen ein Lernprozess. Doch ich durfte mich immer wieder erinnern, wie genial es ist, einen Plan zu haben, damit innerlich aufgeräumt zu sein und vorwärtszukommen.

Egal, ob beim Planen oder bei deinen Aufgaben: Du darfst schnell sein und klare Entscheidungen treffen.

Gerade, dann, wenn du noch wenig entscheidungsfreudig bist, kannst du es mit der **5, 4, 3, 2, 1 – Bäm – Entscheidung probieren**. Ich nutze diese 5-Sekunden-Methode von Mel Robbins gerne. Du kannst dich in Alltagssituationen darin trainieren – zum Beispiel bei der Essenswahl in einem Restaurant. Beim Studieren der Speisekarte habe ich früher immer Ewigkeiten gebraucht, bis ich mich entschieden hatte, welches Essen ich wirklich will. Und manchmal habe ich meine Entscheidung noch vom Geld abhängig gemacht.

> Kleiner Tipp für dich: Mach es doch mal intuitiv. Zähle 5, 4, 3, 2, 1 runter und wähle ein Essen intuitiv aus. Lass es dir munden und viel Spaß beim Ausprobieren!

Kommen wir zurück zu deinen Aufgaben. Ich kann dir herzlich empfehlen, beim Planen reflektiert zu bleiben und dich zu fragen:

**MOMENTUM:**
„Bringt mich die Aufgabe jetzt vorwärts oder hält sie mich eher ab?"
„Ist es eine Aufgabe, die mich eher daran hindert, zum Ziel zu kommen, oder eine Aufgabe, die mich durchstarten lässt?"
„Ist es eine Aufgabe, die mir jetzt schon Einkommen generiert oder eher irgendwann?"

Hier ein paar Beispiele:

1. Ist es jetzt gerade wichtig, deine Zeit in die Gestaltung der Webseite und deiner Visitenkarte zu stecken? Oder könnte es wertvoller sein, direkt in den Austausch mit den Menschen zu gehen, die an dir und deinem Wirken interessiert sind? Denen du jetzt schon helfen kannst, und die vielleicht schon bereit sind, bei dir zu kaufen?
2. Ist es vielleicht sogar produktiver, direkt die Kontaktdaten deiner potenziellen Kunden zu bekommen, anstatt Visitenkarten zu gestalten, drucken zu lassen und zu verteilen? So kannst du gleich ins Gespräch kommen – mit echten Interessentinnen. Du kannst über dein Business sprechen und erfahren, wo sie gerade stehen, was sie brauchen und welche Herausforderungen sie mitbringen. Du kannst dabei sogar auf ihre Bedürfnisse eingehen und dein Angebot ins Gespräch bringen.
3. Wie wäre es, dein Angebot zu entwickeln, statt dich jetzt schon in technische Tools zu stürzen? Denn erst braucht es Klarheit über das, was du wirklich geben und anbieten willst, bevor du entscheidest, wie du es technisch verkaufen möchtest. Gerade am Anfang braucht es für den digitalen Handel nicht zwingend ein Tool wie Digistore24 und oder MyAblefy (ehemals Elopage). Denn eine Rechnung kannst du selbst schreiben und benötigst dafür keine großartigen technischen Voraussetzungen und Extrainvestments.

Es ist und bleibt dein Part: Du entscheidest immer wieder und das eigenverantwortlich. Diese Aufgaben kann dir keiner abnehmen; aber es kann hilfreich sein, einen Coach oder Mentor an deiner Seite zu haben, mit dem du dich darüber austauschen kannst. Auch mit einem Teammitglied kannst du gemeinsam die Meilensteine für deine Vorhaben definieren und bestimmen.

Ein gut **aufgeräumter Schreibtisch, eine aufgeräumte Umgebung** ist Gold wert, damit du konzentriert vorwärtskommst. Denn so, wie es im Außen aussieht, schaut es auch in deinem Kopf aus. Hast du Chaos in der Wohnung oder im Büro, hast du Chaos im Kopf. Und Chaos hält dich davon ab, gut vorwärtszukommen.

Okay, ich gebe zu: Meine Schreibtischumgebung kann manchmal noch herausfordernd sein. Doch dann herrscht kein Chaos, sondern es stapeln sich wichtige Aufgaben, die nicht vergessen werden dürfen. Selten brennt noch die Steuerexpertin in mir durch und ich recherchiere viel und das Papier wird etwas mehr. Außerdem darfst du wissen, meine innere Buchhalterin liebt Papier noch immer sehr und Papier braucht seinen Platz auf dem Schreibtisch.

Ich liebe es einfach, Papier in der Hand zu halten und zu lesen. Mir Passagen in einem Fachbuch zu markieren, Randnotizen zu vermerken und auch mal einen Knick zur Markierung zu setzen. Das ist immer noch meine Welt, auch wenn ich in meinem Business schon viel digital arbeite. Du wirst womöglich lachen – mein Koffer bringt schon allein deshalb mehr Gewicht aufs Gepäckband, da ich noch immer mit haptischen Notizbüchern (meistens sind es tatsächlich mehr als eins) arbeite und mindestens einem Buch zum Lesen dabei habe. Auch die bunten Marker dürfen dabei nicht fehlen.

> Egal, wie du deinen Schreibtisch gestaltest, ob digital oder mit Papier: Setze klare Prioritäten bündle deine Energien auf den Punkt, zu dem du als Nächstes willst.

Du kannst die Aufgaben dafür gut sichtbar priorisieren. A-Aufgaben sind die Wichtigsten. Die sind sofort dran und können nicht lange verschoben werden.

B-Aufgaben sind zwar wichtig, können aber ggf. noch einige Tage warten.

C-Aufgaben sind von ihrer Priorität her sehr niedrig. Es sind jene, die du zwar erledigen möchtest, aber erst einmal keine Relevanz haben und nicht „anbrennen", wenn sie liegen bleiben – zum Beispiel das Aufräumen deines Mail-Postfachs oder die Optimierung deines Ablage-Systems.

Und dann gibt es noch die D-Aufgaben, die du delegieren kannst. Es sind meistens die mit der niedrigsten Priorität. Zum Beispiel wird es deinem Business auf keinen Fall schaden, wenn du deine Bügelwäsche an einen Bügelservice abgibst, anstatt sie selbst zu übernehmen – im Gegenteil, du würdest dadurch wichtige Zeit für deine A- und B-Aufgaben bekommen.

Und zu guter Letzt in diesem Unterkapitel: **Achte auf deine Zeit. Sie ist dein wertvollstes Gut**, jeden Tag hast du genau 24 Stunden Zeit. Nicht mehr und nicht weniger. Nutze sie für die wirklich wichtigen und schönen Dinge. Für dein Happy Business. Für dein Anderssein. Für deine Freiheit.

Und dafür, damit du die Welt auf deine eigene Art ein Stückchen besser machen kannst.

## ENERGIE

Alles ist Energie – und zugleich ist Energie nichts Greifbares. Energie ist eine Schwingung, ein Magnetismus; etwas, was wirkt, anzieht und abstößt. Je mehr du dich mit deiner Energie befasst und dich dafür interessierst, desto leichter wird es für dich, sie und ihre Gesetzmäßigkeiten wahrzunehmen.

Auf jeden Fall ist eines gewiss: Wenn du diese energetischen Gesetzmäßigkeiten für dich nutzt, wird es in deinem Leben und in deinem Business leichter werden. Ich selbst konnte sie in der Vergangenheit erst nicht richtig greifen. Wenn du bisher noch wenig oder gar nicht von diesen energetischen Gesetzen gehört hast, dann wird es dir ähnlich gehen. Besonders dann, wenn du bisher noch nicht bewusst darauf geachtet hast, obwohl sie bereits für dich gewirkt haben.

Energie ist immer da. Alles ist Energie. Das, was du tust, was du fühlst, das, was du empfängst, ist Energie. Doch Energie und beispielsweise das **Gesetz der Anziehung** gehen über das gezielte „Ich ziehe jetzt den Parkplatz direkt vor meiner Türe an" hinaus.

*Denn alles, was du denkst und glaubst,*
*das ziehst du an – also auch das,*
*was du unbewusst denkst und glaubst.*

Wenn du positiv eingestellt bist und du daran glaubst, dass Dinge funktionieren, dass du das erfüllte Leben finden wirst, dass du dir ein Business aufbaust, das du liebst, was dir dann auch noch den Erfolg bringt, dann wird es geschehen und entstehen.

Wenn du den Glauben daran hast und im Vertrauen bleibst, wirst du erreichen, was du erreichen willst – liebevoll und leicht, mit Geduld und mit Disziplin, jedoch ohne Druck.

Und das gelingt dir, wenn du dranbleibst. Denn ohne das aktive Tun können sich diese Energien nicht manifestieren. Du kommst in den Erfolg, wenn du Dinge umsetzt und wenn du das tust, wohin deine innere Stimme dich leitet, wenn deine Haltung auf das ausgerichtet ist, was du wirklich willst. Intuition ist in diesem Prozess einfach alles.

Wenn du einen Impuls hast, dann setze ihn um oder schreibe ihn dir auf.

Lass deinen Impulsen und deinem Stift für alles, was in dir aufkommt, freien Lauf. Schreibe alles Gute und Zauberhafte auf und lass diese Impulse anschließend wieder liegen. Versuche dabei unbedingt, positiv zu bleiben. Wenn sich dein Verstand dazu schaltet und sagt „Nein, das geht nicht“, dann ignoriere ihn und schiebe den Gedanken beiseite. Oder bedanke dich liebevoll für seine Fürsorge und teile ihm mit, dass er jetzt nicht mehr gebraucht wird.

Später gehst du deinen Notizen wieder nach. Wenn es so sein soll, wird sich dieser Impuls wieder und wieder zeigen und Gestalt annehmen.

Manche Impulse wollen jedoch sofort umgesetzt werden und bauen eine drängende Energie auf. Spürst du, dass ein Impuls nicht warten möchte? Dann folge ihm – sofort.

Ein weiteres Beispiel für die universellen energetischen Gesetzmäßigkeiten: Wenn der Impuls aufkommt, mehr Sichtbarkeit zu erreichen, weiß deine innere Weisheit, dass die Zeit reif dafür ist. Dann folge ihm. Damit du sichtbar wirst, darfst du dein Profil bei LinkedIn, bei Instagram etc. so einrichten, wie es für dich und dein Business gut ist. Dann kannst du einen Beitrag schreiben, ein Video drehen, Reels machen und dich in deinen Stories zeigen, damit eines entsteht: Sichtbarkeit. Vertraue deinem Impuls, auch wenn dein Verstand der Meinung ist, es könnte zu früh dafür sein.

*Jede Aktion erhält zwangsläufig eine Reaktion.*

Das heißt, wenn du dich locker und leicht zeigst und eine Vereinbarung mit dir getroffen hast, regelmäßig sichtbar zu sein, werden immer mehr Menschen kommen und dir folgen. Dann werden sie auch etwas unter deine Posts schreiben und sie liken. Was auch immer du dir wünschst: Es wird etwas passieren. Also, just do it.

Lass uns noch ein anderes Beispiel anschauen:

Hast du das Gefühl, du willst in die Berge oder ans Meer, aufs Land oder in die Stadt und die Ausführung dieses Wunsches ist jetzt noch nicht möglich, kannst du dir heute schon Bilder heraussuchen und dir ausmalen, wie es sein wird, wenn du dort bist.

Du kannst visualisieren, wie die Region sein wird, in der du dann lebst und wo genau sich deine Wohnung oder dein Haus befinden wird. Anschließend kannst du nach Wohnungen schauen und dich schon mal intuitiv mit ihrer Einrichtung beschäftigen, sodass konkrete Bilder in deinem Kopf entstehen. So wird ein Schritt nach dem nächsten kommen, denn alle weiteren Impulse erreichen dich in dem Moment, in dem du dem ersten folgst.

Ein drittes Beispiel zu den universellen Energien und den Impulsen: Wenn du physische Produkte verkaufst und den Gedanken hast: „Hey, dieses Produkt wäre ein grandioses Angebot!", dann setze den ersten Schritt, es real werden zu lassen und dein Angebot zu veröffentlichen, bevor es ein anderer tun.

*Folge deinen Impulsen.*

Wie ich schon schrieb: Jede Aktion wird zur Reaktion – und das geht nur so, weil hier das hermetische Gesetz des Rhythmus wirkt.

*Alles ist permanent in Bewegung;*
*so, wie ein Pendel hin und her schwingt.*

Nach dem Tag kommt die Nacht. Licht und Dunkelheit wechseln sich ab. Nimmst du wahr, was ich dir erzähle, spürst du, dass es nie nur eine Seite gibt?

Nur Vorwärtsschreiten – das ist nicht möglich und entspricht nicht den kosmischen Gesetzen. Zwischendrin braucht es den Schritt zurück; egal, ob zur Reflektion oder zum Erlernen neuer Fähigkeiten. Genauso gibt es ein rhythmisches Aufblühen und ein Verwelken in der Natur oder ein Ansteigen und Abfallen bei den Aktien, bei den Umsätzen, in unseren Beziehungen, in der Gesundheit. Wenn du dieses Gesetz so für dich anwendest und es einsetzt, kannst du jederzeit die Richtung bestimmen und auch in den Ruhemomenten das Positive wahrnehmen. In jedem Winter wartet bereits der Sommer.

Du entscheidest, auf welcher Seite der Medaille du dich bewegen willst. Oben oder unten. Selbst in der dunkelsten Nacht können wir uns auf das sanfte Licht der Morgensonne fokussieren.

Wenn du dir also die Gesetze der Energie klar machst und sie dir immer bewusster werden, ist es so viel einfacher damit umzugehen und sie in deinem Leben für dich zu nutzen.

*Du weißt, dass du in all den Situationen, in denen du dich befindest, nicht verharren musst und dass sie immer wandelbar sind.*

Du „musst" es wollen. Du hast es in der Hand, die Situation zu verändern und anzunehmen und weißt, dass es nach dieser Situation immer wieder in die andere Richtung gehen wird. Du lenkst und steuerst dein eigenes inneres Pendel.

Nach herausfordernden Zeiten geht es auch wieder mit voller Kraft voraus – das ist ein Gesetz. Entscheidend ist letztendlich immer, wie du mit den Ruhephasen oder dem scheinbaren Stillstand umgehst. Nimmst du die Situationen an oder wehrst du dich dagegen? Wehrst du dich, erzeugst du Druck und Widerstand und bewirkst eher das Gegenteil von dem, was du wirklich willst.

Hast du das Gefühl, es geht nur bergab, keiner bucht dich, keiner kauft bei dir, keiner reagiert auf deine Posts, deine Beiträge und Storys, deine Reels?

*Dann sei dir dessen bewusst, dass* ***du*** *Einfluss darauf hast und die Richtung entscheidest, in die sich dein Energiependel bewegt.*

> Je vertrauensvoller du Ruhephasen annimmst und zur Vorbereitung von Neuem nutzt, desto schneller schwingt das Pendel wieder in die andere Richtung.

Hierbei geht es um Achtsamkeit in jedem Moment. Nutze deine Energie ganz bewusst, lerne den Umgang mit ihr und lasse sie kraftvoll für dich wirken.

## ERLEDIGEN

Und damit komme ich jetzt zu zwei sehr wichtigen Fragen: Woran erkennst du, dass du dein Unternehmens-Ziel, dein Business-Ziel erreicht hast? Das Ergebnis, was du wolltest, erreicht ist?

Hast du eine Antwort? Ich gebe dir Bespiele:

| ***Was du willst*** | ***Das Ergebnis*** |
|---|---|
| Dich selbstständig machen. | Du weißt, wie du dich auf dem Markt platzierst, weißt wer bei dir kauft und die Anfragen sind da. |
| Mehr Sichtbarkeit | Likes, Follower, Kommentare, Menschen reagieren auf dich. |
| Businessidee finden | Du zeigst dich regelmäßig. Du bist präsent. Du weißt, welche Fähigkeiten du besitzt und was für ein Potenzial in dir schlummert. Du hast auf einmal eine Angebotsidee. |
| Einkommen | Du hast etwas anzubieten, du wirst gebucht, weil du verkaufst. Auf deinem Konto ist Bewegung, es macht „Katsching". |
| Texte die verkaufen | Du schreibst selbst oder hast jemanden in deinem Team, der für dich schreibt und Kunden zieht es magisch an. |

**Fakt ist:** Wenn du nicht umsetzt, werden sich die Ergebnisse nicht verändern. Nur allein von Journaling, Dankbarkeits-Ritualen, Träumerei und Vision wird dein Business nicht aufgebaut und bringt dir keine Katschings in deine Kassen und auf dein Bankkonto.

Also, was kannst du tun, damit du ins Erledigen kommst? Ich nehme dich gerne mit in mein Wirken und Umsetzen, damit du dich davon inspirieren lassen kannst.

Vielleicht hast du schon einmal von der SMART-Methode gehört. Ich erkläre sie dir kurz, auch wenn du sie überall nachlesen kannst. Die SMART-Methode dient dazu, Ziele zu erreichen; insbesondere im Business. Die Buchstaben von „SMART“ haben jeweils eine Bedeutung.

- Das S steht für „spezifisch“.
- Das M für „messbar“.
- Das A für „attraktiv“.
- Das R für „realistisch“.
- Das T für „terminiert“.

Bei der SMART Methode geht es zum einen darum, ein Ziel zu setzen, und auf der anderen Seite um das entsprechende Umsetzen – das Erledigen.

Du benötigst ein *spezifisches* Ziel, das messbar ist. Ein klassisches Beispiel aus dem persönlichen Bereich ist die Gewichtsabnahme: „Ich möchte bis zum 1. Juli 5 Kilo abnehmen.“ Dieses Ziel lässt sich messen, indem man regelmäßig auf die Waage geht und das eigene Gewicht überprüft.

Wenn du mit deiner Businessidee starten und dein Business Schritt für Schritt aufbauen willst, was wäre dann ein spezifisches, messbares Ziel?

Zum Beispiel: Ich finde meine Businessidee, die mich begeistert und mit der ich bis Januar mein Angebot entwickeln kann. Oder: Meine Buchhaltung ist bis August aktuell und die Software für mein Business ist installiert.

> Doch frage dich dabei immer: Will ich das wirklich?

Eine konkrete Businessidee wäre „Leicht gründen und Zahlen verstehen“ mit Angeboten für Starterinnen (das war meine erste Business-Idee) oder zum Thema „Sichtbar werden auf Social Media“.

Dein *messbares* Ziel könnte es sein, dafür drei Monate lang drei Mal die Woche einen Beitrag auf Facebook zu posten oder dich einmal am Tag in der Instagram-Story zu zeigen. Damit hast du ein greifbares Ergebnis.

Kommen wir zum Buchstaben A in SMART. *Attraktiv*ität bedeutet: Du darfst richtig Lust auf dein Ziel haben. Lass uns gleich mal etwas Unattraktives als Beispiel nehmen: Für viele Unternehmerinnen ist Buchhaltung ein rotes Tuch – und doch gehört es zum Unternehmerinnen-Sein dazu. Du kommst nicht drumherum, es sei denn du hast jemanden in deinem Team, der die Sachen für dich übernehmen kann.

Also könnte stattdessen das Ziel *hinter* der Buchhaltung ein attraktives Ziel sein. Ein attraktives Ziel kann beispielsweise eine Belohnung sein, mit der du dich selbst beschenkst, dir etwas Gutes tust, wenn du dich der Buchhaltung gestellt hast.

Oder du setzt dir ein Umsatzziel, das dich zu deinem Businesserfolg bringt und von dem du dir bestimmte Wünsche erfüllen kannst.

Das übergeordnete Ziel darf so attraktiv sein, dass du die damit verbundenen Aufgaben auf jeden Fall durchziehst.

Das R in SMART steht für *„realistisch“*. In meiner Auffassung der SMART-Methode geht es jedoch nicht darum, was realistisch zu erreichen ist – bei mir steht das R für **„richtig, richtig groß“**. Also streiche das R für „realistisch“ aus deinem Kopf und ersetze es durch RICHTIG, RICHTIG GROSS!

Wie gesagt, dass ist meine Herangehensweise und meine Erfahrung und mein Erleben in der Zusammenarbeit mit großen Leadern. Und trotzdem greife ich an dieser Stelle einen Impuls einer Unternehmerin auf, die ihr Business erfolgreich führt. Diese Herangehensweise hat sie eher gebremst. Daher, falls es dir doch ähnlich geht, dann nutze das Bild einer Treppe und die einzelnen Stufen um deine großen Schritte zu setzen.

Das T steht für *terminiert*. Terminiert bedeutet nichts anderes, als dass du dir ein Ziel setzt, bis wann du dein Ziel erreicht hast, am besten mit Datum und sogar mit Uhrzeit.

Und jetzt kommt es: Wenn dein Ziel richtig, richtig groß sein darf, dann betrifft es nicht nur das Wissen, wie Buchhaltung funktioniert, sondern auch den Erfolg dahinter. Dann ist es die Vision von einem eigenen Business, das ein entsprechendes Jahreseinkommen hat. Dann ist es ein Unternehmen, das wächst und leicht verkauft und mit all den Grundlagen aufgebaut ist, die es braucht, um Freude und Fülle in dein Leben bringt. Dann bist du die Unternehmerin, die du sein willst.

Jetzt fragst du dich vielleicht: „Dann ist das doch kein Ziel mehr, weil ich noch gar nicht weiß, wie das gehen soll?"

Und ich sage: Doch! Weil du deine Vision und damit eines deiner großen visionären Ziele in kleinere Teilziele runterbrechen kannst. Somit sind wir wieder bei den Zwischenschritten.

Wenn sich dein großes Ziel noch nicht magisch und magnetisch anfühlt und nicht attraktiv erscheint, dann frage dich: „Was braucht es, damit es für mich attraktiv wird und ich mein großes Ziel erreiche?".

*Sieh deine Vision, setze dir ein Ziel, terminiere es und dann setze alles daran, um es zu erreichen.*

Erkenne dein Ziel, plane es klar und gehe entschlossen deinen Weg – denn nur so wird deine Vision Wirklichkeit.

# 5. WISSEN

## GESUNDE UMGEBUNG

Vielleicht hast du schon mal gehört: „Du bist der Durchschnitt der fünf Menschen, mit denen du die meiste Zeit verbringst"?

Aber was genau meine ich damit? Es bedeutet, dass unser Umfeld uns prägt –unsere Gedanken, unsere Energie, unsere Haltung, ja, sogar unsere Entscheidungen.

Ich habe das große Glück, viele wunderbare Menschen in meinem Leben getroffen und kennengelernt zu haben. Ich bin dankbar für tiefe Freundschaften, ein weitreichendes Netzwerk, eine liebevolle Familie, inspirierende Geschäftspartner. Ich durfte schon so viel Schönes und Stärkendes erleben.

Und doch sind das nicht jene Menschen, mit denen ich tatsächlich die meiste Zeit verbringe.

Wie ist es bei dir? Wer sind deine engsten Begleiter im Alltag? Und wie beeinflussen sie deine Ausrichtung, deine Ziele, deine Vision?

Denn je klarer du erkennst, **wer** dich umgibt und ob diese Menschen mit dir und deiner inneren Ausrichtung in Resonanz gehen, desto bewusster kannst du dein Leben, dein Wirken, dein Unternehmen gestalten.

> Also schau unbedingt hin, mit wem du dich umgibst. Überprüfe für dich, mit wem du dich austauschst, wessen Meinung dir wichtig ist, wessen Unterstützung du wirklich willst. Schaue auch, von wem du lernen magst und von wem nicht. Du darfst überprüfen, mit wem du deine Träume, deine Vision teilen magst.

Die Menschen um dich herum stehen oft nicht da, wo du gerade bist. 2024 haben sich gerade mal ca. 6 Prozent aller erwerbstätigen Menschen selbstständig gemacht. So ist es nur natürlich, dass wir es schwer haben, in unserem Umfeld Gleichgesinnte zu finden. Ähnlich sieht es mit dem bewussten Umgang mit den eigenen Glaubenssätzen und Prägungen aus.

Die Menschen um dich herum sind deshalb nicht besser oder schlechter als du.

Doch die wenigsten von ihnen wissen, dass es in der Tat Möglichkeiten gibt, ihren Alltag positiv zu beeinflussen; egal, ob es um Lebensqualität oder Business geht. Die meisten Menschen beschäftigen sich nicht aktiv mit sich selbst und möchten kein selbstbestimmtes Leben führen. Sie können weder ihre Ziele klar definieren noch klar sagen, was sie wollen. Sie wissen zwar häufig, was sie nicht wollen, aber nicht, was sie stattdessen wollen.

Daher sei dir dessen bewusst: Du bist anders! Nicht besser, aber anders. Sobald du dich auf die Reise zu dir selbst begibst und hinter deine Gedanken zu schauen beginnst, wirst du Dinge oftmals anders und bewusster tun als bisher. Dann steuerst DU den Prozess und nicht mehr das Außen und auch nicht deine unbewussten Gedanken. Das bedeutet: Du wirst nicht mehr gedacht, sondern denkst klar und bewusst und hältst das Steuer selbst in der Hand.

Damit befindest du dich in einem Prozess, den die meisten Menschen unserer Gesellschaft nicht erreichen werden – weil sie es nicht besser wissen, weil sie sich damit nicht beschäftigen. Sicherlich auch, weil sie gar keine Kenntnis davon haben, dass es andere Möglichkeiten gibt oder nicht daran glauben, weil sie alles mit dem bloßen Verstand erfassen wollen und lieber Nein zum Unbekannten sagen, anstatt offen und neugierig hinzuschauen. Wenn du bereit bist, neue Wege zu gehen und zu wachsen, dann ist ihr Weg nicht mehr dein Weg. Und vielleicht passt dann auch dein Umfeld nicht mehr zu dir.

Ist das hart, was ich hier schreibe? Ist es hart sich aus diesem Feld herauszulösen? Ja, manchmal war es das und gleichzeitig geht es nicht darum, sich von allem und jedem radikal zu lösen. Sondern eher um das Bewusstsein: Wem erzähle ich was, will ich mir hier Rat oder Unterstützung einholen oder geht es mehr um den Smalltalk?

Ja, manchmal hätte ich mir auch gewünscht, dass ich mehr gehört und verstanden werde, dass ich unterstützt werde. Außerdem hätte ich Menschen in meinem engen Feld gern inspiriert, mir zu folgen und sich mit ihrer Persönlichkeit auseinanderzusetzen. Ich nehme wahr, dass wie viele Menschen gefangen sind in ihren Prozessen, in ihren Gedanken, in ihrem Selbstmitleid und ihren Gewohnheiten.

Wie sollten sie daran glauben, dass sie sich selbst helfen und heilen können? Sie haben es ja nicht einmal ausprobiert, ein grandioses und liebevolles Leben zu führen.

Doch ganz ehrlich? Das durfte ich auch lernen:

*Du bist nicht dein Umfeld und dein Umfeld bist nicht du.*

Du bist du.

Nur du kannst dich verändern, die volle Verantwortung für dich übernehmen und damit in die Selbstverantwortung gehen.

Du liest richtig:

*Nur du kannst anders denken, dich anders verhalten und andere Ergebnisse empfangen.*

Und wenn das passiert, wirst du wahrnehmen, dass sich auch in deinem Umfeld etwas verändern wird.

Du kannst andere nicht überzeugen, wenn sie nicht bereit sind, wenn sie noch nicht so weit sind wie du oder sich diesem Prozess verschließen.

Ich sage dir hier nicht, dass du jetzt alle deine Freundschaften kündigen oder deine Eltern, deine Familie ohne Rückfahrkarte auf den Mond schießen sollst, doch ich möchte dich wachmachen für dich selbst und deine Bedürfnisse auf diesem Weg.

Werde dir dessen bewusst, mit wem du dich tagtäglich umgibst, was du an Informationen und Botschaften konsumierst, was du tust und was du denkst und was du deinem Körper und deinem Geist zumutest?

Sitzt du gerne in sogenannten gemütlichen Runden bei einem Gläschen Wein und lamentierst über das Leben, über deine Beziehungen, deine Familie, über das aktuelle Weltgeschehen, wie furchtbar alles ist, wer gerade mit wem anbändelt, und liebst es dann, trunken ins Bett zu fallen, weil es wieder so gemütlich war? Weil du in deinem Problem, in deinen Herausforderungen und in deinem Leid noch bestätigt wurdest? Liebst du es, den nächsten Tag mehr oder weniger zu verschlafen und irgendwann gegen Mittag verkatert aufzustehen?

Wie oft erlaubst du dir ein Gläschen oder zwei, einfach so, weil es schon zur Routine dazugehört, weil es abends gemütlich ist, etwas Alkoholisches zu trinken?

Oh ja, auch ich habe in meiner Jugend gerne gefeiert und auch mal was weggetrunken. Ich war mir nicht dessen bewusst, was ich da tat. Heute weiß ich: Alkohol benebelt den Geist.

Heute blicke ich ganz anders auf diese Dinge; ich trinke nur noch ab und an ein Glas Wein. Und dann wieder tagelang oder wochenlang gar keinen Alkohol. Weil Alkohol für mich keine Normalität bedeutet, sondern ein Genussmittel ist, und weil ich mir bewusst mache, wie viel ich wirklich konsumieren will und was mir tatsächlich guttut.

Eine andere Form der Ablenkung und des ungesunden Konsums ist Social Media. Wie viel Zeit verbringst du auf diesen Kanälen, vergleichst dich mit anderen, daddelst einfach so durch Facebook,

Instagram, Youtube, Tiktok, LinkedIn, WhatsApp, checkst dein E-Mailpostfach …?

Du darfst dich fragen, ob es dir hilft und ob es dich vorwärtsbringt – oder eher betäubt und frustriert.

> **Ein Tipp:** Vergleich dich weniger mit anderen.
> Wenn du Social Media konsumierst, dann dosiert.

Nimm dir zum Beispiel eines deiner Vorbilder oder Mentoren und bitte, Liebes, vergleiche dich nicht mit ihnen. Sie stehen an einem ganz anderen Punkt in ihrem Business und sind dir bereits einige Schritte voraus. Bewerte dich nicht. Sei weniger hart und kritisch mit dir. Du kannst dir lediglich ihre Energie als Beispiel nehmen, sie in dir integrieren und dir Inspiration holen – und mehr nicht. Widerstehe dem Impuls, ständig und über den Tag verteilt ihre Profile zu checken.

*Sei achtsam. Reflektiere dich, schaue zu dir. Was willst du wirklich?*

Wie schnell lässt du dich ablenken? Und wie schnell änderst du deine Meinung, obwohl du doch etwas für dich, dein Business und dein zukünftiges Leben tun wolltest? Lerne, lieber einmal Nein sagen – zu anderem und zu anderen – als vorschnell Ja.

Prüfe. Schaue hin. Nimm wahr.

Im Umgang mit Social Media könntest du dir beispielsweise feste Zeitfenster schaffen, in denen du bewusst online bist. Wenn du Einladungen aus deinem Umfeld bekommst, spüre hinein, ob du wirklich dabei sein möchtest und wenn ja, wie lange und in welchem Rahmen. Finde heraus, was dir wirklich guttut.

Meine Erfahrungen haben gezeigt, dass sich mein Umfeld verändert hat, weil ich begonnen hatte, nicht mehr alles mit allen zu teilen, Nein zu sagen und meinen Fokus zu halten, und zwar auf dem, was ich will.

Deshalb habe ich mich abgegrenzt, wenn es mir diente, und tue dies auch heute noch. Ich kommuniziere nur noch das, was für mich passt, und teile meine Vision, meine Träume und meine Gedanken nur noch mit den Menschen, von denen ich weiß, dass sie sich auf einer ähnlichen Ebene bewegen, mir wohlgesonnen sind und ähnliche Ziele und Visionen haben. Ich frage diejenigen nach ihrer Meinung, von denen ich weiß, dass sie die Dinge schon erreicht haben, die ich anstrebe, und selbst schon den Weg dorthin gegangen sind. Und ja, auch mal die, die sich mit mir freuen können und mich feiern, für mein Sein, mein Wirken und meinen Mut.

Es tut weh, abgelehnt zu werden. Und es tut weh, nicht gehört zu werden. Daher achte auf dich. Schütze dich. Je mehr du dich selbst liebst und fein mit dir bist, desto weniger tangieren dich Ablehnungen und die Momente des Nichtgehörtwerdens im Außen.

Mir liegt noch ein Thema am Herzen, das ich an dieser Stelle mit dir teilen möchte.

Wir können versuchen, die Welt zu retten, indem wir täglich, monatlich oder jährlich kleine und hohe Summen spenden. Doch wie viel kraftvoller wäre es, wenn wir erst einmal bei uns selbst beginnen?

Erstens mit unserer Haltung: Indem wir uns von Egoismus, Arroganz und ständiger Bewertung lösen und stattdessen bewusster, liebevoller und aufrichtiger mit uns selbst und anderen Menschen umgehen.

Denn wenn du das tust, was du liebst, und deine Liebe in die Welt hinausträgst, wird sich die Welt automatisch verändern: zuerst in dir selbst, dann in deinem Umfeld.

Und zweitens: Indem wir selbst kraftvoller erkennen, dass es zwar schön ist, andere zu unterstützen, wir aber gleichzeitig schauen dürfen, wo wir uns selbst bemitleiden und Unterstützung bekommen wollen. Denn womöglich geht es gar nicht darum, zu spenden, sondern zunächst in DICH selbst zu investieren: in dein Wachstum, deine Bewusstheit, deine Heilung.

Was passiert, wenn du in dich investierst? Es entsteht Energie, Schwingung und du gehst die Dinge viel freudvoller und leichter an, die dran sind. Damit erzeugt deine Schwingung wiederum eine positive Schwingung bei deinem Gegenüber. Du überträgst sie!

Denn echte Veränderung geschieht nicht allein durch Geld, sondern durch die Energie und die Liebe, die du in die Welt bringst. Wenn du nun trotzdem etwas spenden magst, dann bewirkt ein kleiner, bewusster Beitrag mehr als jede große Summe, die ohne inneres Wachstum gegeben wird.

Genau aus diesem Grund schaue ich keine Nachrichten mehr. Ich habe mich bewusst davon gelöst, denn mein Fokus liegt nicht auf Angst, Drama oder Ohnmacht, sondern auf dem, was ich in mir nähren und in die Welt hinaustragen will.

Jetzt fragst du dich vielleicht, wie du denn dann wissen kannst, was in der Welt passiert, wenn du auf die Nachrichten verzichtest? Suche dir alternative Kanäle, die dich informieren, ohne in die Bewertung zu gehen und ohne ständig Gewalt und Elend zu zeigen, damit du neutral darauf schauen kannst und die Angst, Panik, Traurigkeit und Wut nicht in deinen Körper lässt.

Und: Du musst nicht jeden Tag informiert sein. Wenn ich etwas wissen will, erfahre ich es ohnehin – und ich vertraue darauf, dass mich alles erreicht, was wichtig für mich ist.

Was jedoch anders ist: Ich entscheide, wie viel ich wirklich in mein System fließen lasse und vor allem: ob bewusst oder unbewusst. Radio hören, Musik hören, Nachrichten im Hintergrund laufen lassen – das alles bleibt nicht ohne Wirkung. Dein Unterbewusst sein hört tatsächlich alles und lässt es ungefiltert in dein System. Damit trägst du all die News und all das, was du siehst und hörst, in dir. Dein Unterbewusstsein nutzt diese Infos in dir und speichert sie in deinem Körper ab. Ja, alles!

Mein Appell an dich: Sei dir dessen bitte bewusst. Beginne ganz bewusst für dich hinzuschauen, wie viel du konsumieren willst und vor allem was.

Wenn du nun mit deinem Herzensprojekt startest, ist es unabdingbar zu schauen, mit wem du dich umgeben willst, mit wem du dich verbindest und mit wem du wachsen willst. Wer darf wirklich an deiner Seite sein und wie viel?

Von Anfang an habe ich mir Coaches und Mentoren ausgesucht, deren Energie sich für mich stimmig und kraftvoll angefühlten.

> Daher diese Frage an dich: Wer beeinflusst deine Energie, deine Ausrichtung, dein Zielgefühl? Und bitte stelle sie dir nicht nur im privaten Kontext.

So überprüfe ich immer wieder, ob diese Menschen mir Energie ziehen oder mir eher Energie geben.

Ganz besonders achtsam darfst du auch bei der Wahl deiner Mitarbeiter sein. Für mich ist es beispielsweise wichtig, dass wir gemeinsam an meinem Unternehmensziel arbeiten und in die gleiche Richtung steuern statt aneinander vorbei.

Es ist also gut zu wissen, was deine Mitarbeiter erreichen wollen, ob sie zu dir und zu deinem Unternehmenskonzept und zu deiner Unternehmensphilosophie passen.

Das kannst du wunderbar überprüfen, indem du immer wieder mit dir selbst in den Austausch gehst, auf dich und deine innere Stimme hörst und mit deinem Traum, deiner Vision, deinem Ziel und damit auch mit deiner Energie verbunden bleibst.

Wenn du einen Mitarbeiter in deinem Unternehmen hast, ihn beschäftigst oder beauftragst, dann schaut immer wieder, wo ihr gemeinsam hinwollt und wie es sein soll, wenn es matcht und ihr den Turbo gemeinsam anwerft.

# MENTALE GESUNDHEIT

Business und Privates ist immer miteinander verbunden. Geht es dir gut und bist du bei dir, dann geht es dir und deinem Unternehmen ebenso gut. Bist du in Bewegung, setzt um und erlaubst dir Auszeiten, bist du in Balance und deine Gesundheit hält dich fit, mental wach, neugierig und lässt dich wachsen.

Es ist also wertvoll zu wissen, dass es männliche und weibliche Energien gibt und dass es unabdingbar ist, diese zu leben. In der Balance zwischen diesen beiden Energien bleibst du gesund. Und Gesundheit ist das, was über allem steht. Es nützt dir kein Herzensbusiness, keine Businessliebe etwas und auch kein Reisen in der Business Class zu den coolsten Orten dieser Welt, wenn du nicht gesund bist.

Dein Fokus auf das Wohlbefinden deiner Lieben ist nur dann für alle gut, wenn du bei dir selbst beginnst.

*Dann wenn es dir gut geht,*
*geht es allen anderen gut.*

Nur, wenn du gesund bist, wenn du reflektiert, fröhlich und mit Leichtigkeit durchs Leben gehst, können deine Lieben, deine Kunden und deine Geschäftspartner dir ausgeglichen begegnen.

*Es braucht also die Balance von männlicher und weiblicher Energie, um vorwärtszugehen.*

Also sprich die Yang-Energie – das Männliche, das nach Außen gerichtete Prinzip: das Umsetzen, die Tatkraft, eins nach dem anderen abarbeiten. Das rationale Denken und die klare Struktur, Dynamik und schnelle Reaktionen. Und im Gegensatz dazu das Weibliche, die Yin-Energie – das nach Innen gerichtete Prinzip: das Entschleunigende, das mal zur Ruhe zu kommen, das Zurücklehnen, Seele baumeln lassen, ein Bad, eine Massage …

*Vorwärtszukommen, vorwärtszugehen ist eine Entscheidung. Mental und körperlich fit und gesund zu sein, ist es auch.*

Für mich beginnt die mentale Fitness mit Bewusstsein, innerer Stärke und Klarheit und erstreckt sich über das bewusste Essen bis hin zur körperlichen Bewegung.

Über Bewusstsein, innere Stärke sowie Klarheit hast du schon vieles im Kapitel 1 gelesen. Damit bist du ganz sicher schon dabei, das eine oder andere davon in dein Leben zu integrieren. Bewusstsein, innere Stärke und Klarheit sind die Basics für dein Leben und die Power für deine mentale Fitness.

Dazu gehört auch das Wachbewusstsein für dich und deinen Körper.

> Was konsumierst du an Lebensmitteln, was tust du für dich und deine Gesundheit, deinen Körper wirklich?

Ich habe früh damit begonnen, ein Bewusstsein für meine Ernährung zu entwickeln. Meine Mutter hatte gut auf uns Kinder geschaut, doch letztendlich essen die meisten Menschen das, was ihre Familie aß und isst – also das, was vorgegeben und über die Ahnenlinie weitergegeben wurde. So bevorzugen wir unbewusst automatisch nicht das Essen, was gut für uns wäre, sondern das Essen unserer Herkunftsfamilie.

Mein Bewusstsein für meine Ernährung begann sich in meiner Ausbildungszeit zu entwickeln. Ich integrierte Sport in meinen Alltag und beschäftigte mich mal mehr, mal weniger damit, was gesunde Ernährung und Lebensführung bedeutet. Mal war ich voll in meiner Power, dann habe ich das Thema wieder schleifen lassen.

Genau deshalb ist es wichtig, mental fit und stabil zu sein.

Wenn du wahrnimmst, dass du etwas nicht umsetzt, obwohl du dich ja gesund ernähren willst und Sport treiben magst, verurteile dich nicht. Sei nachsichtig mit dir.

Du hast jederzeit die Wahl, dein Verhalten zu switchen.

Während ich dieses Buch schreibe, habe auch ich ein paar Kilo zu viel auf den Rippen. Bin ich deswegen nicht gut und richtig, verurteile ich mich dann? Nein! Denn so, wie ich bin, bin ich okay – und ich weiß, wie und dass es anders geht und kann somit den Status Quo verändern.

Erst vorhin saß ich auf dem Spinning-Rad im Fitnessstudio und fuhr in der Video-Animation durch Dresden. Diäten gibt es bei mir nicht.

## *Fit und gesund zu sein, funktioniert nur mit einem klaren Geist, ausgewogener Ernährung und Bewegung.*

Das Thema Ernährung ist meins. Ich beschäftige mich gerne damit. Genau deshalb finde ich es weniger schön, dass da draußen auf „dem Markt" so viel Ungesundes in Hülle und Fülle zur Verfügung steht. Viele Menschen sind nicht wach dafür, was in unseren Nahrungsmitteln steckt und wo sie im Supermarkt zugreifen müssten, um gesund zu bleiben.

Meine Devise: weniger ist mehr. Qualität ist mir wichtiger als Masse. Lieber habe ich ein Produkt weniger im Einkaufskorb als einen überfüllten Einkaufswagen mit Billigprodukten, nur damit der Kühlschrank voll ist.

Ich kaufe bewusst ein und esse noch viel seltener Fleisch als früher, wie ich es aus meiner Herkunftsfamilie kenne.

Zudem achte ich darauf wo das Fleisch herkommt, ebenso die Eier, das Gemüse, das Obst. Wenn ich kann, kaufe ich regional.

Und ich liebe, im Biomarkt shoppen zu gehen, weil ich keine ungesunden Zusätze in meinen Produkten haben möchte. Es ist ganz normal für mich geworden, auf die Zutatenliste zu schauen und sie zu überprüfen.

Von der klassischen Schulmedizin halte ich mich eher zurück, weil ich an die Kraft unserer Gedanken glaube und weniger an die Chemie, die von der Schulmedizin meist verschrieben wird. Seitdem ich von Dr. Joe Dispenza weiß und ihm auf einem seiner Events begegnet bin, bin ich noch mehr ein glühender Fan von Selbstheilung. Er ist der Auffassung: Wir alle sind selbst in der Lage, chemische Stoffe in unserem Körper zu produzieren, die zur Selbstheilung dienen und die zur Aufrechterhaltung unserer Gesundheit wichtig sind.

Wie schon gesagt: Meine Gesundheit liegt mir am Herzen und ich achte ich auf meine Nahrungsmittel. Die innere Welt spielt auch bei diesem Thema eine zentrale Rolle. Wieder kannst du dich bewusst entscheiden: „Hilft es mir, tut es mir und meiner Gesundheit gut oder nicht?"

**Exkurs**

Ich habe beispielsweise Weizen und Weißmehl bis auf seltene Ausnahmen, gänzlich aus meinem Leben gestrichen. Ich achte auf die Qualität meines Brotes, meiner Pasta, meiner Haferflocken und bevorzuge Dinkel, Reis und Quinoa. Beim Reis prüfe ich, woher er kommt. Denn Reis kann mit Arsen verunreinigt sein und Arsen ist ein Nervengift.

Statt Kuhmilchprodukte habe ich mich für Ziegen- und Schafsmilchprodukte entschieden – es sei denn, die Milch kommt frisch vom Bauern. Sonst wähle ich lieber Pflanzenmilch, und auch da gibt es Qualitätsunterschiede.

Ich achte darauf, dass ich weniger Eiweiß in Form von Fleisch und Käse konsumiere. Stattdessen greife ich lieber zu pflanzlichen Aufstrichen oder selbstproduzierten Marmeladen mit wenig Zucker.

Was bei mir ganz oben auf der Liste steht, ist Obst und vor allem Gemüse. Ingwer, Kurkuma und Zitronen bewirken bei mir wahre Wunder. Warmes Wasser oder Zitronenwasser ist mein erstes Getränk am Morgen. Ich achte mehr auf basische Ernährung statt auf saure Lebensmittel.

Übrigens liebe ich Suppen und Eintöpfe – ganz besonders die von meiner Omi, meiner Mutti und die meines Partners.

Ich möchte noch auf einen letzten wichtigen Punkt hinweisen: das emotionale Essen und der Blick auf den Zucker.

Achte mal darauf, wie viel Zucker in fertigen Lebensmitteln steckt – egal, ob im Brot, Gebäck, Joghurts, Fertiggetränken, Säften, Energy-Drinks, Wurstwaren, Senf, abgepackten Salatdressings, Ketchup usw. Selbst im Müsli und in Zerealien befinden sich teilweise große Mengen an Zucker.

Beobachte dich mal: Wann gehst du auf die Suche nach etwas zum Naschen? Wenn greifst du zu welchen Snacks?

Kann es sein, dass du nur zu Süßem greifst, weil du einen inneren, emotionalen Appetit stillen möchtest? Sind es lediglich Gelüste nach dem köstlichen süßen Geschmack, die dich antreiben? Oder redest du dir ein, dass du die Tafel Schoki und den Energydrink brauchst, weil du heute so busy bist?

Prüfe, was du dir erzählst. Denn nur dann kannst du wieder zu dem switchen, was du willst.

Falls du zwischendurch Nervennahrung benötigst, weil der Tag voll ist und du hochkonzentriert arbeiten willst, lasse die Süßigkeiten besser im Regal liegen. Was ich mache? Ich kaufe mir stattdessen Nüsse (z.B. Walnüsse, Mandeln, Pistazien, Pekannüsse) und Trockenobst (z.B. Aprikose, Datteln, Feigen). Damit bin ich bestens versorgt.

Trockenobst enthält zwar natürlichen Fruchtzucker, jedoch macht es schneller satt und liefert gute Nährstoffe. Daher ist Trockenobst für mich ideal beim Ausdauersport.

Aber, da ich keine Beraterin für Ernährung bin, prüfe für dich, was du statt dem Süßen essen kannst und vor allem was auch für dich verträglich ist!

**Tipp:** Wenn du weißt, es stehen einige ToDos auf der Agenda und du wirst länger an deinem Arbeitsplatz verweilen, dann richte ihn dir so her, dass du von Vorneherein gut mit hochwertigem Essen und Getränken versorgt bist.

Trinke Wasser am besten naturell. Im Gegensatz zum Sprudelwasser ist es basisch. Koche Kräutertees ohne Zusatzstoffe, achte auf die Qualität deiner Getränke und berücksichtige den Zucker. Verzichte so gut es geht auf das, was dir langfristig schadet.

Falls du doch mal Lust auf ein Stück Kuchen oder ein Eis hast, dann ist das völlig okay. Auch ich esse mal das, was in meiner Welt als ungesund gilt – zum Beispiel Eierkuchen mit Apfelmus und Zucker und Zimt, einen richtig guten Kaiserschmarren mit Apfelmus und Preiselbeermarmelade oder eine leckere italienische Pasta von meinem Lieblingsitaliener mit leckerer „della Nonna"-Soße und ordentlich Käse.

Was bisher super funktioniert hat und immer noch passt, ist das Vorkochen von gutem und gesundem Essen. Damit habe ich immer ein perfektes Essen zuhause, das ich schnell erwärmen kann und mir langes Kochen und Schnippeln in meiner Pause erspart.

Du siehst also: Der gesunde Geist wohnt in einem gesunden Körper! Entscheide dich dazu, den Blick dafür zu entwickeln, was gut und ausgewogen für dich ist und deinen Körper in seiner Kraft hält.

Achte auf einen körperlichen Ausgleich zum Arbeiten. Ob du ins Fitnessstudio gehst, Bootcamps machst, Golf spielst, den Tennisschläger schwingst, in die Berge zum Wandern oder zum Biken fährst oder die Skipiste hinunter wedelst – ganz egal. Solange es in der richtigen Balance geschieht, ist Sport ein wundervoller Energiebooster und hält dich gesund und fit.

Genau diese Energie brauchst du – für dich, für dein Leben, für dein Business. Denn wenn du bei dir bist und dich kraftvoll und gesund in deiner Mitte, bewegst, spiegelt sich das in allem wider, was du tust; auch in deinen Beziehungen und erst recht in deinem Unternehmen.

*Du bist das Zentrum und dein Wohlbefinden ist der wichtigste Erfolgsfaktor.*

## FRISCHEKICK

Auszeiten sind Zeiten, um Kraft zu tanken, Muße für sich zu haben und einfach mal nichts zu tun.

Selbst, wenn du reglos in der Sonne liegst, geschieht dabei etwas in dir: Du denkst, du fühlst, du nimmst wahr.

Einfach nur zu sein, ist großartig! Doch du kannst diese „Me-Time" auch mit einer entspannenden Tätigkeit füllen.

Ich liebe es zum Beispiel, zu lernen, mich weiterzubilden und in der Energie meiner Mentorings zu sein, wenn ich selbst Kundin bin.

Und ich liebe es, zu lesen.

*Lesen ist Wachstum. Lesen inspiriert, motiviert, öffnet den Horizont und bringt uns vorwärts.*

Ich bevorzuge weniger Krimis oder Lovestorys, sondern Bücher über Persönlichkeitsentwicklung und Bewusstsein – mit den Themen Selbstliebe, Achtsamkeit, Vergebung, Marketing, Zusammenarbeit, Verkaufen, Geld usw..

Spaziergänge sind ebenfalls eine wundervolle Art der Bewegung für die Me-Time-Momente. Deine Seele kann auftanken, wenn du jeden Tag ein Stück spazieren gehst, dich an der frischen Luft aufhältst oder am Wasser bist. Wenn du durch Parks läufst und in der Natur unterwegs bist, lädst du deine Energie auf, atmest frische Luft ein und deine Lungen können sich mit frischem Sauerstoff füllen. Ob du dabei den Himmel siehst, die Wellen auf dem Wasser wahrnimmst, die Laubfärbung beobachtest, die Tierstimmen hörst, den Sand unter deinen Fußsohlen spürst – Spazierengehen bringt dich zurück in die Ruhe und in deine Mitte.

Um Ruhe im Kopf zu erlangen, Kraft zu tanken und intuitiver zu werden, gibt es noch mehr großartige **Energiebooster**.

Einer davon ist die Meditation. Sie bringt dich in die Stille, reduziert Angst, innere Unruhe und Stress, sorgt für Entspannung und Gelassenheit und verschafft dir Raum und Zeit für dich.

Wie du siehst, gibt es zahlreiche Möglichkeiten für Auszeiten – doch wie oft erlaubst du sie dir? Wie oft gehst du wirklich nach draußen oder sitzt gemütlich auf deiner Couch, nimmst dir bewusst Zeit für dein Essen?

Zeit für deinen Körper in Anspruch zu nehmen, ist wertvoll und gehört zur Me-Time dazu – zum Beispiel in Form von einem entspannten Bad. Früher musste bei mir immer alles fix gehen. Die Badewanne hätte mir in der Vergangenheit viel zu viel Zeit geraubt im Gegensatz zur Dusche – so mein damaliges Denken. Heute liebe ich es, im Basenbad zu liegen, die Wärme zu genießen, ein Buch zu lesen, einen Podcast auf den Ohren zu haben oder die Stille zu genießen.

*Alles ist möglich, sobald dir bewusst ist, dass Momente der Auszeit ein wertvolles Gut sind, wenn du fit, gesund und erfolgreich sein möchtest.*

Auszeiten sind außerdem der beste Raum zum Wachsen. Denn in der Stille entsteht Neues.

Du zauberhafte Frau, setze dich nun hin und mache dir einen Plan für deine Auszeiten, denn sie sind wichtig für ein Happy Business!

## MOMENTUM:

Plane in deinen Wochen- und Tagesplan immer wieder diese Zeiten für dich ein:
Wann wirst du dich bewegen, wann nimmst du dir Zeit für deine Essensrituale? (Ich habe gelernt, mir bewusst Zeit für das Essen zu nehmen, statt nebenher am Schreibtisch zu speisen.)
Wann gehst du spazieren und an welchem Wochentag könntest du dir abends ein Bad gönnen?
Erlaube dir, deine Auszeiten in deinen Plan zu integrieren, von Anfang an!
**Je mehr Pausen** du bewusst nutzt, **desto mehr Power, Intuition und grandiose Ideen kommen** zu dir, desto mehr setzt du um, desto mehr verkaufst du, desto mehr kommst du in den Erfolg.
Also, wie viele Stunden willst du arbeiten?
Wie kann es für dich möglich werden, Zeit für dein Business, für dein Privatleben, für deine gesunde Ernährung und für deine Bewegung und dein Wachstum einzuplanen?

Und ja, manchmal dürfen die privaten Aktivitäten hintenangestellt werden, wenn du etwas Neues erreichen willst.

Ich habe manches Mal auf das eine oder andere schöne Miteinander, auf Treffen mit Freunden, Partys, kulturelle Veranstaltungen und Ausflüge im Privaten verzichtet, doch auch das hat mich dahin gebracht, wo ich heute bin.

Es geht nicht darum, Verzicht auf alles zu üben. Jeder kann doch für sich entscheiden, wie viel er bereit ist, zu investieren, wie viel er erreichen will und in welchem Tempo. Und es ist möglich, dass du beides gut leben kannst – Verzicht und Genuss – und die Work-Life-Balance erreichst.

Wenn du liebst, was du tust, dann schaust du zu dir, dann schaust du auf den Ausgleich und achtest auf dich und deine Gesundheit. Weil du weißt, dass das erfüllte Leben und der eigene Erfolg schon greifbar sind, und weil du weißt, wofür du deine Schritte gehst und was du willst. Du spürst: Deine größte Stärke liegt oft genau dort, wo du zur Ruhe kommst.

In deiner Stille. In deiner Auszeit. Da, wo du ganz bei dir bist.

Und genau aus dieser inneren Ruhe heraus wächst er: dein Erfolg. Nicht weil du dich hetzt, sondern weil du klar bist. Nicht weil du alles machst, sondern weil du das Richtige tust.

> Lass uns jetzt genau dorthin schauen:
> Was bedeutet Erfolg für dich?
> Wie fühlt er sich an?
> Und wie kannst du ihn in deinem ganz eigenen Tempo leben – erfüllt, kraftvoll, echt?

# 6.
# ERFOLG

## DU ALS UNTERNEHMERIN

Dein Leben wird sich verändern, sobald du dich auf deinem Herzensweg befindest und du nutzt und anwendest, was ich schon in Kapitel 1 schrieb. Um zu sein, wer du bist, darfst du permanent mit deinem Leben verbunden sein. Damit dir genau das gelingt, darfst du dich von der Vergangenheit lösen, denn hinter ihr wartet ein Leben voller Möglichkeiten auf dich.

> Wer bist du? Wer darfst du sein?

Genau um diese Fragen dreht es sich wieder und wieder auf deiner Reise.

*Du darfst immer wieder neu entscheiden, wer du sein willst!*

Wäre es nicht genial, schon heute die Person zu sein, die du sein willst? Sprich: Jetzt und hier schon so zu handeln, zu entscheiden, zu denken und zu erschaffen wie die Frau in deinen Träumen?

Du kannst wählen. Du hast es in deiner Hand. Immer.

Genau hier liegt deine tägliche Herausforderung und auch deine größte Chance:

> Verbinde dich immer wieder mit der Frau, die du sein willst. Fühle dich in sie hinein. Jeden Tag und in jedem Moment, ganz bewusst.

> Du darfst dich als die Person fühlen, die du sein willst, bevor du sie mit allen Fasern verkörperst.

Was heißt das jetzt konkret für dich? Du darfst dich entscheiden, heute schon so zu gehen wie diese Frau, dich wie sie zu bewegen, dich wie sie zu kleiden und zu schminken, so wie sie zu essen, zu trinken, zu denken, zu handeln.

Du wirst in ihrem Gewand schnell entscheiden und weniger zögern. Dann kannst du vorangehen, Klarheit erlangen, Lösungen finden und umsetzen.

Du wirst die richtigen Antworten zur richtigen Zeit bekommen. Denn je mehr du an deine Vision von dir selbst angebunden bist, desto klarer wirst du in deinen Zielen, deinen Entscheidungen, deinen Ergebnissen.

*Es geht nicht darum,*
*heute schon alles zu haben.*

Es geht darum, wer du auf dieser Reise wirst und wer du bist, als die wundervolle, großartigste und erfolgreichste Unternehmerin. Als die selbstständige Frau, die liebevoll und selbstbestimmt agiert. Die weniger hart mit sich umgeht, sondern selbstbewusst Nein sagt. Die mit Unternehmerinnenblick auf ihre Finanzen schaut. Die vielleicht auch etwas riskiert, um mehr zu empfangen. Die mutig unbekannte Türen öffnet, um die Wunder dahinter zu entdecken. Die Verantwortung übernimmt und durch ihre Ängste geht, um genau dorthin zu kommen, wo sie hinmöchte: in ein Leben voller Freude, Leichtigkeit und innerem Frieden.

Vielleicht wirst du im Restaurant dein Menü wählen, es dir selbst zusammenstellen und dabei ganz entspannt bleiben. Auch dann, wenn dein Essen nicht sofort kommt. Du wirst gelassen darauf vertrauen, dass es genau zum richtigen Zeitpunkt zu dir kommt und dass es dir schmecken wird. Der Service wird passen. Und wenn nicht, dann wirst du freundlich, klar und bestimmt sagen, was es braucht und wie du es haben willst.

Es ist die Art und Weise, wie du denkst und wie du dich verhältst, die dein Leben nach und nach zu verwandeln beginnt.

Genau das entscheidet alles:

*Wie du heute schon bist –*
*und wer du bereit bist, morgen zu sein.*

## URTEILSFREI – DETOX YOUR LIFE

Wer wirst du auf deiner Reise?

Obwohl wir so viel wollen, uns die schönsten Dinge ausmalen, von Großem träumen und unsere Wünsche glasklar vor Augen haben, zeigen sich auch auf unserem Weg Polaritäten. Sprich das, was Freude und das Vertrauen bringt, kommt von jetzt auf gleich ins Wanken bringt.

Du fragst dich:

Will ich wirklich so werden?

Willst ich bewertet werden?

Willst ich mich vom Außen beurteilen lassen?

Was ist, wenn sich plötzlich derlei Ängste und Zweifel zeigen und lauter werden? Fragst du dich dann, ob du wirklich noch auf dem Weg bleiben möchtest, den du ausgewählt hast?

Ich bin mir sicher, du hattest jetzt schon ganz viele Aha-Momente und es werden weitere folgen. Du nimmst wahr, worum es dir in deinem Business und in deinem Leben wirklich geht. Nämlich um dich, um dein Inneres und deine Muster. Vielleicht verstehst du nun, weshalb du manchmal so tickst, wie du tickst und wie es gehen kann, mutig zu sein und die inneren Hürden aufzulösen. Unser Verstand verlangt schnell nach Beweisen, ob der neue Weg funktioniert – und bekommt er sie nicht, stellt er alles in Frage. Dann nehmen die Zweifel überhand und wir glauben, niemals erfolgreich zu sein oder uns in den Augen der anderen lächerlich zu machen.

Deshalb: Handle, ohne ständig zu überprüfen, ob es sich sofort erfüllend anfühlt. Handle, ohne dich dabei zu fragen: „Was könnten denn die anderen dazu sagen?"

Wie oft hältst du dich zurück, nur aus Angst vor Bewertung?

Aus Angst, was andere über dich denken und sagen könnten?

Wie genial wäre eine Welt, in der wir bewertungsfreier wären?

In der wir den Dingen folgen, weil wir unserer Intuition vertrauen und weil sie uns sicher führt. Weil wir einfach etwas wagen, handeln und aussprechen, was unserer Wahrheit entspricht.

Wie viel liebevoller wäre unsere Welt dann, wenn wir bewertungsfrei wären!?

> Was wäre für dich alles möglich, wenn du keine Angst mehr vor Bewertungen hättest? Was würdest du tun, Liebes?

Bewertung ist in unserer Welt meistens an das äußere Erscheinungsbild einer Person geknüpft. Oftmals wird der Mensch dahinter bewertet, obwohl wir ihn nicht einmal kennen und gar nicht wissen, was der wahre Beweggrund einer Person ist, sich so zu verhalten, wie sie es tut.

Wie oft bewerten Menschen andere – ganz automatisch? Schon beim ersten Blick entstehen im Kopf Geschichten über Eigenschaften, Fähigkeiten und Lebensstile. Rückschlüsse werden gezogen, noch bevor ein Wort gesprochen wurde. Das passiert oft ganz nebenbei, im Vorbeigehen. In der Parfümerie, beim Sport, im Supermarkt, beim Wellness und auf der Straße. Vielleicht sitzt dir diese Person auch einfach im Restaurant gegenüber.

Ein Großteil der Menschen bewertet ständig. Ich habe es auch getan und selten passiert es mir noch heute. Doch weshalb ist das so?

Bei der ersten Begegnung wissen wir nichts über den anderen. Nichts darüber, warum eine Frau so aussieht, wie sie aussieht. Weshalb sie genau dieses Outfit trägt und kein „richtig schönes“ Kleid. Warum sie sich nicht geschminkt hat. Warum ihre Haare offen im Wind wehen, statt gebunden zu sein.

Vielleicht liegt ihre Achtsamkeit weniger auf dem Äußeren. Und doch: Wenn sie spricht, möchte ihr am liebsten die ganze Welt zu hören. Doch das erfahren wir nicht, wenn wir sie aufgrund ihres Äußeren abwerten und ihr den Rücken zuwenden.

*Wir kennen die Geschichten der anderen nicht.*

Wir wissen nicht, was die Menschen erlebt haben.

Aus meiner Sicht wird es immer wichtiger, aus der Bewertung auszusteigen und stattdessen in eine innere Neutralität zu kommen.

Und auch hier gilt: Wir wissen nicht, warum beispielsweise eine unserer Freundinnen immer wieder auf denselben Typ Mann reinfällt. Und warum die andere jeden Monat zur Mitte hin kein Geld mehr hat und dann auf den Partner angewiesen ist, um liquide zu sein.

Wir wissen nicht, warum unsere Kollegin ihr Essen hastig in sich reinstopft, während die andere nie zum Zahnarzt geht. Ja, warum eine Frau bunte Haare trägt und Ferrari fährt, während die andere weiterhin keinen fahrbaren Untersatz besitzt.

Die eine verreist nie, im Gegensatz zu der, die sich im 5-Sterne-Hotel verwöhnen lässt. Die eine kann supergut Yoga, aber Essen kochen ist ein No-Go. Die eine erschrickt bei allem, die nächste befindet sich ständig im Streit. Wieder eine andere traut sich kaum, vor anderen etwas zu sagen. Und, und, und…

Wir kennen die anderen Menschen nicht wirklich. Wir wissen nicht, wie sie aufgewachsen sind und wie sie behandelt wurden. Wir haben keine Ahnung, welche traumatischen Erlebnisse sie erfahren haben und weshalb sich Bindungsängste, Mutlosigkeit, Verzweiflung in ihnen ausbreiten.

Und genauso geht es anderen Menschen mit dir. Sie wissen nicht, weshalb du so bist, wie du bist. Weshalb du so handelst, wie du handelst, und weshalb du jetzt immer präsenter und sichtbarer wirst. Sie haben keine Ahnung davon, warum du dich und dein Leben und dein Business jetzt an erste Stelle stellst.

Wie würdest du dich dann fühlen, wenn wir alle losgelöst wären von Bewertungen und Verurteilungen? Wenn wir alle einfach im Frieden miteinander wären? Wenn Liebe das Maß aller Dinge wäre? Wäre es dann vielleicht langweilig? Wer weiß – aber vielleicht wäre es auch einfach nur wundervoll.

Du Zauberhafte, **Verurteilungen und Bewertungen sind oft dein Spiegel. Sie sagen meist vielmehr über dich selbst aus als über den anderen.**

> Das, was du im Außen siehst, trägst du in dir. Dein Gegenüber ist ein Spiegel, auch wenn du es nicht sofort erkennst.
> Entscheide dich, wie du Menschen begegnest: eher offen und neugierig? Mit dem Blick auf das, was an ihnen wunderbar ist? Entscheide dich, vor deiner eigenen Türe zu kehren statt vor der der anderen.

Denn wir alle haben genug mit uns selbst zu tun, wenn wir den Fokus auf uns richten.

Spürst du das?

Kannst du das fühlen?

Sei ehrlich zu dir.

Für den Fall, dass du dich dabei ertappst, andere Menschen noch zu verurteilen und zu bewerten, habe ich hier einen kleinen Tipp für dich. Er funktioniert übrigens auch wunderbar mit dir selbst.

Genau dann, wenn du noch Groll auf jemanden hast, ist jetzt die beste Zeit:

## MOMENTUM:

Nimm dir einen Zettel und Stift und schreibe dieser Person einen Dankesbrief.
Ja, du liest richtig. Einen Dankesbrief!
Und nein, du musst ihn nicht abschicken. Du kannst ihn bei dir behalten; es sei denn, du willst ihn unbedingt versenden. Doch dieser Brief ist für dich gedacht, um die Emotionen, die du mit der betreffenden Person verbindest – wie Wut, Enttäuschung, Ärger – ein und für alle Male loszulassen. Schreib sie dir von der Seele. Bringe alles zu Papier. Denn so reduzierst du die Energie in dir, die sich nicht gut anfühlt und dich aufwühlt. So befreist du dich vom Groll.
Mit dieser Übung kannst du alles loslassen.
Dann mache ein Ritual daraus. Verbrenne den Brief in einer feuerfesten Schale. Alternativ zerreiße ihn ganz bewusst und lass ihn los.

Vielleicht wirst du auf deiner Reise nicht jemand völlig Neues, sondern endlich die Frau, die du tief in dir längst bist.

Falls du dir beim Aufbau deines Unternehmens Impulse oder konkrete Unterstützung wünschst:
Der QR-Code bringt dich direkt zu mir.

# Haben

## UNTERNEHMERISCH DENKEN, UMSETZEN UND EMPFANGEN.

Wie du dein Business in die Fülle trägst und deine Finanzen gestaltest.

# 1.
# WOW's

## ERLEBNISSE – KEIN ZUFALL

Während ich hier sitze und dieses Buch schreibe, erlebe ich immer wieder Aha-Momente. Erkenntnisse, die nicht aus dem reinen Verstand hervorgehen, sondern aus einer tieferen Quelle stammen. Denn nichts im Leben geschieht zufällig und ohne Grund.

Sobald du dich von Problemen und Herausforderungen löst, bist du nicht mehr in der Unwissenheit. Indem du die volle Verantwortung für dich und dein Leben übernimmst und erkennst, dass nur du selbst etwas verändern kannst, beginnst du zu erschaffen und dein Leben blüht auf.

Dass ich heute dort stehe, wo ich stehe, ist kein Zufall. Ich bin hier, weil ich begonnen habe, meine Paradigmen zu hinterfragen und meine Gewohnheiten zu verändern. Ich habe mein Unterbewusstsein mit neuen Informationen genährt und dadurch neuronale Verschaltungen meiner Zellen verändert und in meinem Körper neu programmiert. Durch Affirmationen und innere Bilder konnte ich mein Verhalten transformieren und damit meine Handlungen verändern. Was früher undenkbar und „nur" ein Traum war, erscheint mir heute nicht nur möglich, sondern wird mehr und mehr zu meiner Realität.

Als ich „das System" verstanden habe, erst zu SEIN und mich so oft wie möglich mit meiner Zukunftsvision zu verbinden, habe ich erkannt, dass sich tatsächlich Ergebnisse zeigen.

Damit fing ich an, mich zu trauen und Dinge anders zu tun – und erst dann kam die Antwort auf das „WIE will ich's haben?" in Verbindung mit: „Was kann ich verändern und was ist möglich?" Und dann habe ich erneut umgesetzt.

Ich wusste anfangs nicht, was genau passieren wird oder wie es funktioniert. Ich habe mir mein Ergebnis einfach vorgestellt – ich habe es gefühlt. Und dann kamen tatsächlich die Resultate, die ich als überwältigend und zutiefst erfüllend empfand.

Verstehst du, was ich meine?

Zuvor war ich noch nicht wirklich an diesem Punkt. Denn wäre ich es gewesen, wäre ich bereits die Person gewesen, die ich werden wollte. Dann hätte ich gewusst, wie es geht und was zu tun ist. Ich wäre nicht jeden einzelnen Schritt gegangen, sondern von der untersten Treppenstufe direkt nach ganz oben gesprungen. Ich hätte das Ergebnis sofort erhalten.

Wäre das nicht super?

Doch genau da liegt die Krux. Du kannst nicht vom Jetzt und Hier direkt zum Ergebnis springen. Manchmal wünschen wir uns die Abkürzung. Doch zu schnell und zu einfach würde dich innerlich nicht wachsen lassen. Kennst du die Geschichten von Lotto-Gewinnern, die nach kürzester wieder Zeit pleite sind? Warum passiert das? Weil sie innerlich nicht mitgewachsen sind. Sie konnten den plötzlichen Wohlstand energetisch nicht halten und sich dahingehend entwickeln. Somit war die Summe auf ihrem Konto nicht haltbar. Sie hatten keine Chance und es fehlte der Raum, Schritt für Schritt hineinzuwachsen und echte Stabilität aufzubauen.

*Der Weg führt immer zuerst über das Sein.*

Du darfst zuerst die Frau sein, die du sein willst. Dabei geht es nicht darum, ob du geschminkt bist oder das teuerste Kleid trägst. Es geht vielmehr darum, ob du authentisch bist, ob du Entscheidungen triffst und handelst wie die Frau, die du werden willst.

*Der Weg führt vom Sein über das Tun. Du darfst zuerst handeln, umsetzen und aktiv werden, bevor du empfangen kannst.*

**Denn wahres Tun entsteht immer aus einem echten Sein.**

Wenn du zuerst bist, wer du wirklich sein willst, folgt das Handeln aus innerer Klarheit und mit ihm alles, was zu dir gehört.

Richtig – zuerst darfst du Erfahrungen sammeln, zum Beispiel herausfinden, mit wem du wirklich zusammenarbeiten willst. Wenn du das klar für dich hast, finden auch die richtigen Menschen – deine Traumkunden – zu dir und zu deinen Angeboten, Produkten und Dienstleistungen.

Du darfst zuerst ein Produkt erschaffen, das dich selbst richtig begeistert und magnetisch wirkt, bevor andere es kaufen wollen. Es funktioniert nie umgedreht. Denn sonst wirst du nicht zu der Person, die du wirklich sein willst. Stattdessen bleibst du genau dort stehen, wo du herkommst.

## LEBEN – DER LEITSTERN

Was heißt es eigentlich, das eigene Leben zu genießen?

Für mich bedeutet es, **in allen Lebensbereichen Fülle zu erleben**: mentale, emotionale sowie äußere Fülle.

Für mich heißt es, in der Freude und der Leichtigkeit zu sein und vor allem lösungsorientiert zu leben.

Das Leben zu genießen ist für mich, mit sich selbst in Frieden zu sein, in sich selbst zu ruhen und aus der ureigenen Kraft zu wirken.

Finde Frieden in dir, wenn du dich nach Frieden sehnst. Egal wie. Meine Herzensempfehlung, nimm all das, was du hier schon lesen konntest. Nutze das, was dir dient, lerne, wiederhole und setze um.

Für mich sind es die stärksten Werkzeuge auf dem Weg zu einem erfüllten Leben.

Und ja, nicht alles geschieht von heute auf morgen. Es braucht Geduld, Präsenz und Wiederholung. Es gilt dranzubleiben, zu fühlen, neu auszuprobieren – und zwar so lange, bis sich dieses neue Wissen in dir verankert hat und automatisiert zu Handlungen führt.

Auch ich habe noch nicht alles in der Tiefe verankert. Ich trainiere und wiederhole immer wieder.

> Ja, Leben bedeutet für mich: zu lernen, dranzubleiben und sich führen und treiben zu lassen – mit einer Vision, die so stark ist, dass sie dich zieht. Eine Vision, die größer ist als du selbst, zauberhaft und leuchtend – dein persönlicher Leitstern.

Zu einem erfüllten Leben gehört für mich auch, dass ich neben dem inneren Frieden, der Ruhe und der ureigenen Kraft ganz klar weiß, was ich wirklich will. Lebendigkeit impliziert die Erlaubnis, groß zu denken und daran zu glauben, dass du deine Ziele erreichen kannst.

Das ist vor allem dann möglich, wenn du immer wieder bei dir bleibst und deine Wahrheit aussprichst und auch bewusst lebst, in dem du Lösungen schaffst: im Business, in der Partnerschaft, in den Beziehungen, in der Gesundheit, den Finanzen, in der Spiritualität – in der Liebe. Es sind Lösungen, die mich genau dorthin bringen, wo ich wirklich hinwill.

Was gehört noch dazu? Reflektiert zu sein und gleichzeitig das eigene Leben zu genießen. Genuss beginnt schon mit deiner Atmung. Er setzt sich fort in deinem Erwachen am Morgen, in dem, was du denkst, was du fühlst und worauf du dich den ganzen Tag über fokussierst. Wie du frühstückst, ob du dir Zeit für eine Pause nimmst, ob du dir erlaubst, das zu essen, was du wirklich willst.

Wir alle tragen so viel mehr Energie und so viel mehr Power in uns, als wir selbst oft glauben. Ja, du liest richtig:

*Du kannst noch so viel mehr geben,*
*als du bisher für möglich hältst.*

Wenn du jenen Lebensgenuss spüren willst, den du dir wünschst, darfst du geben – und zwar DIR. Du bist der wichtigste Mensch in deinem Leben. Nur zufrieden zu sein, bedeutet nicht automatisch, in Genuss und in der Fülle zu leben. Dazu gehört so viel mehr: Spaß zu haben, sich leicht und frei zu fühlen, ein wohliges und aufgeregtes Kribbeln im Körper zu spüren.

Das ist echter Genuss – und eines der wundervollsten Gefühle, die es gibt.

Genuss hat für mich auch viel mit kindlicher Freiheit zu tun.

Diese kindliche Freiheit erlaubt uns, den Moment wahrzunehmen und zu erkennen, dass gerade etwas Fantastisches ansteht. Etwas Großartiges, das du erlebst, weil du dich verhalten darfst wie ein Kind.

Kinder sind neugierig. Sie sind aufgeregt und probieren sich aus – immer wieder, ohne viel darüber nachzudenken, was passieren könnte. Ohne ständig das Für und das Wider abzuwägen, sie tun es einfach. Sie lachen, springen, freuen sich, sie kichern und necken sich. Und weißt du was? Sie sind mutig. Sie trauen sich.

Sie stehen für sich ein, sie probieren sich aus und testen ihre Grenzen, sie leben im Moment. Sie fallen hin und stehen wieder auf. So lange, bis sie zu viele Neins hören und mit ständigen Verboten konfrontiert werden.

Und genau das, dieses freie, mutige und lebendige Sein, ist für mich das Wundervollste, was es gibt.

In dieser Lebendigkeit und Neugier beginnt wahre Fülle und mit ihr kommt deine ureigene Kraft zurück.

## ZAUBER – DIE KRAFT DER MANIFESTATION

Wie kannst du dir Dinge in dein Leben holen, die du dir wünschst? Was ist wichtig für dich, damit du dein Leben genießen kannst?

Kinder fragen zum Beispiel einfach nach etwas. Und empfangen. Sie sind fest davon überzeugt, dass das mit dem Wünschen funktioniert.

Erwachsene können das auch, denn das Kindsein ist nie vorbei. Kindsein funktioniert nach wie vor, nur manchmal ist es in uns verloren gegangen. Dabei wünschen wir uns ständig kleine Dinge im Alltag; den ganzen Tag lang. Viele davon erfüllen sich, ohne dass wir es bewusst wahrnehmen und es bemerken.

Du liest richtig. Es ist so: Du manifestierst in jedem Moment.

Die Frage ist nur: Wie geht Wünschen, wie geht Manifestieren richtig? Was braucht es zum Manifestations-Code noch dazu, um richtig zu fragen und zu empfangen?

Hier kommst du in fünf Schritten in die Kraft zur Manifestation:

**MOMENTUM:**
Du fragst,
du fühlst,
du lässt los und
du wirst empfangen.

(Und Achtung: Wenn du das, was du manifestiert hast, sofort wieder anzweifelst oder es im Moment seiner Ankunft nicht erkennst und wahrnimmst, kann es sich wieder auflösen und zwar fast so, als wäre es nie da gewesen.)

Damit lass uns doch direkt wieder ins Business einsteigen:

> Was kannst du für dich und dein Herzensprojekt tun? Was braucht es für dich, um zu bekommen, was du willst?

Du hast ja deine Vision und kannst jetzt nach den einzelnen Schritten fragen.

Welche Schritte benötigt es für dein Traumbusiness?

Was braucht es jetzt konkret?

Was kannst du tun?

Was ist dein nächster Sprung?

Mit wem willst du gehen – welche Menschen sind an deiner Seite?

Wer ist die richtige Mentorin, der perfekte Mitarbeiter für dich?

Stell dir genau diese Fragen nach dem, was dran ist und wirklich ansteht. Du kannst nach allem fragen. Du kannst um Zeichen und Antworten bitten. Wichtig ist: Hafte nicht an dem Ergebnis an, das du dir wünschst.

Wenn du dir zum Beispiel dein eigenes Unternehmen manifestieren willst, dann frage gern nach dem, was du dir wirklich vorstellst – vielleicht sogar nach einer Million Euro, Dollar, Schweizer Franken. Doch bleib dabei frei. Sei nicht am Geld selbst verhaftet.

Du hast es in der Hand. Neben dem Code ist Fühlen die Kraft und der Zauber. Fühle, spüre, was du dir wünschst und warum es zu dir kommen soll. Verbinde dich immer wieder mit deiner Businessidee, deinem Unternehmen und vor allem mit dir selbst als Unternehmerin.

Und dann lässt du los, dann gibst du deine Frage ab an die Energie, an das Universum oder wie auch immer du es nennen magst.

Lasse völlig los und du wirst empfangen.

Ganz sicher.

Ja – natürlich braucht es Übung. Und Vertrauen und den Glauben daran, dass es funktioniert.

Rom wurde nicht an einem Tag erschaffen. Dein Unternehmen, dein Traumleben wird auch nicht von heute auf morgen entstehen. Aber du kannst dich immer wieder mit deiner Vision, mit deinen Träumen verbinden und den Zauber der Manifestation benutzen.

Du Zauberhafte, ja, es funktioniert so!

Nur manchmal meldet sich der Verstand bei dir und sagt: „Das kann doch gar nicht sein. Das wird niemals funktionieren. Das ist unmöglich."

Dann **sei bitte achtsam**!

Wenn er dir Sachen wie „Nein, das ist nicht für mich." einflüstert oder „So schnell? Das geht doch gar nicht!" – dann pass weiter gut auf! Durch deine Zweifel werden Bestellungen ganz schnell wieder storniert.

> Deshalb sei wirklich achtsam, sei neugierig und konzentriere dich darauf, dein Geschenk auch annehmen zu können.

Und das Wunder, von dem du nie gedacht hättest, dass es für dich möglich ist – genau das gilt auch für dich!

**MOMENTUM:**
Der letzte und fünfte Schritt für den Zauber ist das Feiern und Jubeln.

Erkenne dich für deine Wahrnehmung an, für deine großen und kleinen Erfolge, für deine Bestellungen und das Empfangene.

Verbinde dich mit deinem Herzensprojekt und fühle rein, wie es ist, wenn du erfolgreich bist, wenn dein Business rockt, wenn du dir deine Träume erfüllen kannst und das jeden Tag aufs Neue.

Alles ist ein Zauber, wenn du vertraust und, wenn du an DICH und dein PROJEKT glaubst.

*Alles wird zu dir kommen, was zu dir gehört und deine Intuition wird dich dahin tragen, die richtigen Fragen zu stellen.*

Erkenne, dass du der Zauberstab in deinem Leben bist. Wenn du das tust, dann erlebst du einen Zauber nach dem nächsten. Einfach nur Wow.

# 2.
# GELD

## Unabhängigkeit durch klare Finanzen

Unabhängigkeit bedeutet für mich, eigenständig zu sein. Übersetzt bedeutet das: etwas Eigenes zu tun, damit Geld zu verdienen und davon gut – besser noch, richtig gut – leben zu können.

Zusätzlich heißt es, unabhängig zu sein von anderen Menschen: zum Beispiel von deinen Eltern, deinem Partner, deiner Partnerin, deinen Freunden etc.

Unabhängigkeit heißt auch, sich etwas aufzubauen. Ja, ein Leben, ein Business zu haben, das du liebst – und gleichzeitig völlig frei zu sein von allen schädlichen und hinderlichen Abhängigkeiten. Egal, in welcher Form. Egal ob menschlich, wirtschaftlich, finanziell.

> Es ist so wichtig zu wissen, was du willst.
> Nur so kannst du dich aus diesen Abhängigkeiten lösen.
> Nur so wird dir bewusst, wo du gerade stehst und was dein aktueller Status Quo ist.

Wenn dein Status Quo für dich klar ist, kannst du auch neue und andere Schritte setzen. Dann kannst du losgehen in Richtung deiner Unabhängigkeit.

Unabhängig zu werden ist ein Weg. Gerade dann, wenn du es bisher nie warst und dich immer wieder in Abhängigkeiten von Dritten begeben hast.

Doch weißt du was?

> Es ist total egal, was dir in deinem Leben widerfahren ist.
>
> Fakt ist: Du kannst da rauskommen und es gibt Unterstützung, wenn du es allein nicht schaffst.
>
> Finde Menschen, mit denen du dein Thema angehen kannst – und dann pack es an.

Unabhängig wirst du nicht von heute auf morgen. Es sei denn, du gewinnst im Lotto. Doch aufgepasst: Wie ich schon weiter vorher über dieses Beispiel schrieb, die meisten Lottomillionäre verlieren ihr Geld ganz schnell wieder. Weil sie nicht wissen, welche Autopiloten in ihnen ablaufen und welche Programme wirklich aktiv sind. Also wähle bewusst, spekulierst du oder gehst du doch einen anderen Weg.

Unabhängigkeit entsteht mit jedem Schritt, den du gehst, mit deinem Bewusstsein, deiner Klarheit und deiner Disziplin. Ja, auch gepaart mit deiner Freude und deiner Leichtigkeit. Du entscheidest, was und wie du es haben willst.

Wenn du jetzt eine Entscheidung getroffen hast, unabhängig zu sein, dann öffne bitte noch weiter deine Augen. Sei wach für dich und dein Geld – für deine Finanzen.

## *Schaue weniger weg – stattdessen: Schaue bewusst hin.*

Wegschauen? Sich biegen und winden, wenn es um deine Finanzen geht? Vermeidung, verdrängen, totstellen oder es einfach so hinnehmen? Augen zu und durch? Immer wieder die gleichen Abläufe?

Kein unbekanntes Verhalten, oder?

Damit ist jetzt Schluss. Jetzt ist deine Lösung dran.

Dein Wachwerden.

Dein Hinschauen.

Dein Reflektieren.

**Und genau das packen wir jetzt, konkret und greifbar an.**

MOMENTUM:
Nehmen wir das Beispiel Finanzen: Wohin schaue ich? Was reflektiere ich wirklich?
Hier ein paar Fragen, die bei mir auf dem Zettel stehen (du kannst sie gerne erweitern, vertraue da ruhig deiner Intuition):

Wie denke ich über meine Finanzen?
Wie habe ich bisher agiert?
Wie bin ich mit meinem Geld in der Vergangenheit umgegangen?
Wie wurde Geld in der meiner eigenen Familie gelebt, bei meinen Ahnen?
Welche Muster wurden weitergegeben, und wie wurde daheim über Geld gesprochen?
Wurde großzügig damit umgegangen?
War das Geld knapp?
Wurde jeder Cent umgedreht, weggelegt und gespart?

Gerade das Finanzielle ist mit vielen Ängsten behaftet. Angst vor Ablehnung, Angst, ausgegrenzt zu werden, Angst vor Beschimpfung, Angst vor dem Nein. Ich weiß es aus eigener Erfahrung. Und weißt du was? Genau dieses Verhalten erlebe ich so oft, gerade am Anfang, wenn meine Kundinnen mit mir starten. Du bist damit nicht allein.

Frage dich selbst:
Zahlst du gerne deine Rechnungen?
Wenn eine Rechnung ins Haus flattert – spule mal den Film ab:
Wie fühlst du dich dann?
Was macht das mit dir? Wie gehst du damit um?

Öffnest du sofort den Briefumschlag? Oder lässt du ihn vielleicht lieber liegen, weil du vorab schon genau weißt und es erahnen kannst, was darin ist, es aber nicht sehen möchtest?

Egal, was kommt. Und egal, was drinnen sein wird. Gewöhne es dir ab sofort an, deine Post sofort zu öffnen. Atme dabei ruhig und bewusst. Lege die Briefe nach dem Öffnen für einen Moment zur Seite. Die Antwort wird kommen, was du tun kannst und wie du diese Rechnung begleichen wirst.

Ganz ehrlich?

Langes Herausschieben bringt dir nichts. Das weiß ich aus eigener Erfahrung. Du verschiebst damit nur deine Situation und die Realität, in der du gerade steckst. Und vielleicht tauchen dann sogar Mahnungen auf.

Genau deswegen sind klare Finanzen die einzige Chance, um wirklich auf einen grünen Zweig zu kommen: Forderungen zu begleichen, laufende Ausgaben mit laufenden Einnahmen zu decken und überhaupt wieder Überblick und Ordnung reinzubringen.

*Eine Unternehmerin hat den Blick immer auf ihren Finanzen;*

sie handelt und entscheidet wie die Frau, die schon erfolgreich ist und mit Souveränität ihr Business stetig weiterentwickelt.

Ich habe viele großartige Unternehmerinnen und Unternehmer kennengelernt. Einige davon hatten Geld, andere durchlebten Phasen mit weniger oder gar keinem Umsatz. Das Besondere an denen, die stets mehr haben und ihr Geld beständig vermehren, ist:

Sie haben ihre Buchhaltung im Griff.

Sie haben ihr Geld im Griff.

Sie haben ihre Finanzen im Griff.

Was meine ich mit „im Griff haben"? Sie haben den Überblick über ihre Finanzen. Sie haben verstanden, wie Geld funktioniert und sie sind sich selbst gegenüber pflichtbewusst.

Sie erledigen ihre Buchhaltung jede Woche.

Sie bezahlen ihre Rechnungen sofort und als Einmalzahlung.

Sie warten nicht, bis das Zahlungsziel dran ist.

Sie warten niemals auf Mahnungen.

Ich habe von ihnen viel lernen und mitnehmen können. Und zugleich habe ich in meiner Arbeit gesehen, wie viele Einzelunternehmerinnen, ähnlich wie ich früher, ihre Finanzen weder im Blick noch im Griff hatten.

Genau das habe ich für mich verändert. Ich habe dazu gelernt. Und ich wachse weiter – auch im Geldspiel werde ich immer noch besser.

Warum?

Weil ich es will.

Weil das für mich zum Unternehmertum dazugehört.

Weil das ist für mich der Weg zu Wohlstand und Fülle ist.

Genau so will ich es immer haben und genauso will ich es leben.

Was gibt es jetzt für dich zu tun?

## MOMENTUM:

Ich empfehle dir: Setze dich hin und beginne damit, dir einen kompletten Überblick über deine Finanzen zu verschaffen.

Wo stehst du gerade?
Welche Ausgaben hast du?
Wie sieht es aktuell bei dir aus?

1. Aktualisiere deinen Stand am besten wöchentlich.
2. Falls du offene Posten und Verbindlichkeiten hast: Behalte deine Rückzahlungen, dein geliehenes Geld und die laufenden Kosten im Blick.

3. Vereinbare Ratenzahlungen und achte darauf, dass du dich verbindlich und konsequent daranhältst.
4. Gibt es einen Vertrag nur mit einem Rückzahlungsziel ohne genaue Raten? Dann bedeutet das: Disziplin. Überlege dir gut, wie du monatlich Geld zurückführen kannst. Eine Möglichkeit wäre: Du richtest dir ein separates Konto ein, auf das du regelmäßig die Rückzahlungsrate fließen lässt.

Das ist der Weg in deine Unabhängigkeit.

Das ist der Weg, um wahrzunehmen, was ist.

Dein Weg in die Eigenständigkeit.

*Denn genau darum geht es doch, oder?*

Darum, etwas Eigenes zu tun.

Selbstbestimmt, klar und verbunden mit dem, was dir wichtig ist; getragen von dem Wunsch, davon richtig gut leben zu können.

> Deine Klarheit bringt Unternehmertum mit.
> Und deine Klarheit lässt dich immer wieder auf dich schauen.
> Auf dich und deine Finanzen, auf dich und dein Business.

## FREI SEIN, FREI WÄHLEN, GROSS DENKEN

Du entscheidest, wie du dein Leben haben willst. Du bist die Schöpferin deines Business und deines Lebens. Träume! Kreiere, was dir gefällt! Du hast die freie Wahl – auch dann, wenn noch nicht alles vorhanden ist. Alles beginnt mit deiner inneren Einstellung und der Frage:

## *Wie willst du es wirklich haben?*

Nehmen wir als Beispiel die Zeit, die wir zur Verfügung haben.

In der Vergangenheit kam ich gut mit 5 bis 6 Stunden Schlaf pro Nacht aus. Die haben mir gereicht und der Rest war meine Arbeitszeit, 7 Tage die Woche. Zwischenrein noch ein bisschen Sport, gelegentlich ein Essen mit Kollegen oder Freunden und anderen Unternehmern, bevor es danach oft zurück an den Rechner ging. Ganz egal, wie spät es war.

Genau jetzt, wo ich das hier schreibe, wird mir noch einmal bewusst, wie mein altes Leben aussah. Ich war getrieben von all den vielen Aufgaben, welche mir manchmal echt die Luft nahmen. Wo mir die Zeit für mich fehlte und vor allem die Schulter zum Anlehnen.

Ja, ich fühlte mich manchmal echt einsam. Allein gelassen und erdrückt von all den Aufgaben. Und ich weiß: Das hatte ich mir selbst so kreiert.

Damals war ich zwar ohne Partner, aber ich fühlte mich, als wäre ich in einer toxischen Beziehung. Mit meinem Job. Über Jahre hinweg war ich unglücklich verliebt.

Heute weiß ich: Alles verändert sich, wenn du das tust, was du liebst.

Und rückblickend sehe ich: Ich war die ganze Zeit nie wirklich alleine gewesen.

Wir – du – ich – sind nie wirklich allein.

Denn du hast DICH. DEIN Bewusstsein. Deine Verbindung zu dir.

**Du darfst in dich verliebt sein.**

**Du kannst das alles alleine.**

**Du brauchst niemanden, um Liebe zu fühlen und das Gefühl von Halt und Anlehnen zu erleben.**

Du hast dich.

Du darfst dich lieben.

Du darfst dich verbunden fühlen.

Auch – oder gerade – wenn du in einer Partnerschaft bist. Denn Partnerschaft ist etwas Wundervolles.

> Vor allem in einer Partnerschaft ist es wichtig, dass du bei dir bleibst. DU – als eigenständige Person, mit deinen Träumen, mit deinen Zielen, mit deiner Wahrheit und deinem eigenen Weg.

Ich bin heute so frei und wähle ganz bewusst Menschen in meinem Feld, die schon da sind, wo ich hinwill. Menschen, die – genau wie ich – stetig an ihrem Wachstum interessiert sind. Mit denen ich mich über mich und mein Business austauschen kann. Und zu denen ich hinschaue, von denen ich lerne, mir Dinge abschauen darf und mit denen ich mich auf Augenhöhe verbinde.

Dank meines Bewusstseins, dank meiner Vision sieht mein Arbeitstag heute anders aus. Ja, es gibt die Tage, an denen ich mal länger an meinem Schreibtisch sitze und es gibt mittlerweile auch die freien Tage. Und viel mehr Auszeiten: draußen in der Natur, mit meinen Lieblingsmenschen, mit dem, was ich neben dem Business liebe und schätze.

Ich wähle bewusst, ich vertraue meiner Intuition und ich entscheide, wie es sein soll und was ich haben will.

Und jetzt bist du dran.

## MOMENTUM:
Wie lebst du gerade?

Bist du eher der Morgenmensch oder eine Eule? Startest du gern richtig früh in den Tag oder blühst du abends?

Wähle, wie du es haben willst.

Freiheit heißt auch, dass du jetzt und jederzeit deinen Arbeitsort frei wählen kannst.

**MOMENTUM:**

Wo willst du arbeiten?
Von wo aus willst du dein Business rocken?

Möchtest du deinen festen Platz zuhause haben oder ein Büro anmieten? Flexibel unterwegs sein oder vielleicht ganz wo anders leben?

Du entscheidest, was sich FÜR DICH gut anfühlt.

**MOMENTUM:**

Was ist jetzt möglich? Wie kannst du JETZT starten, weitergehen und genau mit dem, was da ist?
Schau auf dein Buffett! Was kommt noch dazu?
Welche Freiheit wählst du?
Welche Entscheidungen triffst du, welche Schritte setzt du ab jetzt und zwar als „die“ Unternehmerin, die frei ist?
Was ist zu tun, damit du bekommst, was du aus tiefsten Herzen willst?

*Think big.*

Male dir deine Freiheit aus und mach sie weit, lebendig und grenzenlos!
Träume! Manifestiere. Transformiere. Komme an dem Ort an, wo du ankommen willst. Der, der dir entspricht.

Denn:

*Der Freiheit in dir,*
*folgt die Freiheit in deinem Business.*

Dein Handeln wird schöpferisch, du wirst zur Gestalterin, weil du ein spirituelles Wesen bist. Du lebst und du wirst geführt.

Es folgen die Impulse, die Erfolge auch und all das, was dich dabei unterstützt, in deine Freiheit zu kommen.

## GELDMAGNETE

Ich weiß, es ist ein Thema, in unserer Gesellschaft über Geld zu sprechen, gerade in der DACH-Region. Ich weiß, es tut weh, der Realität ins Gesicht zu schauen, insbesondere, wenn noch keine Millionen in der Hinterhand sind. Doch aus der eigenen Erfahrung kann ich dir sagen: Es ist ein großes Geschenk, wenn du bewusst reflektierst, was hinter deinem finanziellen Mangel steckt und warum du bisher so und nicht anders gehandelt hast.

Es ist wundervoll, wenn du all die Geldfluss-Verhinderer erkennst.

Ja, wenn du endlich den ganzen alten Ballast aufdeckst und ihm wirklich ins Auge blickst. Wenn du erkennst, weshalb du da stehst, wo du stehst.

Warum du noch nicht im Geld badest und warum du immer noch die Erfolge der anderen feierst, statt deine eigenen.

Liebes, und wenn jetzt die Tränen fließen, dann lass sie liebevoll fließen. Lass alles raus und bitte, stelle dich nicht in Frage – ob und wie du jemals da wieder rauskommst!

Du kommst raus, ich habe es erlebt.

Mit klaren Gedanken, ohne Wut, ohne Frust auf dich und die anderen. Du kommst raus, indem du die absolute Verantwortung übernimmst.

Trau deinen Impulsen, gehe ihnen nach.

Denn genauso bin ich rausgekommen, in dem ich ehrlich hingeschaut habe, ohne zu verschönern, ohne wegzuschauen. Ich habe Verantwortung übernommen, statt anderen die Schuld zu geben. Ich bin da rausgekommen, in dem ich mir tatsächlich Hilfe geholt habe und ich mich mit meinen Mustern und meinem Verhalten auseinandergesetzt habe.

Du bekommst alles hin und wie du schon gelesen hast: Das WIE ist nicht deine Aufgabe. Bleib intuitiv, vertraue auf dich und glaube daran, dass du es schaffen kannst.

Und vor allem:

*Bleibe stetig dran.*

Du weißt: Nach jeder Aktion folgt irgendwann eine Reaktion. Es werden Geldflüsse kommen. Du wirst Lösungen und Wege empfangen, um aus dem Tal herauszukommen. Ich habe sie auch gefunden. Manchmal braucht es Zeit und manchmal geht es ganz schnell. Du kannst heute noch nicht wissen, was zu dir kommt – und was alles entsteht, wenn du losgehst und dich nach vorn ausrichtest.

Falls du jetzt negative Gedanken gegen das Geld hegst und Geld verfluchst, dann: Stopp!

Ich bin ehrlich: Als ich das damals von meinem Coach hörte, war ich erst einmal empört. Doch je länger ich nachdachte, je bewusster ich wurde, desto mehr kam ich ins Nicken.

Denn Geld ist nicht verantwortlich für das, was ist. Geld ist neutral. Geld ist und bleibt ein Tauschmittel und ist Energie. Ja, es dient dazu, komfortabel zu leben und anderen Menschen eine Freude zu machen. Und nicht mehr.

*Geld ist nicht deine Situation,*
*Geld ist nur ein Umstand deiner Situation.*

Die Situation IST, dass du bisher nicht genug davon hattest.

Und die Situation IST nicht deswegen so, weil irgendjemand dich klein gehalten hat, sondern du allein hast dich klein gehalten. Mit deinen Gedanken, mit deinem bisherigen Blick auf die Dinge.

In der Vergangenheit hast du nicht so für dich eingestanden, wie es aus heutiger Sicht möglich ist.

Du hast nicht dein ganzes Potenzial ausschöpft, weil es für dich normal war, immer weniger oder eben kein eigenes Geld zu haben.

Der Grund dahinter: Menschen sind oftmals zu bequem! Ich war es auch. Heute bin ich eine Zauberin und erkenne die Geschenke in genau jenen Blockaden, die mich früher aufgehalten haben.

Egal, was du aus der Vergangenheit kennst und was dir deine Eltern über das Geld erzählt haben, wie sie mit Geld umgegangen sind, ob sie es raushauten oder festhielten, wie sehr sie es verfluchten und wie oft deswegen gestritten wurde – du kannst das verändern und heilen.

Sobald du diese alten Muster erkennst und verstehst, woher dein Umgang mit Geld kommt, kannst du ihn verändern. Jetzt.

*Du bist nicht deine Vergangenheit.*
*Du bist die, die heute entscheidet.*
*Für Fülle. Für Frieden. Für dich.*

Ich habe in diesem Prozess Rotz und Wasser geheult, ich habe mich selbst klein gemacht, mich verurteilt – immer mal wieder. Ich habe mich mit den Fragezeichen in meinem Kopf beschäftigt: Warum ausgerechnet ich?

Ich bin eingetaucht, tief in meinen Schmerz, und ich bin wieder aufgetaucht. Weil es nicht um dieses sagenumwobene „Warum ich?" ging und nicht darum, weshalb die Dinge so waren. Oder weshalb ausgerechnet ich diesen Weg gehen musste.

Es geht um etwas anderes.

> Es geht darum, zu erkennen, was du bisher gelebt hast.

Dass es nicht deine eigenen Gedanken und Muster waren, sondern die Gedanken deiner Eltern. Deiner Großeltern. Deiner Ahnen. Denn auch die Geld-Verhaltensmuster werden über Generationen unbewusst weitergegeben, bis einer bewusst draufschaut und dieses Ahnenband kappt.

Wenn du damit beginnen willst, alte Gedankenmuster aufzudecken, dann habe ich hier eine Möglichkeit für dich. Schluss mit inneren Blockaden und Zeit für neue Überzeugungen. Schluss mit leisen Selbstzweifeln und Zeit für deinen goldenen Money-Shift. Mein kleines Programm „Deine 5 Money-Mythen“. Es ist ein kostenfreies PDF mit Schreibimpulsen und zum Aktivieren deines goldenen Mindsets. QR-Code scannen und loslegen.

*Heute darfst du liebevoll zurückgeben, was nie zu dir gehört hat und in deine eigene Wahrheit eintreten.*

**MOMENTUM:**

Setze dir ein Ziel und beginne mit einer Affirmation: Ich habe immer mehr als genug Geld.
Erzähle es dir. Pflanze dir diesen Satz bewusst in dein Denken.
Sprich ihn, lese ihn, fühle ihn.
Jeden Tag aufs Neue. Immer und immer wieder.
Feel it!

Und wenn doch mal ein innerer Widerstand aufpoppt?

Klar, dann fühlt es sich an, als ob es schwer geht. Gebe ich in solchen Momenten auf? Nein, niemals! Ich weiß ja, dass es geht, dass es funktioniert. Und kann meine Energie sofort shiften.

Ich habe es ausprobiert, denn meine Gedanken in Sachen Geld haben sich positiv verändert. Auch mein Geldfluss ist anders, sowie die Fülle und mein Umgang mit Geld.

Ich möchte dir **vier ganz konkrete magische Impulse** mit auf deinen Weg geben.

Trage einen **Geldmagneten** in deinem Portemonnaie.

Ein Geldmagnet ist ein Energieschein, den du nie ausgeben solltest. Er bleibt bei dir, damit Geld jederzeit gerne zu dir kommt, dann wieder in den Umlauf geht und zu dir zurückkommt.

Am besten verwendest du einen Geldschein mit der höchsten Banknote deiner Währung. In der Euro-Zone war es lange der 500 Euro-Schein. Mittlerweile wird dieser nicht mehr ausgegeben und ist nur noch sehr selten im Umlauf. Wenn du noch einen besitzt, kannst du ihn definitiv verwenden. Anderenfalls nimmst du einen 200-Euro-Schein. Die Schweizer unter uns nehmen einen 1000-Franken-Schein oder den nächstkleineren, 200 CHF.

Die zweite Option ist der **Universums-Geldscheck**.

Setz dich hin und stelle dir folgende Frage: Wie viel Geld willst du gerne haben?

Genau diese **Zahl, die dir jetzt intuitiv kommt, ist genau die Zahl, die du jetzt auf den Universums-Scheck schreibst.** Mit der Währung, die du einträgst, beginnt die Magie. Fülle den Scheck aus, mit Datum, mit Ort der Ausstellung, schreibe die Zahl in Worten auf. Schreibe ihn wirklich ganz bewusst, fühle, spüre, während du schreibst. Danach steckst du ihn wie deine Geldnote auch in dein Portemonnaie.

Was wäre, wenn du dir Geld ab sofort als etwas ganz Wunderbares vorstellst?

Direkt loslegen? Hier erhältst du deinen
Universums-Geldscheck. Viel Freude dabei.

Werde zur **Brückenbauerin**.

Zum Beispiel, indem du mit Bargeld an der Kasse, beim Kellner oder wo auch immer bezahlst und so eine Brücke zu deinem Gegenüber baust. Übergebe Geld in Liebe!

Und jetzt schau dir doch sofort mal irgendeinen Euro-Geldschein an.

Hol dir dein Portemonnaie!

Nimm irgendeinen.

Entdeckst du die Brücken?

*Immer wenn du Geld gibst, verbunden mit der Brücke nach oben, spürst du: Du baust Brücken. Du sendest Liebe. Und genau das ist die Energie, die dein Geldfluss braucht.*

Je mehr ich mich mit mir beschäftigt habe und es noch immer tue, desto mehr Liebe dringt in mich ein. Und desto mehr Liebe kann ich auch geben. Das heißt, ich baue Brücken und überreiche Geld mit Liebe – von mir zu meinem Gegenüber. Und ich tausche Geld gegen Ware.

Übrigens, auf den Schweizer-Franken Banknoten siehst du überall die gebende Hand – Geben und Nehmen, Senden und Empfangen.

Magischer Impuls Nummer 4:

> Schon seit Jahren vermerke ich auf meinen Rechnungen **„Danke"**

> und schreibe das Wort auch mit in den Verwendungszweck. Dieses noch so kleine Wörtchen ist nicht selbstverständlich. Es ist Energie, die Liebe in die Welt gibt und wiederum magisch anzieht.

Wie ist es bei dir? Kannst du dankbar sein für die Dienstleistung oder das Produkt, über das die Rechnung ausgestellt wurde?

Probiere dein „Danke" doch bei der nächsten Überweisung gleich mal aus, wenn eine Rechnung ins Haus flattert.

Und noch ein zusätzlicher magischer Impuls auf diesem Weg:

> Unternehmer, die ihr Geld vermehren und auf ihr Geld schauen, zahlen **cash**. Sie zahlen mit barem Geld.

Es heißt, dass es Bargeld nicht auf Dauer geben wird. Doch noch gibt es welches. Und solange das so ist, kannst du es in dein Leben integrieren.

Weshalb?

Weil du damit deine Finanzen richtig im Blick hast und nicht wie mit der Kartenzahlung leicht den Überblick verlierst. Du siehst cash, was du hast und was nicht.

Mach es dir leicht.

Lerne damit.

*Erlaube dir, den Raum für dein Geld-Mindset zu öffnen und mach dir bewusst, wie du über Geld denkst und damit umgehst.*

Und deine Zukunft wird großartig.

Ich bin so viel kraftvoller mit diesem Bewusstsein. Ja, ich bin durch so viele Situationen leichter durchgegangen. Und das ist magisch.

Mit diesem Bewusstsein ist Fülle angesagt.

Du Zauberhafte, auch hier wieder:

> Kenne dein Ziel.
> Kenne dein Geldziel und erlaube dir, richtig groß zu denken.
> Erlaube dir gerade auch als Frau, immer mehr als genug zu verdienen.

Es ist die große Zahl, die dir größere Schritte und größeres Denken erlaubt. Fülle dieses Ziel mit Leben. Schaue, was du damit tun kannst.

Und weil die zentrale Frage immer mal wieder kommt:

Was es heißt, finanziell frei zu sein?

Du bist dann finanziell frei, wenn du passiv z. B. durch Zinserträge, Dividenden, Mieteinnahmen, usw. mehr Einnahmen generierst als dein aktuelles Leben kostet – und zwar OHNE etwas dafür zu tun.

Das heißt: Ohne, dass du etwas tun musst, sind deine laufenden Kosten gedeckt.

Du kannst und du musst nichts mehr tun und stattdessen noch mehr wählen.

# 3.
# LEISTUNGEN

## DIENEN UND VERDIENEN

*Diene und sei den Menschen ein Mehrwert.*
*Gib immer mehr, als du bekommst.*

Denn: Erst kommt das Geben. Dann das Empfangen und nicht andersherum.

Noch bevor es überhaupt Geld auf unserem Planeten Erde gab, war die ursprüngliche Bedeutung von „verdienen“: jemanden dienlich zu sein. Besser gesagt: eine Leistung zu erbringen, um eine Belohnung und auch eine Anerkennung zu erhalten.

Und weißt du was?

Daran hat sich im Kern nichts geändert.

**MOMENTUM:**
Womit kannst du dienen?
Was hast du der Welt, den Menschen und deinen Kunden zu geben?

Erst, wenn du dienen kannst, und zwar in erster Linie dir selbst, bekommt Geld eine neue und tiefere Bedeutung. Denn mit deiner persönlichen Weiterentwicklung, deinem Wachstum und deinem positiven Verhalten entsteht ein innerer Wert.

## *Dieser innere Wert zeigt sich im Außen.*

**Zum Beispiel:** Du dienst dir selbst, indem du dich selbst ernst nimmst und in deine Entwicklung investierst. Dadurch wirst du erfahrener, klarer und kompetenter. Deine Ausstrahlung verändert sich und Menschen nehmen dich anders wahr. Du wirst sichtbar.

Dienen beginnt nicht erst, wenn alles perfekt ist. Es beginnt mit dem ersten Schritt. Mit dem Mut, sichtbar zu werden – auch, wenn dein Business noch nicht fertig ist. Genau darum geht's jetzt.

## *Es kommt Geld ins Spiel.*

Als Ausdruck dessen, was du gibst: deine Zeit, deine Energie, deine Ideen, deine Taten. Geld ist der Ausgleich für deinen Beitrag. Was du gibst, kehrt zu dir zurück als Wertschätzung, Möglichkeiten, Vertrauen oder eben auch Geld.

Denn Geld ist ein Tauschmittel. Es steht für den Gegenwert deiner Leistung. Genau genommen ist es das Ergebnis eines Austauschs: Geben und Empfangen.

Und erst dann, wenn du dienen kannst und in erster Linie dir selbst, bekommt Geld eine neue, tiefere Bedeutung.

Was ich dir damit sagen möchte: So wie du gibst, wirst du empfangen. Zuerst darfst du etwas tun, dich ins Verdienen bringen – durch dein Geben, durch dein Dienen. Und dann darfst du empfangen.

Dieses Prinzip lässt sich übrigens auch bei bekannten Mentoren wiederfinden.

Der verstorbene kanadische Lehrer Bob Proctor sagte: „Erst, wenn du bereit bist, mehr zu tun, wirst du auch mehr Geld verdienen." Damit meinte er nicht, dass du immer mehr arbeiten musst, sondern dass du mehr von dir zeigen darfst. Wer du bist und was du kannst; deine Fähigkeiten, deine Persönlichkeit, deine Authentizität.

Du darfst dich einbringen, sichtbar machen, präsent sein.

Deine potenziellen Kunden wollen wissen, mit wem sie es zu tun haben. Sie wollen dich kennenlernen. Echt, ehrlich, unverstellt. Sie wollen deine wahren Geschichten hören und nicht eine Rolle vorgespielt bekommen.

Dieses Prinzip gilt überall, nicht nur für Selbstständige.

Auch bei Mitarbeitern im Angestelltenverhältnis ist das so:

Ein Mitarbeiter kann oftmals viel mehr, als er tatsächlich zeigt. Doch wie kann der Arbeitgeber erkennen, wozu er noch in der Lage ist und was in ihm steckt, wenn er nur das Nötigste tut, anstatt seine Stärken einzubringen?-

Wie kann der Auftraggeber erkennen, dass der Leistungserbringende in der Tat zu viel mehr fähig ist und auch die Kompetenz dafür besitzt?

> Zurück zu dir:
> Wie also kann jemand sehen, dass du mehr drauf hast, wenn du es nie zeigst?

*Nur wer gibt, wird gesehen.*
*Nur wer sichtbar wird, kann empfangen.*

Viele Menschen wollen nicht geben und sofort mehr Geld bekommen. Doch so funktioniert das nicht.

Noch ein gutes Beispiel: Viele Mitarbeiter wollen oftmals keine Führung übernehmen, weil sie Angst davor haben, Verantwortung zu übernehmen. Weshalb? Weil sie dann mehr Freiheiten hätten?

Sie wollen oftmals auf ihrer Ebene bleiben, auf der sie gerade sind. Sie reden davon, dass sie mehr wollen – und doch sind viele nicht bereit dafür.

Wenn ich heute zurückblicke, frage ich mich: Wie viel Verantwortung hatte ich übernommen, um die Aufträge in der Form und in dem Umfang überhaupt stemmen zu können, wie sie damals waren? Verdammt viel!

Ich habe die Verantwortung übernommen für Arbeitsvorgänge, für Prozesse und für das komplette Zahlenwerk, einschließlich Prüfungen.

Das heißt: Ich bin gesprungen. Ich habe mich ins kalte Wasser getraut, obwohl ich nicht wusste, ob ich ihm wirklich gewachsen bin.

Aber ich habe es getan. Ich habe mich ausgedehnt und bin über meine Grenzen gegangen.

Weißt du, worauf ich hinauswill? Du darfst den ersten Schritt gehen, lernen, dich weiterentwickeln und in dich selbst investieren. Erst dann wirst du mehr Geld anziehen und auch verdienen.

Wie ist es nun möglich, das eigene Geld zu verdienen und was wäre, wenn alles möglich ist?

Ich rate dir, **gehe mit dem los, was du hast, und von dort aus, wo du gerade stehst**. Gegebenenfalls gehst du noch einmal zurück zu Kapitel 2, Unterkapitel 2 „Der richtige Start", in dem es um das Thema Business-Idee geht.

Deine Idee wird sich formen.

Gerade heute hatte ich wieder einen Austausch mit einer neuen Kundin. Sie hat so geniale Ideen und dann machten sich Fragen in ihrem Kopf breit:

Wie soll das nur gehen?

Ist das wirklich das Richtige?

Es beginnt mit dem ersten Schritt. Mit dem Mut, sichtbar zu werden – auch, wenn dein Business noch nicht fertig ist.

*Dienen heißt auch: nicht länger zu warten.*

Es bedeutet, dich zu zeigen – selbst, wenn noch nicht alles perfekt ist.

Der Moment, in dem du losgehst, ist der Moment, in dem du beginnst, zu geben.

Genau hier beginnt dein Business. Nicht auf dem Papier, sondern mit deiner Entscheidung, dich und dein Angebot in die Welt zu bringen.

Du wirst es nie erfahren, wie es sein kann, wenn du nicht endlich startest. Wie sollst du heute schon wissen, ob deine Dienstleistung, dein Produkt, dein Angebot gekauft wird, wenn du nichts zum Verkaufen anbietest? Wenn du dein Angebot nicht platzierst und nicht über deine Leistungen und Angebote sprichst?

Nun mal „Butter bei die Fische" für all jene, die noch nicht mit ihrem Business gestartet sind:

> Nur, weil du jetzt mit deiner Idee startest, hast du noch keine wirkliches Unternehmen.
> Für die allerersten Schritte benötigt es weder die Anmeldung beim Gewerbeamt noch die Anmeldung einer selbstständigen Tätigkeit.

Du bist gerade erst in der Konzeptphase und das heißt wiederum: Du bist in der Planung, wie dein Unternehmen ausschauen wird. Ja, du probierst aus, was du wie tun wirst und tun kannst, damit sich dein Unternehmen so gestaltet, wie es sich für dich richtig großartig anfühlt. Du baust dir deine Welt so auf, wie sie dir gefällt.

> Hinweis: Erst, wenn du dein Angebot Interessenten unterbreitest und sie sich für dein Angebot entscheiden, entsteht ein Vertragsverhältnis zwischen dir und deinem neuen Kunden. Spätestens dann wird es notwendig, die Anmeldung beim Gewerbeamt oder beim Finanzamt zu tätigen und eine Steuernummer zu beantragen.

Deshalb empfehle ich dir: Wähle vorab schon einen Steuerberater deiner Wahl aus, der sich kompetent in deinem Bereich und deiner Branche auskennt.

Letztendlich ist es so wie bei mir.

Du bist auch nicht die Unternehmerin für alles, sondern du konzentrierst dich auf deine Kernkompetenz und auf die Wunschkunden, mit denen du arbeiten willst.

Am Anfang dieses Kapitels hast du gelesen: Erst geben, dann empfangen.

Genau das tust du jetzt.

Du beginnst zu geben. Mit deiner Idee,
deinem ersten Angebot, deinem Mut.

## DEIN PRODUKT

Nun gut, Liebes, du bist bereit. Du hast dich entschieden, zu starten und mit dem loszugehen, was du hast. Deshalb komme ich nun zum nächsten Schritt für dein Happy Business.

*Werde zur Dienstleisterin.*

**MOMENTUM:**
Also, du Zauberhafte, was wird deine Leistung sein? Wofür hast du die Lösung? Und wem wirst du sie geben?

Bevor du jetzt wild und aufgeregt beginnst, zu kreieren und dein eigenes Produkt zu gestalten – kleiner Impuls: Nimm dir Zeit und geh in die Verbindung und in den Austausch mit dir.

> Wenn es hier stockt, warte nicht lange, denn manchmal sind wir betriebsblind, was unsere eigenen Fähigkeiten und Produkte betrifft: *Dann schreib mir gerne und lass uns in den Austausch gehen.*

Ich liebe es, in diesen Prozess einzutauchen. Was mich am meisten fasziniert, ist zu sehen, was dabei alles entstehen kann – wenn Frauen mit mir reisen, arbeiten und mich an ihrer Seite wissen. Allein die Impulse, die sie empfangen. Wie sie in ihre Energie kommen. Wie sie in die Umsetzung gehen – für sich, ihren Erfolg und ihr Happy Business.

**MOMENTUM:**

Wer ist dein Wunschkunde?
Schaue erst einmal für dich:
Für wen wird deine Dienstleistung und dein Produkt sinnvoll sein? Wer wird bei dir shoppen gehen?

Das ist nicht mal husch, husch erledigt! Setze dich an einen entspannten Ort und nimm dir für dieses Brainstorming Zeit, genau wie bei deiner Happy Business-Idee. Dein Kunde wird sich formen und darf wachsen. Das geht nicht alles von jetzt auf gleich. Nur wichtig: Dein Produkt darf sich an deine Wunschkunden richten.

Dein Produkt:

Kommen wir nun zu deinem Angebot.

**MOMENTUM:**

Was hast du wirklich zu geben?
Worin kann dein Kunde einen Mehrwert bekommen?
Was soll das Ergebnis für deinen Kunden sein, wenn er gekauft hat?
Fühle rein!

Frage dich: Wie wäre es denn, wenn du selbst dein Produkt und deine Dienstleistung kaufen würdest?

Und dann frage dich weiter:
Wie wäre es für die Person, die bei dir einkauft?
Wie wird es ihr damit gehen, wenn sie dein Produkt in den Händen hält?
Was wird anders sein, wenn sie deine Dienstleistung empfängt oder vielleicht auch in dein Programm springt und sich dann auch noch in deiner Energie bewegt?

Weißt du, was ich meine?

Es darf sich anfühlen, als wäre es Liebe auf den ersten Blick. Bäm! Du siehst das Produkt und hast sofort ein Gefühl dazu. Du hörst davon und kannst es dir förmlich vorstellen, was passieren wird, wenn du es kaufst.

*Kaufen ist Liebe. Verkaufen auch.*

**MOMENTUM:**
Entscheide dich für Liebe; auch dann, wenn du dein Produkt kreierst. Bringe dich in eine energetisch gute Schwingung, frage dich, wo dein Kunde steht und womit du ihm kraftvoll und voller Freude dienen kannst.

Dein Produkt darf das „Haben wollen"-Gefühl bei deinem Gegenüber erzeugen. Dein Angebot darf so zauberhaft sein, dass die Augen deiner Kunden leuchten, wenn sie es zum ersten Mal sehen, es in der Hand halten. Es darf ein Gefühl erzeugen, dass sie dazu bringt, es sofort zu kaufen.

Wenn sie nicht sofort zuschlagen, liegen sie nachts wach und fragen sich, wie sie es sich ermöglichen können, zuzugreifen.

**MOMENTUM:**
Also: Wovon genau wird der Kunde profitieren, wenn er bei dir kauft?

Erzeuge die dazu passende Emotion und hole ihn genau dort ab, wo er sich gerade befindet.

> Warte jedoch nicht darauf, bis du selbst perfekt bist und ihm dein perfektes Angebot geben kannst oder der du noch zig Ausbildungen absolviert hast.
> Denke an deine Träume und deine Vision. Bleibe bei dir und lass dich nicht aufhalten. Immer und immer wieder.

Es kann gut sein, dass dein Autopilot bei diesen Punkten schon wieder laut wird und deine alte Programmierung will, dass du sofort wieder in deine Komfortzone zurückkommst. Dahin, wo es so gemütlich ist, alles so viel einfacher geht und wo du dich auskennst.

Schaue in diesem Prozess der Angebotserstellung immer wieder zu dir und frage dich, woher deine Energie gerade kommt. Kommt sie aus der Vermeidung, etwas zu tun, aus der Hilflosigkeit „es noch nicht zu können", aus der Angst es nicht zu schaffen, aus dem Vergleichen, den Gesprächen mit anderen?

**Und dann – Stopp!**

**Halte genau jetzt diese Gedanken an.**

Atme und dann fühle in dich hinein. Spüre noch mal hin:

**MOMENTUM:**
Was könnte es sein, womit du anderen Menschen einen echten Mehrwert verschaffst?

Wenn du weißt, wobei du helfen kannst, wird es dir leichtfallen, Neues zu kreieren.

Sei dir dessen bewusst, was du schon geschafft hast und wo du stehst.

Du musst nicht schon hoch oben auf dem weit entfernten Gipfel sein.

*Ein Schritt voraus genügt.*

## DEIN WERT

Wenn dein Angebot steht, öffnet sich ein weiteres spannendes Feld: Wie viel darf es kosten?

Immer wieder bekomme ich Fragen wie:

Wie geht das mit dem Preis, Madlen? Was muss ich dafür wissen? Braucht es große Marketingtools, Marktanalysen, Strategien und aufwändige Berechnungen? Was muss ich alles lernen?

Für mich braucht es dafür nicht viel.

Viel wichtiger ist die Frage: Welchen Preis wärst DU bereit, dafür zu bezahlen? Was ist es DIR wert?

Manchmal rechne ich kurz, ob Aufwand und Preis in einem ausgewogenen Verhältnis stehen. Doch in Wirklichkeit braucht es das nicht. Viel wichtiger ist, was deine innere Stimme zu dir sagt. Und:

*Vertraust du dir?*

Wie fühlt sich dein Preis an und was wärest du selbst bereit, für deine Leistung zu bezahlen? Welches Investment würdest du in dich tätigen?

Auf die innere Stimme zu hören, ist dein Weg. Deine innere Stimme nennt dir keinen Preis, der nicht möglich ist. Du liest richtig! Sie nennt dir jenen Preis, den du dir selbst wert bist.

Wenn es um deinen Preis geht, sind gewisse Überlegungen dennoch sinnvoll. Sie sind relevant für deine Preisentscheidung und bilden einen großen Unterschied. Denn abhängig von deiner Branche solltest du unbedingt schauen, dass du die Produktionskosten und deine Fixkosten inkludiert bekommst.

(Wenn du's ganz genau berechnen willst, dann hast du in meiner 1:1 Premium-Beratung die Möglichkeit dazu. Zusammen mit dir beleuchte ich deine Finanzen und wir schauen, wie du dich stabil aufstellen kannst.)

Du kannst aber auch Pakete schnüren und deine Dienstleistung, dein Programm, durch Vervielfältigung vermehren. Sprich: Du entwickelst und erschaffst Produkte oder Räume, die auf mehrere Personen zugeschnitten sind und mit denen du gleichzeitig viele deiner Wunschkunden bedienen und abholen kannst.

Beobachte auch dein eigenes Kaufverhalten:

Wie kaufst du ein? Zögerst du bei den Highend-Preisen? Kaufst du selbst nur billig, günstig oder bist du auch bereit, in dich zu investieren? Vielleicht bist du auch eine Person, die immer auf Raten kauft, Sparfuchsverhalten an den Tag legt, Erbsen zählt und um den Preis feilscht.

Dann werden es deine Kunden höchstwahrscheinlich bei deinen Produkten und bei deinen Preisen ähnlich handhaben.

Wie du schon richtig wahrnimmst:

> Alles geht immer wieder zurück zu dir. Es geht um dich. Was bist du dir wert? Das, was du aussendest, empfängst du.

Diese Worte sind wahr und so wird es immer sein.

Hier die wichtigsten drei Punkte, wenn es darum geht, den passenden Preis für dein Angebot zu finden:

1. **Die Investition in deine Entwicklung:** Du entscheidest dich, nicht nur Zeit, sondern auch Geld in dich und dein Business zu investieren. Coaching, Mentoring, Beratung und Kurse sind ein Investment und die Belohnung ist unbezahlbar. Denn, all die Erfahrungen, das Gelernte und die Energie, die kann dir niemand nehmen. Du investierst in dein zukünftiges ICH.
2. **Klarheit und Fokus:** Manchmal ist es schwer, Entscheidungen zu treffen, besonders dann, wenn es um Geld geht. Doch dein Preis für Unklarheit und Vermeidung ist höher. Du zahlst mit Stress, Zeitverlust und verpasst wertvolle Chancen, wie zum Beispiel von Beginn an gut im Geschäft zu sein und jenes Geld zu verdienen, das du willst.
3. **Umsetzung und Durchhaltevermögen:** Viele Menschen fangen an, etwas Neues aufzubauen, doch die wahren Meister sind die, die durchhalten. Der Preis dafür ist die Disziplin, zu bleiben – und die Belohnung sind Freiheit und ein erfülltes und vor allem selbstbestimmtes, unabhängiges Leben.

Es ist dabei wertvoll und wichtig, dein eigenes Werteverhalten wahrzunehmen und dein persönliches Preisspiel zu kennen. So erkennst du, welchen Wert es hat, in sich zu investieren. Und du erlebst selbst, wie der Preis der Umsetzung sich in langfristigen Erfolg verwandelt.

Genau das tut dein Kunde auch. Denn dein Kunde ist dir ähnlich. Marketingtools, Strategien und Marktanalysen dürfen später kommen. Du wirst merken, wann was dran ist. Jetzt, gerade am Anfang, brauchst du das nicht. Jetzt geht's erstmal um dich und darum, deine Kunden kennenzulernen. Es geht um deinen Weg, dein Mindset und deinen ersten echten Schritt.

# 4.
# FÜHRUNG UND GESETZGEBUNG

## WAS GEHÖRT ZUM UNTERNEHMERTUM?

Schon das Wort „Unternehmertum" klingt opulent, kraftvoll und bedeutungsvoll.

Aber was steckt wirklich dahinter?

Unternehmertum heißt, Verantwortung zu übernehmen. Für alles, was dazugehört – von der ersten Idee über die Entwicklung bis hin zur unternehmerischen Freiheit. Mit anderen Worten: Du entscheidest, wie dein Tag aussieht, wie deine Vision gestaltet ist, wie du Geld verdienst und so weiter. Du darfst selbstbestimmen, handeln, mutig sein und dich frei fühlen.

Doch Unternehmertum bedeutet nicht nur, das Business zu gestalten und zu entwickeln. Es heißt auch, ein Unternehmen zu führen, und zwar mit allem, was dazugehört: kaufmännisch, organisatorisch, finanziell und personell.

Hier steigen wir tiefer in die Materie ein: Kenne deine Finanzen.

Wie oft habe ich das gehört – „Kenne deine Finanzen". Und ich wusste, ich war für alle da, nur nicht für mich. Ich wusste, wie alles funktioniert, schließlich arbeitete ich in einem Berufsumfeld, in dem es täglich um Finanzen ging. Allein pures Wissen reicht jedoch nicht aus.

Ich hatte meine Zahlen im Kopf und einen groben Überblick. Nur: Auf dem Papier sah es dann ein bisschen anders aus als gedacht.

Erst, wenn wir uns bewusst Zeit und Raum nehmen, Zettel und Stift, Taschenrechner und PC, fließt die Wahrheit aufs Papier. Aber nur, wenn wir ehrlich mit uns sind.

Keine Sorge, wir werden an dieser Stelle keine komplizierten Berechnungen durchführen. Es ist jedoch wichtig, dass du einige grundlegende Dinge kennst und in deine Zukunft als erfolgreiche Unternehmerin integrierst. Ich werde dir alles so einfach wie möglich erklären.

Und natürlich lasse ich, an den Stellen, wo es passt, ein wenig Magie einfließen. Dennoch möchte ich betonen, dass die nachfolgenden Ausführungen keine steuerliche- noch rechtliche Beratung sind, sondern auf meinem Wissen und meiner Erfahrung basieren.

Wenn du Spaß daran hast, tauche tiefer in die Welt der Betriebswirtschaft und Paragraphen ein.

Aber, Liebes: Es ist nicht mein Anliegen, es dir hier schwer zu machen. Mein Ziel ist, dir die Dinge leicht und so klar wie möglich aufzuzeigen. All das, was für dich wichtig ist und wichtig werden kann.

Und auch hier gilt: Lass dich nicht verunsichern. Alles, was du brauchst, steckt bereits in dir. Mit der Zeit wird sich dein Wissen festigen. Je mehr du zum Thema Finanzen erfährst und je intensiver du dich mit deiner Rolle als Unternehmerin auseinandersetzt, desto leichter wird es dir fallen, dieses Wissen auch umzusetzen.

Verdränge bitte keine der nachfolgenden Themen. Sie werden dich als Frau und Unternehmerin noch selbstbewusster, erfolgreicher und strahlender machen.

Für diesen Teil reicht es nicht mehr aus, Expertin auf deinem Gebiet zu sein. Als Unternehmerin darfst du auch wissen, wie Wirtschaften funktioniert und worauf es dabei ankommt. Ja, auch dann, wenn du einen Steuerberater hast und dir jemand deine Buchhaltung vor- und aufbereitet.

*Wisse, wo du wirtschaftlich stehst, und kenne die wichtigsten Basics.*

Was sind nun diese Basics?

Es sind die Begriffe, die immer wieder gefragt sind.

> Ganz gleich, ob mit deinem Steuerberater oder Buchhalter sprichst, mit der Bank, der Krankenkasse, der Rentenkasse, dem Gewerbeamt, dem Finanzamt oder der Handwerks- oder Wirtschaftskammer – diese nachfolgenden Begrifflichkeiten gehören zum Unternehmertum dazu. Auch im Austausch mit anderen Behörden können sie dir wieder begegnen.

Sicherlich hast du schon von **Umsatz** und **Gewinn** gehört. Zwei Begriffe, die beide im positiven Bereich liegen, aber in ihrer Bedeutung völlig unterschiedlich sind.

**Umsatz** sind alle Gelder, also alle Einnahmen, die zu dir fließen. Egal, ob du sie in bar erhältst oder sie auf dein Bankkonto fließen. Jede einzelne Einnahme, jede Zahlung die du erhältst, zählt in der Summe zum Umsatz.

Insgesamt also bedeutet Umsatz: alle Einnahmen, für die du als ordentliche Unternehmerin Rechnungen schreibst. Oder bei denen du, wie bei Abo-Modellen und diversen Verträgen, wiederkehrenden Einnahmen-Zahlungen erhältst. Ein Beispiel dafür: Mieteinnahmen, Abonnements, Serviceverträge überall dort, woraus hervorgeht, dass du das Geld vereinnahmst, sind Umsätze.

Das heißt: Alles Geld, das bei dir ankommt, auf welchem Weg auch immer, zählt zum Umsatz. Geld darf aus allen Quellen und auf allen Wegen zu dir fließen.

**Der Gewinn** hingegen ist das, was unterm Strich, vor Abzug von Steuer, rauskommt. Es sind alle **Einnahmen = Umsätze** abzüglich deiner Betriebsausgaben. Man spricht auch nur dann von einem Gewinn, wenn die Einnahmen deine Betriebsausgaben übersteigen.

Sprich: Wenn die Summe deiner Umsätze höher ist als die Summe der Ausgaben, die du für dein Unternehmen tätigen musstest, ist das Ergebnis positiv und erst dann wird vom Gewinn gesprochen.

Der Gewinn ist das Ergebnis unter dem Strich und vor dem Abzug von Steuern.

Gleiches gilt für den Verlust.

Wenn ein Minus vor dem Ergebnis steht, reden wir von einem Verlust. Doch lass uns weniger über Verlust sprechen, sondern mehr über Gewinn, denn unser Fokus liegt hier auf Fülle, Reichtum und den tausenden von Euros. Also, kreiere dir mehr vom Gewinn, statt Verluste anzuziehen.

Während ich hier schreibe, scheint die Sonne in mein Büro. Ich sehe Licht und Schatten. Dort, wo Geld zu uns fließt, fließt auch Geld von uns ab. Alles gehört zusammen, es ist ein Kreislauf, ein ständiges Kommen und ein Gehen. Neben Wachstum auf der einen Seite entsteht auch Abnahme auf der anderen Seite. Auch hier greift die Dualität – eines der universellen Gesetze.

Einnahmen und Ausgaben.

Und damit gehe ich direkt über zum nächsten wichtigen Part im Unternehmertum.

## Die Betriebsausgaben

Betriebsausgaben sind alle betriebsbedingten Aufwendungen, die im Rahmen deiner Unternehmensführung entstehen. Sie dienen dazu, dein Unternehmen zu erhalten, auszubauen, zu fördern und abzusichern.

In den meisten Fällen sind Betriebsausgaben dafür da, damit dein Unternehmen überhaupt Einnahmen erzielen kann.

Ja, die meisten Betriebsausgaben sind dafür da, dass dein Unternehmen florieren kann und eine Einnahmenerzielung möglich macht.

Was ist genau damit gemeint?

All diese Ausgaben unterstützen dich dabei, dein Business auf stabile Beine zu stellen. Damit du dein Produkt und deine Dienstleistung überhaupt verkaufen kannst, brauchst du bestimmte Kostenstrukturen. Diese **Kosten = Ausgaben = Betriebsausgaben**.

Egal ob du gerade gründest oder schon mittendrin steckst – Ausgaben gibt es immer.

Ob Kopierpapier, Stifte, ein Laptop, deine Buchhaltungssoftware oder dein Handy: All das sind typische Ausgaben, die du brauchst, um dein Unternehmen zu betreiben. Auch Tools, mit denen du Rechnungen schreibst, und Mobilfunkverträge, die du benötigst, um mit deinen Kunden im Austausch zu sein, zählen dazu.

Teilweise unterscheiden sich die einzelnen Ausgaben – abhängig davon, in welchem Bereich du tätig bist und ob du online oder offline arbeitest.

Bei einem **Offline-Business** hast du wahrscheinlich eine Raummiete zu zahlen. Beim Online-Business nutzt du gegebenenfalls nur deine Wohnung, um dein Business zu starten. Deine Mitarbeiter arbeiten remote und deshalb brauchst du keine Räumlichkeiten oder ein gemeinsames Büro für die Zusammenarbeit.

Bei einem **Online-Business** investierst du unter Umständen mehr ins Marketing.

Das heißt: Du hast höhere Ausgaben für Werbung; wie zum Beispiel für deine Webseite, Hosting, Grafikarbeiten, Social Media, Werbeanzeigen (Ads) und Maßnahmen zur Leadgewinnung. Im Gegensatz dazu sparst du im Online-Business eventuell Mietkosten, weil du keine Bürokosten brauchst und dafür steigen aber deine Werbekosten. Im Gegensatz dazu hast du in einem Offline-Business-Büro oder in einer Werkstatt ggf. geringere Marketingausgaben. Und gleichzeig kommt es drauf an, wie viel du auch ins Marketing investierst.

Vielleicht profitierst du vor Ort von einer guten Lage und von Laufkundschaft – dann reicht dir unter Umständen ein einfacher Flyer, den du wiederrum beim Online-Business nicht brauchst.

Zur **Miete** kommen noch weitere **Betriebskosten** hinzu, wie für Wasser, Strom, Heizung etc..

Außerdem hast du Ausgaben für Telefon, Handy, Internet, Porto sowie Gebühren für Onlinedienstleister, z. B. Zahlungsanbieter, Social-Media-Kanäle, Newsletter-Tools oder Podcasts.

Weitere typische Betriebsausgabenposten sind **Fremdleistungen**.

Das sind Leistungen von Menschen, mit denen du zusammenarbeitest und die nicht bei dir angestellt sind. Sie übernehmen Aufgaben für dich, wie zum Beispiel: die Social Media Betreuung, die Einrichtung deines Newsletters, die Pflege deines Kalenders, die technischen Dinge im Hintergrund, so wie es bei mir der Fall ist.

Alternativ beschäftigst du **eigene Mitarbeiter**, egal ob im Minijob, als Teilzeit- oder Vollzeitkraft. Dann fallen zusätzliche Kosten für dich an, wie: Lohn, die Sozialabgaben (z. B. Beiträge zur Kranken-, Pflege- und Arbeitslosenversicherung) sowie die Lohnsteuer.

Du hast vielleicht **Fortbildungskosten und Reisekosten**.

Wenn du in dein Unternehmenswachstum und dein Unternehmerinnen-Know-how investierst, zählen Fortbildungskosten und die damit verbundene Reisekosten, sofern sie ausschließlich in Verbindung mit deiner Fortbildung stehen, als beruflich veranlasst.

Planst du im Rahmen dieser Reise auch private Treffen oder hängst noch ein paar Urlaubstage dran, sind diese Extra-Tage deinem Privatvergnügen zuzuordnen.

… und weil ich's im früheren Business oft seitens meiner Kunden erlebt habe: Du bist zu schnell mit deinem Firmenwagen unterwegs? Selbst wenn du auf Dienstreise bist? Dein Blitzerticket stellt *keine Betriebsausgabe* dar. Du hast falsch geparkt? Dein Knöllchen bleibt eine *nicht abzugsfähige Betriebsausgabe*. Dein Führerscheinentzug? Das fällt ganz klar unter persönlichen Aufwendungen.

**Berufsbekleidung** ist absetzbar, jedoch nur, wenn du zum Beispiel als Köchin, als Gärtner, Handwerker, Mediziner oder im Beauty-Bereich tätig bist; also in Berufen tätig bist, in denen Arbeitskleidung vorgeschrieben oder sinnvoll ist. Eine Aktentasche für zum Beispiel deinen Laptop und Schreibgeräte etc., zählen für mich auch zur Ausstattung des Outfits.

Bist du Coach, Mentor, Beraterin, Trainer, sind deine Kleider nicht abzugsfähig. Denn: Das zauberhafte Kleid, der Hugo-Boss-Anzug, die Chanel-Ohrringe, deine High Heels oder dein Lippenstift – all das kannst du auch privat tragen. Deshalb zählen diese Ausgaben nicht zu den Betriebsausgaben.

## *Achte darauf, dass deine Betriebsausgaben immer mit deinem Unternehmen in Verbindung stehen.*

Im Handel ist **Ware = dein Wareneinkauf** (WEK).

Ware ist all das, was in Verbindung mit der Beschaffung und der Erzeugung deines Produktes steht. Sprich: all das Material, das du für die Herstellung und Produktion deines Produktes benötigst, ist Ware und stellt eine Betriebsausgabe dar.

Beispiel: Du verkaufst Interieur: Für die Erstellung dieses Möbelstückes brauchst du Lasur, Holzverarbeitung, Holz, Klebstoff, Schrauben, Politur, Stoffe etc… – das ist dann ein Wareneinkauf.

Auch die Firmengründung, die Gewerbeanmeldung und die Rechts- und Steuerberaterkosten sind abzugsfähig. Gleiches gilt für eine berufsbezogene Versicherung. Ebenso ist abzugsfähig: das Inventar für dein Büro, die Ausstattung für dein Unternehmen, die Reparaturkosten in Verbindung mit deinem Firmenfahrzeugen, Instandhaltungskosten, die Anschaffung von Geräten, Leasingverträge für Firmenwagen oder technisches Equipment.

Mehr dazu kannst du bei deinem Steuerberater und auch Buchhalter erfahren.

> Fazit: All deine betrieblich veranlassten Ausgaben mindern den Gewinn deines Unternehmens.

## *Vielleicht fragst du dich nun, ob du schon mit der ersten Betriebsausgabe offiziell gründen solltest?*

Zum Beispiel, weil bereits erste Aufwendungen entstehen, etwa durch den Kauf meines Buches, und du sie sonst womöglich **nicht mehr geltend machen kannst?**

Was ist mit den Ausgaben, die bereits in der Konzeptphase entstehen, also bevor du überhaupt erste Einnahmen erzielst?

Diese Ausgaben sind **Vorgründerkosten**.

Vorausgesetzt, du handelst wirklich mit der Absicht, Gewinne zu erzielen, und mit der Absicht, dich selbstständig zu machen, hast du tatsächlich die Möglichkeit, diese Kosten abzusetzen; vorausgesetzt, du kannst deine Absicht belegen.

Das heißt:

> Auch wenn du noch nicht gegründet hast, kannst du betrieblich veranlasste Ausgaben absetzen, wenn du einen ordentlichen Beleg oder eine korrekte Rechnung dafür besitzt.
>
> Deine Ausgaben müssen direkt in Verbindung mit deiner Business-Idee stehen und damit dein Unternehmen und dein Unternehmertum vorwärtsbringen.

Hier ein paar Beispiele: Rechts- und Beratungskosten, Gerichtskosten bei Gesellschaftsgründungen, Fortbildungskosten, Fachliteratur, diverse Anschaffungskosten, Besuche von Fachmessen, Werbekosten, wenn sie wirklich unter dem Vorsatz der Notwendigkeit für dein Unternehmen entstanden sind.

Ich selbst kann mich noch sehr gut an eine eigene Betriebsprüfung vor einigen Jahren erinnern, in deren Kontext ich einen Nachweis erbringen durfte, um die betriebliche Veranlassung nachzuweisen.

*Damals wollte ich im Beautybereich durchstarten.*

Ich hatte die klare Absicht, ein eigenes, großes Massage- und Wellnessstudio zu eröffnen. Damit ich in diesem Bereich fit genug war und die Tätigkeiten überhaupt hätte ausüben können, holte ich mir das nötige Know-how und besuchte diverse Schulungen und Weiterbildungen; branchenfremd zu dem, was ich aktuell tat.

Doch der Finanzbehörde reichte damals keine einfache Rechnung als Nachweis für meine Betriebsausgabe bzw. die Vorgründungsaufwendungen aus.

Ich recherchierte weiter und legte zusätzlich mehrere E-Mails vor, die meine berufliche Absicht belegten. Sogar Seminarunterlagen musste ich noch einreichen – zum Glück hatte ich sie aufgehoben und nicht schon entsorgt.

Du siehst, das Universum stand damals schon hinter mir.

Also nimm den Druck raus, schon offiziell gründen „zu müssen", wenn du bereits erste Ausgaben tätigst; vor allem, wenn es sich noch nicht richtig anfühlt und du wirklich ganz am Anfang stehst.

**Jetzt ist für mich der richtige Moment gekommen, dich für ein Thema zu sensibilisieren, das mir besonders am Herzen liegt.** Denn auch *Karma* gehört für mich zu einem gesunden und groß denkenden Unternehmensaufbau. Ja, sogar zu einem groß denkenden Unternehmerinnen-Mindset.

Hör auf, klein zu denken. Hör auf oder fang gar nicht erst damit an, Dinge in deinem Unternehmen „unterbringen" zu wollen, die in Wahrheit deiner privaten Lebensführung dienen.

Was meine ich konkret damit?

Sicherlich hast du im Außen schon mal gehört, wie sich Menschen über ihre Steuerdinge unterhalten: „Du bist doch selbstständig. Das kannst du doch locker über deine Firma absetzen." Und ja, sicherlich kannst du als Unternehmerin vieles abrechnen, doch aufgrund jahrelanger Erfahrung rate ich dir davon ab, Gelder abzurechnen, die für dich privat bestimmt sind.

Weshalb solltest du das tun? Nur um Steuern zu sparen, um Geld zu sparen?

In Wahrheit machst du eines: Du begrenzt dein Bewusstsein.

Du willst Steuern – und ich schreibe es bewusst so, wie es ist – hinterziehen.

Genau in dem Moment, wo du dein Privatvergnügen abrechnest.

Beispiele dafür:

Wenn du den Ausbau deiner privaten Wohnung als Modernisierungsarbeiten in deinem Büro angibst.

Du wirst auch angreifbar, wenn du Ware für dich privat verwendest und sie als Betriebsausgabe deklarierst.

Wenn du Firmenfahrzeuge privat nutzt, obwohl du sie im Geschäft absetzt, und keine private Nutzungsvereinbarung hast oder ein Fahrtenbuch dafür führst.

All dieses Denken ist für mich eher „begrenzt", auch wenn es dich im Moment vielleicht vor höheren Steuerzahlungen schützt.

Aber: Kommt es zur Prüfung, hast du nicht nur die Steuernachzahlung an der Backe, sondern auch den Vorwurf der Steuerhinterziehung im Raum. Speziell, wenn die Absicht dahinter steht: „Ich mach's einfach, dann spare ich Steuern." Und das ist eine der schwerwiegendsten Straftaten im Steuerrecht.

Deshalb:

> Überleg dir gut, was du tust, was du denkst und worauf du dich einlässt. Arbeite ehrlich und sauber, dann ist alles fein.

**MOMENTUM:**
Und sprich am besten mit deinem fähigen und großdenkenden Steuerberater, *bevor* du Projekte anpackst, investierst und bevor ein Steuervorgang entsteht.

Denn je nach Gesellschaftsform, kann es zu deinen Gunsten oder zu deinen Ungunsten seitens der Behörde bewertet werden.

*Sei achtsam damit,*
*was du ins Betriebsvermögen aufnimmst.*

Gerade eine Immobilie, die im Betriebsvermögen steht und die du vielleicht betrieblich nutzt oder teils betrieblich oder auch privat, kann im *Worst Case Szenario* schneller weg sein als gedacht oder richtig teuer werden.

Nämlich dann, wenn dein Unternehmen nicht floriert oder du dich doch für einen anderen Weg entscheidest.

> Egal in welcher Größenordnung:
> Ich persönlich empfehle dir genau zu schauen, was eine Betriebsausgabe darstellt und was nicht. Dokumentiere auf deinen Belegen oder für dich selbst, weshalb du dies oder jenes getan hast, damit dein Unternehmen weiterwachsen kann.

Ohne Frage, es gibt sie, die Steuersparmodelle und die Gestaltungsmöglichkeiten. Nur, Liebes, bitte nimm dir dafür Experten an die Hand und investiere lieber in eine richtig gute Beratung mit dem Hintergrund, dass alles Hand und Fuß hat und einer Prüfung der entsprechenden Behörde – vordergründig der Finanzbehörde – jederzeit standhält.

*Weißt du, all die Dinge, die wir bewusst tun, bilden Karma.*

Wenn du etwas vertuschst, lügst oder versuchst, Steuern zu sparen, indem du falsche Tatsachen vortäuschst, kreierst du **schlechtes Karma**.

Und ja, selbst wenn du auf diese Weise kurzfristig Geld sparst, wird es dir an anderer Stelle wieder von deinem Karma-Konto abgezogen.

Es gibt das Gesetz der Anziehung; egal, ob es um menschliches Leid geht, um Steuerhinterziehung, um Boshaftigkeiten, darum, anderen Schmerzen zuzufügen. Alles kommt zu dir zurück, wenn du es nicht auflöst.

> Daher denke immer wieder an das Gesetz der Anziehung:
> Was du aussendest, kommt zu dir zurück. Willst du etwas nicht, wirst du es nicht bekommen. Willst du etwas bewusst, wird es bewusst zu dir kommen. Dann, wenn du glaubst und vertraust.

*Wisse, was du tust, handle intuitiv und glaube an deine Größe und dein Wachstum.*

Ein sehr wichtiger Fakt ist das Thema des **Unternehmerlohnes**. Was meine ich damit?

Du als Unternehmerin darfst wissen, was du jeden Monat benötigst, damit du privat von Anfang an über die Runden kommst und deine Fixkosten gedeckt sind.

Aus meiner Sicht ist dieser Punkt eine der größten Herausforderung von Frauen.

Ja, auch ich stand an diesem Punkt und habe es nicht getan – mir einen Unternehmerlohn zu zahlen!

In meinen Mentorings mit Frauen und beim Zusammentreffen auf zahlreichen Seminaren, in denen ich selbst Teilnehmerin war, erlebte ich, dass sich viele Frauen nichts aus ihrer Firma für ihre eigenen Leben entnommen haben.

Du liest richtig: nichts – oder höchstens sporadisch. Ein Leben von der Hand in den Mund, getragen von finanzieller Unterstützung.

Vom Begriff *Unternehmerlohn* hatten sie noch nie etwas gehört.

Was bedeutet das konkret? Kenne jene Summe, die du monatlich zum Leben brauchst.

*Wisse von Anfang an,*
*wie viel Lohn du wirklich für dich benötigst.*

Bei **Einzelunternehmen** – auch Solopreneurin, also ohne eingetragene GmbH – nennt sich deine monatliche Entnahme für deinen Unternehmer-Lohn Privatentnahme.

Bei einer anderen Gesellschaftsform bekommst du als angestellte Geschäftsführerin ein **monatliches Gehalt** ausgezahlt.

*Wenn du von Anfang an richtig genial starten willst, dann kenne deinen Wert fürs Leben.*

Meine Kundinnen in meinen Programmen kommen aus dem Staunen teilweise nicht raus. Sie nehmen wahr, was alles fürs Leben ansteht und wie viel sie wirklich monatlich benötigen. Sie kennen ihren Unternehmerinnen-Lohn.

Und ja, ein eigenes monatliches Geld ist genial!

Liebes, lass dich jetzt bitte nicht beirren und dich von deinem Weg abbringen, auch, wenn du das Gefühl hast, das es für dich nicht machbar, noch nicht vorstellbar ist, weil die Umsätze erst sporadisch oder noch gar nicht fließen.

*Erlaube dir Zeit. Erlaube dir Raum.*

**MOMENTUM:**

Und frage dich gleichzeitig: Was kannst du heute schon tun, damit du dir mit deinem Herzensprojekt schon bald regelmäßig und richtig guten, eigenen Unternehmerlohn auszahlen kannst?

*Es ist dein Geld. Dein Unternehmerlohn.*

Wenn du nun deinen „Lohn“ 1 zu 1 aus deinem Einzelunternehmen entnimmst, ist es noch unversteuert. Es gilt in diesem Fall als Privatentnahme.

Das bedeutet: Dieses Geld *muss* noch versteuert werden, wenn es privat entnommen wurde. Wisse: Das Geld ist nie zu hundert Prozent deines – der Staat will auch noch seinen Teil davon haben.

Du brauchst dazu im Moment nicht deine Steuerklasse zu wissen. Es reicht aus, wenn du vorab davon gehört hast und diesen Punkt zeitnah mit deinem Steuerberater besprichst. Sprich, sobald du erste Einnahmen generierst. Das, was dir nicht gehört – die Steuer – lege am besten auf ein Rücklagenkonto. Dazu aber im nächsten Kapitel noch mehr.

*Mein Appell an dich, Liebes, kenne deine Finanzen von Anfang an.*

Es wird dir eine tiefe Erleichterung von Beginn an schenken, wenn du weißt, was du verdienst, wie viel du dir entnehmen kannst, wo du stehst und wie du wirtschaftest.

*Bist du bereit für die nächsten Themen?*

Bereit für das, was du als Unternehmerin noch wissen darfst und das, was dich und dein Business zusätzlich stärkt?

*Weil genau das deinem Unternehmertum ein weiteres Fundament gibt und gerade dann, wenn du vielleicht schon mal davon gehört hast.*

## Steuern und Zahlen.

### *Dein Ausgaben-Plan.*

Ausgaben-Plan – das mag erstmal ziemlich trocken, steril und anstrengend klingen.

Mir ging es viele Jahre genauso und das, obwohl genau das mein Business war.

> Doch Zahlen sprechen die Wahrheit – deine Wahrheit, wenn du auch wirklich alle Zahlen mitberücksichtigt hast.

Mit „allen Zahlen" meine ich wirklich alle.

Vor allem dann, wenn du ehrlich zu dir bist und nicht versuchst, den einen oder anderen Beleg (gerade im Privaten) auszublenden. Hast du die Liste schon erstellt, die ich dir zu Beginn des Kapitels empfohlen habe? Und all deine Einnahmen und Ausgaben aufgeschrieben?

Wie bereit bist du, dir all deine Zahlen wirklich in der Tiefe anzuschauen?

Wovon ich spreche? Ich weiß es ganz genau, denn ich kenne das aus meiner eigenen Vergangenheit.

Ich wollte auch nicht hinschauen. Dachte, ich hätte doch alles im Kopf. Ich weiß doch, was los ist …

Pustekuchen!

Nix im Kopf!

Der Kopf redet sich Zahlen gerne schön, vor allem, wenn sie eher auf der Minusseite als auf der Plusseite stehen. Ja, du liest richtig: Das wahre Erwachen kommt erst dann, wenn du dir alles ganz in Ruhe auflistest.

---

**MOMENTUM:**

Mach es dir einfach: Erstelle dir am PC eine Excel-Liste oder schnapp dir Zettel, Stift und ein Lineal und leg los. Erstelle dir eine Liste fürs Ge-

schäftliche wie auch fürs Private. Eine Liste mit **all** deinen Ausgaben und mit all deinen Einnahmen.
Schau hin. Ehrlich. Klar. Ohne Ausreden.
Meist wird nur kurz überschlagen, mal grob gerechnet. Doch hier zählt Ehrlichkeit mit dir selbst – kein Wischiwaschi. Du brauchst ein ehrliches Ergebnis.

Weißt du schon jetzt, dass ein Plus unter dem Strich stehen wird? Mach die Aufstellung trotzdem.

Steht ein Minus unter dem Strich?

Vielleicht spürst du gerade, wie sich die Enge breitmacht. Wie Angst aufpoppt oder ein Gedanke laut wird, wie:

„Oh nein, das will ich nicht sehen!“

„Brauch ich nicht, weiß ich doch, dass ich im Minus bin.“

„Ich weiß sowieso, dass es eine große Summe ist.“

„Oh Mann, jetzt habe ich keine Lust.“

„Was soll das denn bringen? Es sind einfach Zahlen und ich weiß, dass sie unterirdisch sind.“ Und so weiter...

Genau dann solltest du es tun. Schau sie dir an! Jetzt ist der richtige Moment, alles aufzudecken.

## MOMENTUM:

Notiere dir ganz ehrlich, welche Verbindlichkeiten gerade da sind.

Eine Verbindlichkeit ist eine offene Forderung deines Gegenübers (i.d.R. Verkäufer/Dienstleister). Also ein Betrag, den du jemandem noch zahlen darfst, weil du bei ihm etwas eingekauft hast. Das kann zum Beispiel eine Rechnung zur Anschaffung für Inventar sein, Betriebsausstattung, Steuerberater aber auch ein Paypal-Ratenplan sein, eine offene Klarna-Rechnung oder ein Privatdarlehen, das du von einem Verwandten bekommen hast.

Hast du keine Verbindlichkeiten? Dann feiere dich!

Hast du welche, verurteile dich bitte nicht dafür.

MOMENTUM:

Nimm wertschätzend an, was ist. **Bedanke dich bei deinen Zahlen und bei dir selbst dafür,** dass du jetzt den genauen Betrag kennst.

Der Shift in dir beginnt dort, wo dir die Dinge bewusstwerden, du sie aufdeckst und du sie endlich aktiv verändern kannst.

Das ist der Moment, an dem dein neuer Weg im Umgang mit Geld beginnt.

Wenn du weißt, wo du finanziell stehst – geschäftlich und privat – erkennst du klarer, was jetzt ansteht.

> Vertraue dir. Glaube daran, dass du alles schaffen kannst, sobald es dir bewusst ist.
> **Zahlen lügen nicht. Geld ist und bleibt Energie.**

## *Die Steuern – Hinschauen, statt wegschauen!*

Das, was du als Unternehmerin kennen und verstehen darfst. Wir gehen weiter.

**Dein unternehmerisches Ergebnis – „das unterm Strich" – kann entweder positiv oder negativ sein.**

Positiv bedeutet: Du hast einen Gewinn erwirtschaftet.

Negativ bedeutet: Du hast einen Verlust gemacht.

Natürlich richten wir den Fokus hier weiterhin auf die Fülle im Leben und den Gewinn.

Doch beim Verlust, darfst du genauso hinsehen. Weshalb ist das so, was muss anders sein, welche Aktivitäten kannst du starten, damit sich das Ergebnis wieder verändert. Was konkret – frag dich bitte.

Was passiert nun, nachdem du ein Plus erwirtschaftet hast?

Ich habe es vorhin schon erwähnt: Dir gehört nicht das ganze Geld, denn natürlich bist du als Unternehmerin steuerpflichtig.

Egal in welchem Land du lebst: auf deine Gewinne fallen Steuern an.

Die Länder unterscheiden sich dabei vor allem in der Höhe ihrer Steuersätze.

*Wenn du in Deutschland umsatzsteuerpflichtig bist, musst du auch in Deutschland Umsatzsteuer (USt) abführen.*

Umsatzsteuerpflichtig ist grundsätzlich (bis auf wenige Ausnahmen) jeder, der laut dem Gesetzgeber im Inland steuerpflichtige Leistungen oder Tätigkeiten erbringt.

Das heißt, du schreibst Rechnungen mit einem Nettobetrag zuzüglich Umsatzsteuer.

Es sei denn, du bist **Kleinunternehmer nach §19 UstG**, dann bist du diesbezüglich befreit, weist keine Umsatzsteuer aus und dein Bruttobetrag ist gleich der Nettobetrag. Hierzu liest du später noch mehr.

Wenn du also die Umsatzsteuer beim Ausstellen deiner Rechnung ausweist, dann ist diese **Umsatzsteuer** durch dich an die Finanzbehörde zu entrichten.

Hast du allerdings Rechnungen, die du selbst an einen Rechnungsaussteller zahlen musst = Ausgaben, z. B. von einem Mentoringprogramm, dem Büromaterial, dem PC-Kauf, deinem Steuerberater usw., dann kannst du die darin enthaltene Umsatzsteuer, hier in Deutschland und auch in Österreich, auch **Vorsteuer** genannt, von der Umsatzsteuer, die du an die Finanzbehörde zahlen müsstest, abziehen.

Der Schweizer spricht bei Umsatzsteuer und Vorsteuer von Mehrwertsteuer (MWST).

| Beispiel Einnahme: | | Beispiel Ausgabe PC-Kauf: | |
|---|---|---|---|
| Nettobetrag | 5.000 Euro | Nettobetrag | 2.000 Euro |
| Zzgl. USt | 950 Euro | Zzgl. VSt | 380 Euro |
| Bruttobetrag | 5.950 Euro | Bruttobetrag | 2.380 Euro |

Beispiel Berechnung Umsatzsteuer:

| | |
|---|---|
| Umsatzsteuer | 950 Euro |
| (-) Vorsteuer | 380 Euro |
| USt-Zahllast = | 570 Euro |

Aktuell beträgt der Steuersatz für die Umsatzsteuer, zum Zeitpunkt des Buchschreibens: ermäßigt 7 Prozent und der volle Satz 19 Prozent in Deutschland.

Österreich hat 20% voll und ermäßigt 13 und 10 Prozent. Und die Schweizer haben Normalsteuersatz 8,1 Prozent und ermäßigt 2,6 Prozent und 3,8%.

## MOMENTUM:

Umsatzsteuer minus Vorsteuer ergibt dann deine Umsatzsteuerzahllast oder die Umsatzsteuererstattung.

Du bekommst eine Erstattung, wenn die Vorsteuer höher als die Umsatzsteuer ist. Dann fließt Geld an dich zurück.

Die Berechnung deiner Umsatzsteuer erfolgt entweder durch deinen Steuerberater, dein Buchhaltungsprogramm oder durch dich selbst.

Die entsprechenden Beträge entstehen, wenn deine Buchhaltung regelmäßig aufgearbeitet wird und deine Belege entsprechend korrekt verbucht sind.

Regelmäßig bedeutet: Je nach Veranlagungszeitraum – und den gibt wiederum der Gesetzgeber vor. Das sind Themen, die du idealerweise mit deinem Steuerberater oder Buchhalter absprichst.

**In Deutschland gibt es unterschiedliche Zeiträume für die Abgabe der Umsatzsteuervoranmeldung**: monatlich, vierteljährlich oder jährlich. Dies ist abhängig von deiner Umsatzsteuerzahllast. Je höher deine Zahllast, desto kürzer in der Regel der Abgabezeitraum.

Und: Eine hohe Zahllast zeigt meist, dass dein Umsatz steigt – dass du gut verkaufst und dein Business wächst.

## MOMENTUM:

**Ganz wichtiger Tipp für dich:**

Damit du von Anfang an auf der sicheren Seite bist und deine Umsatzsteuervorauszahlung immer sofort begleichen kannst, empfehle ich dir Folgendes:

**Richte dir bei deiner Bank ein zweites Konto ein.**

**Überweise direkt bei Zahlungseingang z.B. die 19 % Umsatzsteuer dorthin – also den Betrag, den du deinen Kunden in Rechnung stellst.**

So hast du die Umsatzsteuer beiseitegelegt und kannst sie problemlos zahlen, wenn das Finanzamt sie einfordert. **Ganz ohne böses Erwachen, das kommen kann, wenn du eine hohe Umsatzsteuerzahlung zu begleichen hast.**

### *Körperschaftssteuer und Einkommensteuer*

**Die Einkommensteuer** ist die Steuer, die du als Privatperson auf deine Einkünfte zahlst. Also auf deinen Gewinn (auch Ergebnis genannt) zum Beispiel aus selbstständiger Tätigkeit, aus einem Gewerbebetrieb, aus Kapitaleinkünften oder der Vermietung und Verpachtung. Hinweis: Die **Einkommensteuer ist eine Privatsteuer**.

*Die Höhe der Einkommensteuer ist gestaffelt und hängt von der Höhe deines Einkommens ab.*

In Deutschland reicht der sogenannte Spitzensteuersatz derzeit **bis zu 45 %**. Als ledige Person zahlst du in Deutschland auf dein zu versteuerndes Einkommen von ca. 275.000 Euro den aktuellen Spitzensteuersatz von 45%. Das sind rund 123.750 Euro Steuern, die an den Fiskus gehen. (Bei Verheirateten und Lebensgemeinschaften gelten verdoppelte Freibeträge in den Staffelungen). In der Schweiz ist die Steuerlast vom jeweiligen Kanton abhängig. Je nach Wohnort liegt der Steuersatz zwischen etwas 10% bis 30%. In Österreich liegt der Spitzensteuersatz derzeit bei 50%.

> Beispiel, wenn du im Spitzensteuersatz bist (allerdings ohne Berechnung und Berücksichtigung von persönlichen Freibeträgen, abzugsfähigen Aufwendungen und Kosten):

| **Land** | **Zu versteuerndes Einkommen** | **Spitzen-steuersatz** | **Steuerlast (geschätzt)** |
|---|---|---|---|
| Deutschland (ledig) | 275.000 € | 45 % | 123.750 € |
| Deutschland (verheiratet) | 550.000 € | 45 % | 247.500 € |
| Schweiz (je nach Kanton) | 275.000 € | 10–30 % | 27.500–82.500 € |
| Österreich | 275.000 € | 50 % | 137.500 € |

Der Steuersatz ist allerdings abhängig von den persönlichen Verhältnissen.

> Für dich als Einzelunternehmerin heißt das: **Leg dir einen prozentualen Steuer-Anteil deiner Gewinne konsequent zur Seite** und rühre diesen Betrag am besten nicht an. So hast du die Einkommenssteuer-Steuerverbindlichkeit später sicher parat.

### *Kommen wir zur Körperschaftssteuer (KSt).*

**Die Körperschaftsteuer betrifft Kapitalgesellschaften und andere juristische Personen.** Also z. B. GmbHs, AGs, GmbH & Co. KGs, eingetragene Genossenschaften oder Vereine. Diese müssen auf ihren Gewinn Körperschaftsteuer zahlen.

Im Gegensatz zur Einkommensteuer ist die Körperschaftssteuer deutlich niedriger, denn der Steuersatz liegt in Deutschland derzeit bei **rund 15 %**, zuzüglich **5,5 % Solidaritätszuschlag** auf die Körperschaftsteuer.

In Österreich gibt es auch eine Körperschaftssteuer und in der Schweiz nennt sie sich Bundeskörperschaftsteuer.

### *Eine weitere Steuer, die ich erwähnen möchte, ist die Gewerbesteuer (GewSt).*

Sie betrifft alle Gewerbetreibenden; also Personen, die Einkünfte aus einem Gewerbebetrieb erzielen. Sie zahlen auf ihren erwirtschafteten Gewinn – zusätzlich zur Einkommensteuer, auch noch **Gewerbesteuer.** Deren Höhe hängt vom sogenannten **Hebesatz** ab, der je nach Stadt oder Gemeinde, wo sich deine Unternehmen befindet, unterschiedlich ausfällt.

Jetzt darfst du durchatmen!

Dir sind jetzt möglicherweise viele neue Begrifflichkeiten begegnet – und doch: Bleib entspannt und relaxt. Mit einem guten Steuerberater bist du auf der sicheren Seite, wenn du die entsprechenden Fragen stellst.

Noch einmal mein Appell an dich:

Schreibe dir diesen Punkt ganz oben auf deine ToDo Liste: **„Steuerbetrag immer gleich zur Seite legen!“**

Sobald dein Buchhalter und dein Steuerberater deine Unterlagen verbucht haben, wissen sie genau, was zu zahlen ist und können dir die Höhe der Zahllast nennen.

Dein Steuerberater kann dir übrigens auch eine **Vorausberechnung** für deine Zahlungen zur Gewerbesteuer, zur Körperschaftsteuer oder Einkommensteuer erstellen. So hast du sofort einen guten Richtwert, mit dem du planen und arbeiten kannst.

Auch kann er dir einen Terminplan erstellen, zu wann deine Steuervorauszahlungen fällig sind. Du weißt dadurch ganz konkret, was ist wann fällig und in welcher Höhe.

*Wichtig ist vor allem eins: dass du dich gut fühlst.*

Es ist essenziell, als Unternehmerin zu verstehen, wie der finanzielle Ablauf rund um Steuern und Buchhaltung funktioniert, dass du wichtige Zahlungen im Blick hast und dein Unternehmerwissen Schritt für Schritt erweiterst, denn genau das gehört zum Unternehmertum. Ehrlich gesagt, ich hatte dieses Wissen und ich habe es bei meinem eigenen Unternehmen eine Zeit lang schlicht nicht beachtet.

*Ich will, dass es dir anders geht – von Anfang an!*

Ich erzähle dir kurz, was mir hier besonders am Herzen liegt. In meinem eigenen Fall erzielte ich als Unternehmerin Einkünfte aus zwei verschiedenen Einkunftsarten. Zum einen Einkünfte aus selbstständiger Tätigkeit, zum anderen Einkünfte aus dem Gewerbebetrieb.

Für beiden Einkunftsarten fällt Einkommensteuer an und bei der Einkunftsart aus Gewerbebetrieb zusätzlich noch Gewerbesteuer. Die Rücklagen dafür fehlten. Als der Bescheid kam, kam mein Erwachen. Nämlich eine Zahlung, innerhalb von 4 Wochen, wo ich nicht wusste, wie geht's. Beim Start passieren vielen diese klassischen Anfängerfehler. Ich möchte dich davor bewahren! Versuche, es von Anfang an richtig gut machen.

### *Der steuerliche Erfassungsbogen.*

Im Unterkapitel „Step by Step" sind wir kurz ins Thema eingetaucht und hier die Fortsetzung. Für all die, *die noch nicht gestartet sind* und sich noch nicht formell beim Finanzamt angemeldet haben, sei es für eine gewerblichen oder selbstständigen Tätigkeit. Auch für die, die sich zwar angemeldet haben und wo der *Erfassungsbogen noch nicht ausgefüllt vorliegt*.

**Exkurs**

Für diesen Zweck meldest du dich in der Schweiz bei der kantonalen Steuerverwaltung, in Österreich hingegen beim zuständigen Finanzamt an.

Sobald du dich in Deutschland anmeldest, also ein Gewerbe oder eine selbstständige Tätigkeit offiziell registrierst, bekommst du in der Regel relativ schnell vom Finanzamt den steuerlichen Erfassungsbogen zugesandt.

Du hast verschiedene Optionen diesen Bogen auszufüllen. Entweder mit deinem Steuerberater gemeinsam, alleine und mit Hilfe dem Elster-Formular.

Nach Ausfüllung und Rücksendung dieses Bogens bekommst du von deinem für dich zuständigen Finanzamt deine **Steuernummer** zugeteilt und zugesandt. Gleiches gilt für die **Umsatzsteuer-Identnummer** (USt-Id Nummer). Vorausgesetzt du hast sie im steuerlichen Erfassungsbogen mitbeantragt. Mehr dazu beim Thema „Rechnungslegung" im nächsten Unterkapitel.

Neben diversen Angaben zu dir und deiner Person, Beginn deiner Tätigkeit, der Art der Gewinnermittlung, eventuellen Steuerbefreiungen usw., sind auch deine voraussichtlichen Einkünfte anzugeben, als Prognosen für das erste Jahr und das zweite Geschäftsjahr. Dabei geht es um die Vorausberechnungen für deine Einkommensteuer bzw. je nach Gesellschaftsform um die Körperschaftsteuer.

Das heißt, du darfst darin erfassen, was du glaubst zu erzielen; sprich: welche Einnahmen und welche Ausgaben zu erwarten sind. Es handelt sich somit um eine Kalkulation und Vorausschau bzw. Prognose. Nichts davon ist bereits handfest, da du in den meisten Fällen zum Zeitpunkt der Anmeldung noch keine konkreten Zahlen nennen kannst. Ob es später mehr oder weniger wird, bleibt abzuwarten.

Mein Tipp: Fülle ihn zusammen mit deinem Steuerberater aus. Ja, es ist genial, die Millionen schon im Kopf zu haben und ich liebe sie auch, **nur erfasse** hier nicht deine Visionsvorstellungszahl, sondern eine realistische Zahl!

| **3.1 Voraussichtliche Einkünfte** aus | **im Jahr der Betriebseröffnung** | | **im Folgejahr** | |
|---|---|---|---|---|
| | **Steuerpflichtige(r)** EUR | **Ehegatte(in)/ Lebenspartner(in)** EUR | **Steuerpflichtige(r)** EUR | **Ehegatte(in)/ Lebenspartner(in)** EUR |
| Land- und Forstwirtschaft | | | | |
| Gewerbebetrieb | | | | |
| Selbstständiger Arbeit | | | | |
| Nichtselbstständiger Arbeit | | | | |
| Kapitelvermögen | | | | |
| Vermietung und Verpachtung | | | | |
| Sonstigen Einkünften (z.B. Renten) | | | | |

Wenn du direkt 1 Million Euro als Einnahme angibst und z. B. 300.000 Euro als Ausgaben erfasst, dann bedeutet das, dass du einen vorläufigen Gewinn (entspricht der Einkünfte) von 700.000 Euro angibst.

In diesem Fall bedeutet das:

Die Finanzbehörde setzt genau diese 700.000 Euro als Bemessungsgrundlage für die Steuer-Vorauszahlungen an. Nach der aktuellen Grundtabelle würde das, grob gerechnet, zu einer Steuerlast von ca. 300.000 Euro im Jahr führen, also rund 75.000 Euro pro Quartal. Dieses Geld wäre dann vierteljährlich zu bezahlen, ob du es hast oder nicht.

Zwar kannst du (oder dein Steuerberater) im Nachgang eine Herabsetzung des Vorauszahlungsbescheids beantragen, aber auch das kostet Zeit – und wird nicht sofort wirksam.

Daher spare dir an dieser Stelle Angst und Schrecken vor einem viel zu hohen Steuerbescheid.

Nimm dir wirklich von Anfang an den Berater an die Hand und setze an diesem Punkt „realistische" Zahlen ein.

Andererseits kann es auch so kommen, dass sich deine prognostizierten Zahlen deutlich erhöhen. In diesem Fall darfst du direkt mit deinem Steuerberater sprechen und eine Anpassung der Vorauszahlungen beantragen. Wie du siehst, eine Anpassung ist grundsätzlich immer möglich. Nach oben und nach unten.

### *Nun noch ein Wort zu den Vorauszahlungsbescheiden:*

**Vorauszahlungsbescheide** sind Bescheide, in denen die voraussichtlich zu zahlende Steuer aufgeführt ist; Beträge, die du vierteljährlich an das Finanzamt oder das Gewerbeamt überweisen musst.

Dessen solltest du dir bewusst sein und diese Beträge einplanen, damit du keine Hitzewallungen bekommst, wenn die nächsten Vorauszahlungen anstehen; egal, ob Einkommensteuer, Körperschaftsteuer, Solidaritätszuschlag oder Gewerbesteuer.

> **Mein Herzenswunsch für dich:**
> Sorge von Anfang an dafür, dass du gezielt Geld für diese Steuerzahlungen zurücklegst. Behalte den Überblick darüber, was kommt und wann es fällig ist. Gleichzeitig habe am besten ein separates Bankkonto, dass ausschließlich für deine Vorauszahlungen gedacht ist.

## Der Jahresabschluss.

Jedes Wirtschaftsjahr, in der Regel von Januar bis Dezember, wird mit einem so genannten Jahresabschluss abgeschlossen. Dieser verschafft einen vollständigen Überblick über die wirtschaftliche Lage deines Unternehmens.

Je nach Unternehmensform und Größenordnung erfolgt der Jahresabschluss entweder in Form einer **Einnahmen-Überschuss-Rechnung (EÜR)**, einer einfachen Gegenüberstellung von Einnahmen und Ausgaben. Oder erfolgt durch eine **Bilanz mit Gewinn- und Verlustrechnung (GuV) und einer detaillierteren Darstellung des Betriebsvermögens und dessen** Veränderungen.

Wirst du den Jahresabschluss von jemandem erstellen lassen, der nicht dazu autorisiert ist, werden diese Personen von dir verlangen, dass du deinen Abschluss selbst unterschreibst.

Sie werden ihn nicht für dich unterschreiben und ihre Mitwirkung wird voraussichtlich auch nicht im Abschluss erwähnt sein. So liegen die Haftung und die komplette Verantwortung bei dir.

Die Hauptverantwortung deiner Zahlen liegt prinzipiell bei dir, weil alles darauf aufbaut, was du dem Berater lieferst.

> Beachte hier bitte:
> Kein Buchhalter darf deinen Jahresabschluss testieren, weil er laut Steuerberaterverordnung nicht dazu berechtigt ist. Dies dürfen nur Steuerberater und Wirtschaftsprüfer.

Ich habe übrigens selbst einen Steuerberater, obwohl ich vom Fach bin. Ich tätige keine Abschlüsse selbst, auch wenn ich es auf Grund meiner Fähigkeiten und Kenntnisse könnte.

Zum einen macht es mir keine Freude und zum anderen kann ich in der Zeit Dinge erledigen, die mein Unternehmen weiterwachsen lassen.

Auch du hast die Wahl, diese Dinge zu delegieren und dabei auf Nummer sicher zu gehen.

## Zahlen

### *Cashflow*

Vielleicht hast du das Wort schon gehört? Der Cashflow ist jedoch nicht gleichzusetzen mit den Unternehmens-Gewinn.

Der Cashflow, also der Geldfluss, misst den Zufluss und Abfluss von liquiden Mitteln – dem Geld in deinem Unternehmen. Er bildet also ab, wie viel Geld = Zahlungsmittel tatsächlich in dein Unternehmen hinein- und wieder hinausfließt. Auch informiert er dich darüber, ob dein Unternehmen in der Lage ist, laufende Zahlungen zu leisten, Investitionen zu tätigen und Darlehen oder Verbindlichkeiten zu tilgen.

Ein gesunder Cashflow ist und bleibt wichtig für deinen langfristigen unternehmerischen Erfolg, weil er auf der einen Seite die Liquidität sicherstellt und dir auf der anderen Seite die finanzielle Stabilität von dir und deinem Geschäft zeigt.

Ich habe ein Beispiel für dich.

Eine **Goldschmiedin** verkauft selbst kreierte, kunstvoll gestaltete Unikate, ihre schönsten Schmuckstücke. Durch den Verkauf (z. B.

Zahlung aufs Bankkonto oder Barzahlung in die Kasse) an ihre Kundinnen erzielt sie mehr Einnahmen, als sie für Materialien, Miete und andere Betriebsausgaben ausgegeben hat.

Mit diesem finanziellen Überschuss kann sie nun Geld sparen oder anlegen, neue Materialien einkaufen, gezielt investieren und damit ihr Geschäft weiter ausbauen und wachsen lassen.

## BWA und SuSa

Monatlich, vierteljährlich, jährlich – je nach Veranlagung, (d. h. in der Regel, je nach Veranlagung der Umsatzsteuer-Voranmeldung) oder nach Absprache mit deinem Berater –, erhältst du von deinem Steuerbüro oder deinem Buchhalter eine entsprechende Auswertung. Diese Auswertung setzt sich zusammen aus der **BWA = Betriebswirtschaftliche Auswertung** und eine **SuSa = Summen- und Saldenliste**.

Die **BWA** zeigt dir *deine finanzielle und unternehmerische Situation für einen bestimmten Zeitraum* auf; meistens den Monats- oder Quartalswert im Verhältnis zum Jahreswert. Sie enthält alle Infos zu deinem Umsatz, deinen Kosten, dem Gewinn, Liquidität und Rentabilität. Hierüber kann dein Steuerberater, ein Unternehmensberater, ein Investor oder ein Bänker schnell erkennen, ob du als Unternehmerin wirtschaftlich arbeitest oder ob sich deine finanzielle Situation schnell verbessern darf.

Die **Summen- und Saldenliste, auch SuSa** genannt zeigt dir auf, *wohin dein Geld in der Vergangenheit geflossen ist*, und stellt eine Zusammenfassung aller deiner Konten in der Buchhaltung dar.

Stell dir quasi vor, du hast eine Liste mit all deinen Geldgeschäften; ein bisschen so wie ein Haushaltsbuch. Jedes Mal, wenn du Geld empfängst oder Geld ausgibst, schreibst du es in diese Liste.

So bekommst du einen schnellen Überblick darüber, welche Erträge und Vermögenswerte du erwirtschaftet hast und welche Ausgaben im Zusammenhang mit deinem Unternehmen angefallen sind.

**Diese Konten** haben zwei Seiten und bieten einen detaillierten Überblick über die **Zuflüsse** (**SOLL** genannt) = Einzahlungen, Erhöhungen von Vermögenswerten und Ausgaben auf der linken Seite des Kontos.

Auf der anderen Seite, der rechten Seite des Kontos, sind die **Abflüsse** (**HABEN** genannt) = die Auszahlungen oder Erträge oder Verringerung deiner Vermögenswerte.

Bist du noch aufnahmebereit?

Falls nein, dann lege jetzt eine Pause ein. Mach dir einen Zettel ins Buch und markiere so diese Stelle und dann komme nach deiner Pause wieder. Alternativ kehrst du zu einem späteren Zeitpunkt hierher zurück, denn das was folgt ist essenziell.

*Und bitte – komm zurück!*
*Für dich als Unternehmerin.*
*Einmal verstanden und du wirst zur Unternehmerin,*
*die du sein willst – erfolgreich!*

## ROI

ROI – was ist das? Es steht für **Return on Investment** und bedeutet auf Deutsch: Rendite der Investition.

Hört sich nach „böhmischen Dörfern“ an? Es ist eigentlich leicht zu verstehen: Der ROI zeigt dir, ob sich deine Investition gelohnt hat oder nicht. Je höher der ROI, desto besser für dein Geschäft.

*ROI = Wie viel Geld hast du verdient im Vergleich zu dem Geld, das du investiert hast?*

Wenn der **ROI hoch** ist, bedeutet das genau, dass deine Investition sich gelohnt hat und du einen guten Gewinn erzielen konntest.

*Die **Rendite** daraus ist somit der Gewinn aus deiner Investition.*

Wenn der **ROI niedrig** ist, hast du möglicherweise nicht so viel Geld verdient, wie du investiert hast.

Beispiel:

Stell dir vor, du hast ein Café und überlegst, ob du in eine neue Kaffeemaschine investierst.

Die Kaffeemaschine kostet 1.000 Euro und du rechnest dir aus, dass sie dir pro Monat zusätzliche Einnahmen von 500 Euro bringen wird. Damit du entscheiden kannst, ob sich die Investition lohnt, berechnest du den ROI.

Das heißt, du teilst den zusätzlichen Gewinn i. H. von 500 Euro pro Monat durch die Investitionssumme von 1.000 Euro. Danach multiplizierst du das Ergebnis mit 100 (weil 1.000 Euro = 100 %).

Du willst jetzt wissen, wie viel der ROI beträgt? In diesem Fall sind es 50%.

Bedeutet: Du hast deine Investitionskosten für die Kaffeemaschine bereits nach zwei Monaten wieder eingespielt.

Ab dem dritten Monat erzielst du damit bereits **Gewinn**.

> Der ROI hilft dir zu entscheiden, ob es sich lohnt, in die Maschine zu investieren oder ob du dein Geld besser anderweitig einsetzt.
>
> Er ist eine wichtige Kennzahl in deinem Unternehmen und unterstützt dich dabei, deine Investition zu bewerten. Ist sie rentabel oder eben nicht?

## *Trenne deine Finanzen von Anfang an!*

> Wenn du gründest, solltest du von Beginn an mindestens zwei Konten haben. Ein Bankkonto für dein Privates und ein Bankkonto für deine Geschäftsvorfälle – Einnahmen wie Ausgaben.

Eröffne dir gerne zusätzlich ein Bankkonto für deine Steuern, wo du einen Betrag X monatlich für deine Vorauszahlungen weglegst. Alternativ könntest du noch ein zweites Konto eröffnen für deine Umsatzsteuer-Vorauszahlungen. Es gibt auch Girokonten mit sogenannten Pockets, wo du direkt für deine Rücklagen Unterkonten bilden kannst. Manche handhaben es sogar so: Für alle Rücklagen jeweils ein Unterkonto, wie zum Beispiel eines für Umsatzsteuer, für Einkommenssteuer & Co., Auto, Urlaub, … sie bringen Erleichterung.

Zu guter Letzt: Wisse, es geht immer weiter – egal wo du stehst, egal, wie deine Situation ist: stark vermögend, noch ganz am Anfang, verschuldet.

Vertraue darauf, dass es immer weitergeht, auch dann, wenn das fehlende Eigenkapital fehlt und auch dann, wenn kein Darlehen möglich ist.

Manifestiere.

Greife nach den Sternen, frage nicht nach dem „Wie – wie geht's?", sondern

frag nach dem

*„Was – was, wenn alles möglich ist,*
*auch für mich?"*

Ja es geht um Unabhängigkeit. Ja, es geht darum, selbst mehr als genug eigenes Geld zu haben. So viel wie du für dich und deine finanzielle Unabhängigkeit eben haben willst. Doch was wäre, wenn du dich am Anfang nicht mehr dem Druck aussetzt, sondern das Universum um Unterstützung bittest.

Was, wenn es jemanden gibt, der dich beim Unternehmensaufbau mit unterstützt, etwa durch ein Privatdarlehen? Vielleicht durch deinen Mann, deinen Partner oder familiäre Hilfe und Freunde.

**Sei dir sicher: Deine Einstellung hilft dir dabei, zu glauben und zu vertrauen, dass du alles schaffen kannst, was du willst.**

Achte auf die Schwingung, in der du dich bewegst und überprüfe, wie überzeugt du von dir und deiner Idee bist. Wie gut kannst du mit einem Nein umgehen und trotzdem weitergehen und an dich glauben?

# WELCHE VORGABEN SIND ZU BEACHTEN?

Ja, es gibt schon bei der Business-Gründung Vorgaben bei seitens Gesetzgebung. Wenn du bereit bist, sie zu beachten, kannst du deine Erfolge entspannt leben, ohne Stress wegen Nichteinhaltung zu erfahren.

In diesem Teil des Buches, in diesem Kapitel werde ich öfter das Wort „musst“ oder „solltest“ verwenden, weil es einfach passender ist als „darfst“. Die Finanzbehörde interessiert es nicht, ob du Glaubenssätze gelöst hast oder Mindset-Shifts erleben konntest – sie halten an ihrem Gesetz fest und da geht es darum, sie genau zu beachten, oftmals ohne Kompromisse.

Doch bevor ich mit diesen starten, beginne ich mit dir.

Welche Vorgaben und Bedingungen stellst du dir selbst? Welche Ansprüche und Anforderungen hast du an dich?

An dein Team?

Was ist das, was du wirklich willst?

Setzt du dir Termine, regelmäßige Meetings mit dir selbst? Pünktliche Zuarbeiten an andere. Achtsamkeit, Lernbereitschaft, Genauigkeit bei deinen Zahlen?

Wir haben über Ziele gesprochen, über das, was du willst und wie du sie erreichen kannst und was du tun kannst.

Also, was ist dir wichtig, damit dein Unternehmen florieren kann? Welche Bedingungen stellst du an dich?

Und nun stelle ich dir ein paar Fragen, auf die du bitte intuitiv antwortest.

**MOMENTUM:**

Am besten schließt du dafür die Augen.

Welches Umsatzziel möchtest du erreichen?

Gibt es eine Zahl, die du erreichen willst?
Stopp – nicht weiterlesen!

Noch einmal: Welche Umsatzzahl kommt intuitiv? Beachte jetzt nicht das, was dein Verstand dir sagt, sondern die Stimme in dir, die dir zuflüstert oder ganz laut sagt: ... Euro wären überragend!
Denn wenn du jetzt zu lange drüber nachdenkst, ist deine Antwort nicht mehr **intuitiv**!

Also, welches Umsatzziel ist dein Ziel?
Hast du eine Zahl?!
Dann schreibe sie jetzt auf. Ja, schreib sie dir auf einen Zettel, einen Post-it, eine Moderationskarte und am besten so dick, dass dein Auge die Zahl immer gut sehen kann. Denn Zahlen stretchen unser Unterbewusstsein, insbesondere, wenn sie gut zu lesen sind.

Nun überlege dir: Was könntest du tun, damit du genau dieses Ziel erreichst?

Was für Produkte, Dienstleistungen, Angebote könntest du tätigen, damit du dieses Umsatzziel tatsächlich erreichen kannst?

Ich persönlich setze mich dafür hin, male mir in meinem Geist diese Zahl aus und schaue, mit welchen Produkten, mit welchem Programm bzw. welchem Angebot ich eine Million Euro in einem Jahr erreichen kann.

Egal was deine Zahl ist, probiere es aus und du wirst sehen, was intuitiv alles kommt.

Was braucht es, damit du genau deine Zahl erreichst? Dein große Umsatzziel.

*Du weißt schon: Große Ziele, große Schritte.*

Das Spiel von Einnahmen und Ausgaben läuft ungefähr so:

Du als Unternehmerin generierst Einnahmen, indem du Produkte und/oder Dienstleistungen an Kunden verkaufst. Diese Einnahmen stammen aus den unterschiedlichsten Quellen, zum Beispiel:

- dem Verkauf von Waren
- aus Patenten & Lizenzen
- Provisionen für erbrachte Dienstleistungen
- Gebühren & Beiträge aus Abonnementen und Mitgliedschaften
- Werbung-Einnahmen
- Sponsoring
- Zuschüsse und Fördermittel

*Wie du siehst, gibt es eine Vielzahl an möglichen Einnahmequellen.*

Doch genauso gibt es auch Ausgaben, die jede Unternehmerin hat, einige davon hast du schon im Kapitel „Was gehört zum Unternehmertum?" kennengelernt.

Doch egal, wie groß deine Zahl ist und welche Einnahmequellen du wählst und am Ende läuft alles in einem Bereich zusammen: deiner Buchhaltung.

Du Zauberhafte,

wir sind jetzt an einem Punkt, wo du dich als Unternehmerin nicht schützen kannst, und zwar vor deiner **Buchhaltung**.

> Jede Unternehmerin, jeder Unternehmer hat die Pflicht, einen klaren und transparenten Überblick über die eigenen Finanzen zu schaffen. Das heißt: Alle Geldbewegungen deines Unternehmens, die Einnahmen wie Ausgaben, sind sorgfältig und korrekt darzustellen.

Auch wenn du Unterstützung hast, ist es wichtig, dass du verstehst, worum es dabei geht. Egal ob du die Buchhaltung selbst erledigst, du dafür eine Expertin oder einen Experten oder einen Mitarbeiter, eine Mitarbeiterin an deiner Seite hast: Du musst darüber Bescheid wissen.

> Denn bei allem Bewusstsein und Mindset, bei aller Ausrichtung: **Unwissenheit schützt nicht vor Konsequenzen,** das gilt auch im Unternehmertum.

Warum also nicht gleich ordentlich und ordnungsgemäß mit deinem Unternehmen starten, so dass du wirklich weißt, was du tust? Und du erkennst, welche Prozesse notwendig sind, wie die einzelnen Abläufe funktionieren und wie du sie selbstbewusst gestalten kannst?

Buchhaltung ist keine einmalige Aufgabe, sondern steht in regelmäßigen Abständen an: Das heißt, monatlich, vierteljährlich, jährlich – je nachdem, was du im steuerlichen Erfassungsbogen gemeldet hast und je nach dem, wie dich die Finanzbehörde veranlagt hat.

*Konkret* heißt es so viel wie: Deine Buchhaltung ist in regelmäßigen Abständen fällig und dem zu Folge rechtzeitig zu bearbeiten, vorzubereiten und an deinen Buchhalter oder deinen Steuerberater vollständig zur Verfügung zu stellen bzw. zu übergeben. Heute erfolgt dies vordergründig digital, durch eine Software, die dir dein Experte zur Verfügung stellt.

*Rechtzeitig* heißt wiederum: Deine Unterlagen müssen innerhalb einer bestimmten Frist an den entsprechenden Bearbeiter übergeben werden, sodass er noch genügend Zeit dafür hat, deine Buchhaltung zu verarbeiten, zu buchen und fristgerecht abzugeben.

Damit wird sie für das Finanzamt „vorzeigbar" und die Umsatzsteuer-Voranmeldung kann entsprechend fristgerecht erstellt werden.

*Fristgerecht*: Der Abgabetermin für die Umsatzsteuer-Voranmeldung (USt-VA) ist bei monatlicher Buchhaltung in der Regel der 10. des Folgemonats und bei vierteljährlicher Buchhaltung i.d.R. der 10te nach dem Quartals-Ende.

Hier ein Beispiel dafür:

- Abgabe für deine Buchhaltung Mai → Fälligkeit am 10. Juni.
- Abgabe für dein III. Quartal der Buchhaltung → Fälligkeit am 10. Oktober.

Auch gibt es die Möglichkeit, deine USt-Voranmeldung um einen Monat später abzugeben. Hierzu bedarf es einer Antragstellung für eine **Dauerfristverlängerung**, die du oder dein Steuerberater/Buchhalter beantragen *kann*.

> Eine ordnungsgemäße Buchhaltung umfasst alles, was mit deinem Unternehmen und deinem Unternehmensaufbau in Verbindung steht:
> - alle Einnahmen,
> - alle Ausgaben,
> - alle Rechnungen,
> - alle Quittungen und
> - alle sonstigen finanzielle Dokumente und Unterlagen.

Auch **Verträge** stellen Rechnungen dar und zählen dazu.

Gleiches gilt für Nachweise wie **Barbelege, wie Bankbelege**.

- Zu den Barbelegen zählen alle Transaktionen, welche Cash, also in Bar geflossene Zahlungen sind.
- Bankbelege sind sämtliche Zahlungen, welche per Bank, PayPal, Kreditkarte bzw. mit einem anderen elektronischen Zahlungsmittel getätigt wurden. Das sind entsprechende Abrechnungsbelege von den gängigsten Anbietern, wie z.B. digistor24, ablefy, CopeCart, Stripe, ThriveCart

Wenn du dich an diese ersten Grundlagen hältst, bekommst du neben einem sicheren Gefühl für deine Zahlen einen echten Überblick über die Gesundheit deines Unternehmens. Du kannst somit wichtige Entscheidungen treffen und wirst Schritt für Schritt sicherer im Umgang mit deinen Finanzen.

Gerade für uns Frauen ist es aus meiner Sicht besonders hilfreich und wertvoll, sich eine übersichtliche Methode zu überlegen. Eine, mit der du deine Buchhaltung gut organisierst bekommst und im Blick behältst.

Hierbei kann dich super eine Exceltabelle, eine Buchhaltungssoftware oder ganz Oldschool ein handgeschriebener Zettel unterstützen. Auch Apps sind eine mögliche Option.

> Ich lege es dir wirklich aus tiefsten Herzen ans Herz: Verabrede dich von Anfang an mit dir selbst zur Buchhaltung; am besten einmal wöchentlich. Oder plane **dir gleich regelmäßig im Monat Zeit für deine Buchhaltung ein, für den Erhalt des Überblicks.**

So erkennst du frühzeitig, wenn etwas nicht zu deinen Vorstellungen passt und es zu Unstimmigkeiten und Abweichungen kommt, sei es bei deinem Umsatz oder bei deinem Gewinn. So kannst du dich rechtzeitig fragen: „Was braucht es, damit ich wieder auf Kurs komme, auf den Weg zu meinem Ziel?"

Gerade in der heutigen Zeit hat auch Buchhaltung mit Bewusstsein zu tun; zum einen auf den Hinblick zur Nachhaltigkeit und auf der anderen Seite zum ethischen Handeln. Für mich bedeutet das, die eigene Buchhaltung korrekt zu führen, nichts zu verwischen und unter den Teppich zu kehren, damit unternehmerisch und buchhalterisch korrekt zu sein.

Immer mehr Unternehmen legen Wert darauf, ihre finanziellen Aktivitäten transparent und verantwortungsbewusst zu gestalten. Und immer mehr Unternehmerinnen wollen ihren eigenen Blick dafür schärfen, das erlebe ich regelmäßig in meinen Mentorings.

Deine bewusste Haltung in Bezug auf deine Buchhaltung kann dein Unternehmen nur stärken. Für mich bedeutet bewusstes Buchhalten, sich immer wieder dessen bewusst zu machen, das Buchhaltung zum Unternehmertum dazu gehört. Und gleichzeitig, dass

Buchhaltung tatsächlich eine Strategie ist, die von Staatsseite vorgegeben wurde.

Im Rahmen der Digitalisierung werden immer wieder Neuerungen eingeführt, Systeme verbessert, neue Bedingungen seitens der Gesetzgebung aufgestellt, und somit kommst auch du in der heutigen Zeit nicht mehr um die Buchhaltung herum. Auch ich bin an mancher Stelle kein Fan von Digitalisierung, weil es teilweise länger dauert und gefühlt umständlicher geht.

*Doch es ist, wie es ist, und Veränderung bringt neue Schwingung.*

Am Alten festzuhalten, dagegen anzukämpfen und nichts verändern zu wollen, führt früher oder später zum Stillstand im Geist. Offenheit, Neugier und die Freude an Veränderung hingegen öffnen deinen Geist.

> Auch wenn du deine Buchhaltung nicht selbst machst und keine Auswertungen erstellst, kommst du um die vorzubereitenden Buchhaltungsarbeiten nicht herum.

Es sei denn, du gibst auch diesen Part ab, weil du genug Geld hast und den vollständigen Überblick über alles.

Die Entscheidung liegt bei dir.

*Ich empfehle dir*: Gerade am Anfang ist es einfach wichtig, zu verstehen, wie die einzelnen Abläufe, das Prozedere im Unternehmen wirklich funktionieren.

Was heißt das nun genau?

Also, noch einmal: Du darfst sämtliche Transaktionsbelege, ja, alle Geldzuflüsse und Geldabflüsse von deinem Bankkonto, aus deinem Geldbeutel und auf dem Papier digital darstellen. Und ganz egal ob Einnahme oder Ausgabe, Vertrag, Rechnung, Quittung oder sonstige finanzielle Dokumente – all diese *müssen* eingescannt oder abgeheftet werden.

Suche dir zu allererst eine gute Methode aus und eine richtig gute Scan-App. Sprich dich am besten gleich mit deinem Steuerberater oder dem Buchhalter ab, welche Scan-Methode sich am besten eignet. So kannst du deine Belege nach ihrer Entstehung direkt scannen und in deinem Buchhaltungssystem hochladen.

Am besten machst du das direkt mit deinem Smartphone. Für die Scans empfehle ich dir einen eigenen Ordner in deinem System anzulegen. Idealerweise in der Cloud. Damit hast du direkten Zugriff auf all deine Scandateien und kannst von überall aus, egal wo du bist auf der Welt, auf sie zugreifen.

Du könntest deine Ordner z.B. auch so benennen wie ich meine:

1. Der Ordner nennt sich „Buchhaltung". Dies ist der Überbegriff.
2. Danach folgt bei mir der Ordner mit dem „Buchhaltungsjahr" und es folgen Unterordner, pro Monat einen und z. B. einen für AR = Ausgangsrechnungen (Rechnungen, die du an deine Kunden schreibst), einen für ER = Eingangsrechnungen (alle Rechnungen, welche reinkommen in dein Unternehmen und die du bezahlen darfst).
3. Und auch einen für Kasse = alle Barbelege,
   einen für Bank.
4. Ggf. noch einen für „sonstige Bankbelege" und so kannst du die Liste fortführen.

> Wichtig:
> Verwalte dich nicht kaputt.
> Du solltest den Überblick für dich behalten und solltest jederzeit wissen, wo du deine Belege, Unterlagen, Dokumente etc. pp. wiederfindest. Wenn du das nicht hast, brauchst du jemanden der das im Blick und im Griff hat. Hier an dieser Stelle gibt es keine Option. Du kommst nicht drumherum. Sonst bist du im Blindflug unterwegs und das ist weniger taff und unternehmerisch Zielführend.

Und sprich gleich von Anfang an mit deinem Steuerberater und Buchhalter, wie sie es haben wollen. Dann bist du für dich schon mal auf der „sicheren" Seite.

*Wichtig ist, dass deine Scan-Dateien wirklich gut zu lesen sind.*

Gerade bei Thermobelegen, wie du sie z. B. an der Tankstelle oder im Supermarkt bekommst. Achte außerdem darauf, Belege nicht doppelt und dreifach abzuspeichern und hochzuladen, weil dein Steuerberater bzw. Buchhalter dadurch einen unnötigen Mehraufwand hat, und der wird in der Regel extra bezahlt; aus meiner Perspektive berechtigt.

Oft erkennt ein Buchhaltungsprogramm erst beim Buchen, dass ein Beleg schon vorhanden ist.

*Du siehst, eine gute Ordnung von Anfang an hilft dir, Belege schnell wiederzufinden.*

All diese Dateien und Scandateien werden dann im System des Beraters hochgeladen. Ab da an beginnt die entsprechende Verarbeitung deiner Unterlagen. Sie werden im System erfasst und ordnungsgemäß verbucht.

Deshalb ist es auch wichtig, dass kein Beleg fehlt. Denn es heißt:

*Keine Buchung ohne Beleg.*

Was die Bereitstellung von Bankkontoauszüge betrifft: Du kannst deinem Steuerberater, in der Schweiz deinem Treuhänder, eine Ermächtigung geben, sodass deine Bankbelege direkt per EDV an ihn übermittelt werden. Er hat damit einen Banking-Zugang, was es für alle leichter macht.

**Wenn du dir das eigenständige Buchen zutraust und dir selbst endlich einen Überblick verschaffen möchtest,** ist Lexware Office mit eigener App ein Software-Tool für dich. (Ich habe viele Programme kennengelernt, dieses spricht mich persönlich am meisten an.)

Ich habe es möglich gemacht: Lexware Office schenkt dir aktuell *nur hier* 6 Monate kostenfrei – das Programm für deine Buchhaltung & Übersicht! Viel Freude mit deiner Ordnung und deinen Finanzen. Du kannst direkt loslegen.

https://lxwr.net/6268

## MOMENTS:

Vielleicht hast du dir schon einen wiederkehrenden Termin in deinem Kalender gesetzt, um deine Unterlagen regelmäßig zu bearbeiten. Noch nicht? Dann tu es jetzt. Zunächst sortierst du die Dokumente vor: Einnahmen und Ausgaben, Bankauszüge, Kassenbelege und Sonstiges.

1. Als erstes prüfst du dein E-Mail-Fach. Welche Rechnungen kamen per Mail? Lade sie dir herunter und speichere sie in deinen Ordner.
2. Du logst dich in die unterschiedlichsten Portale, welche du in Verwendung hast, ein und holst dir dort die hinterlegten Rechnungen in dein System. Viele Anbieter wie z. B. Telefon-, Zahlungs- oder Newsletter-Dienste, aber auch Tools wie Zoom, Podcast-Plattformen oder Kalender-Services stellen ihre Rechnungen regelmäßig (monatlich oder jährlich) im Kundenportal zur Verfügung. Downloade sie und lege sie im entsprechenden Ordner ab.
3. Sammle alle Barbelege zusammen. Zum Beispiel aus deinem Portemonnaie. Am besten legst du sie immer an einem festen Ort ab,

damit du nicht jedes Mal zum Monatsende danach suchen musst.
**Tipp:** Wenn du noch nicht ganz digital arbeitest, kannst du Thermobelege z. B. kopieren und auf dieses Blatt Papier aufkleben. So bleiben sie besser lesbar und gehen nicht verloren.
Wenn du auch hier alles zusammengetragen hast, **scannst** du die Bar-/Kassen-Belege ein, in einen Ordner in deinem System.

4. Beim **Banking** kommt es darauf an, für welchen Weg du dich entschieden hast. Werden die Daten deinem Berater elektronisch zur Verfügung gestellt, dass er selbst zugreifen kann und sie in sein System lädt, dann gibt es für dich nichts zu tun.
5. Ist das nicht der Fall, dann kannst du den Bankauszug per PDF downloaden und im Ordner „sonstige Bankbelege" ablegen.
6. Achtung! Bevor du den Auszug an den Berater sendest, solltest du dir alle Transaktionen auf deinem Bankkonto, auf deinen geschäftlichen Bankkonten anschauen.
   - Ist für jede Buchung ein Beleg da? Gibt es Belege, wie z. B. beim Strom, wo auf einer Rechnung eine Abschlagsübersicht aufgezeigt ist, dann wäre das ein wiederkehrender Beleg, der nicht jeden Monat zugestellt wird. Dann ist es sinnvoll, ihn so abzulegen oder zu bezeichnen, dass du ihn jederzeit auf einen Klick wiederfindest. Am besten, hackelst du jeden Beleg für dich ab, um zu sehen, ob auch tatsächlich zu jeder Buchung ein ordnungsgemäßer Beleg vorhanden ist.

Sollten doch einmal Belege fehlen, dann schau nach, wo du sie im Nachgang bekommen kannst.

Hinweis zur **Kassenführung** und Kassenerfassung:

Wenn du Barzahlungen und Bareinnahmen hast, kann sehr wahrscheinlich die Pflicht bestehen, eine **ordnungsgemäße Kasse** zu führen. Eine elektronische Kassenführung. Insbesondere in Deutschland ist das so. Ob diese Pflicht in deinem Fall besteht, kannst du mit deinem Buchhalter oder Steuerberater abklären.

Kassenführung = **Kassenbucherfassung**

Eine Kassenbuchführung ist die **chronologische Erfassung aller Bargeldbewegungen** in einem Unternehmen.

Jeder Geschäftsvorfall, d.h. jede Bareinnahme und jede Barausgabe, ist durch eine Quittung oder eine Rechnung nachweisbar in ein Kassenbuch oder in einer entsprechenden Software zu erfassen.

Grundsätze zur ordnungsgemäßen Kassenführung sind, dass idealerweise die Bargeschäfte direkt am selben Tag erfasst werden, an dem das Geld in die Kasse geflossen ist oder es aus der Kasse ausgezahlt wurde. Ein weiterer Grundsatz ist die chronologische Erfassung. Das heißt, du beginnst mit dem Monatsanfang und endest mit dem letzten Tag des Monats. Achtung, keine Lücken, keine nachträglichen Änderungen!

**Noch ein wichtiger Hinweis zur Kasse:**

Eine Kasse darf **niemals einen negativen Kassenbestand** aufweisen.

Das bedeutet: Wenn mehr ausgegeben wird, als an Bargeld vorhanden ist, liegt ein **Buchungsfehler oder ein Problem in der Dokumentation** vor.

Beispiel dafür:

Angenommen, du hast einen Kassenbestand von 100 Euro. Dann kannst du keine Barausgabe über 150 Euro buchen. Du kannst nicht mehr Bargeld ausgeben, als du in deinem Portemonnaie oder deiner Kasse hast. Auch keine 100,01 Euro. Fazit: Du kannst nur 100 Euro entnehmen und nicht mehr.

Eine weitere wichtige Vorgabe ist die **Rechnungslegung.**

Wenn du nun selbst Rechnungen schreibst oder eine Rechnung von jemanden bekommst, achte auf die Angaben in einer Rechnung.

**Eine Rechnung hat ordnungsgemäß zu sein,** so die Gesetzgebung.

Ordnungsgemäß bedeutet, dass eine Rechnung gewisse Informationen enthalten muss, um von der Finanzbehörde anerkannt zu werden. Ansonsten kann es gut sein, dass diese Rechnung nicht anerkannt wird, ein Vorsteuerabzug nicht möglich ist oder schlimmstenfalls die Rechnung aus deinen Büchern gestrichen wird.

**Eine ordnungsgemäße Rechnung hat zu enthalten:**
- Steuernummer des Rechnungsausstellers,
- seine vollständige Firmenbezeichnung und Rechnungsadresse inkl. Straße, Hausnummer, Postleitzahl und Ort,
- eine fortlaufende Rechnungsnummer und
- ein Rechnungsdatum,
- sowie den Ausweis von Nettobetrag, Steuerbetrag und Rechnungsbruttobetrag.

Bei Geschäften mit Unternehmen in EU-Ländern ist noch die **UST-IDNr.** (VAT-ID) Nummer anzugeben. Ausgeschrieben heißt das Umsatzsteuer-Identnummer = USt-ID.
Diese beginnt immer mit dem Länderkürzel.
Zum Beispiel Deutschland = DE, Österreich = AT, Dänemark = DK, Belgien = BE, usw. plus meisten 10 oder 9 Ziffern.
Die Schweiz zählt umsatzsteuerlich zum Drittland und gehört nicht zur EU.

> Wichtiger! Wenn du mit Unternehmern aus anderen EU-Ländern Geschäfte machst, Lieferungen und sonstige Leistungen, bzw. es planst und vorhast, dann halte Rücksprache mit deinem Steuerberater. Denn hier gibt es Besonderheiten. Auch gibt es Besonderheiten mit Drittländern.

*Daher mein Tipp: Sprich die Rechnungsstellung vorab genau ab, damit du weißt, wie es funktioniert.*

Dein Berater hat die Fachkenntnis und kann dich hierzu genaustens beraten oder er weiß genau, wo die Besonderheiten im Gesetz stehen.

Noch eine Unterscheidung gibt es bei ordnungsgemäßen Rechnungen, denn **hier wird unterschieden zwischen Kleinbetragsrechnung und Rechnung.**

Bei einer Kleinbetragsrechnung im Jahr 2025 übersteigt der Rechnungsgesamtbetrag brutto inklusive Umsatzsteuer 250 Euro nicht.

Für eine solche Rechnung benötigt es folgende Angaben:

- Name und Anschrift des leistenden Unternehmers
- Ausstellungsdatum der Rechnung
- Menge und Art der gelieferten Gegenstände oder Art und Umfang der sonstigen Leistungen
- Entgelt und Steuerbetrag für die Lieferung oder sonstige Leistung in einer Summe (Bruttobetrag)
- Steuersatz oder Hinweis auf Steuerbefreiung

Wichtiger Hinweis: Nutzt du die **Kleinunternehmerregelung,**

> bist du verpflichtet, auf all deinen Rechnungen, die du an deine Kunden schreibst, zu vermerken:
> „Laut Kleinunternehmerregelung §19 UstG bin ich vom Ausweis der Umsatzsteuer befreit."
> Dieser Satz muss unter deiner Rechnung stehen.

Bedeutet: **Du weist in deinen Rechnungen die du stellst, keine Steuer aus und somit ist dein Nettorechnungsbetrag auch gleich der Bruttorechnungsbetrag.**

<u>Nettobetrag = 100 Euro</u>
Bruttobetrag/Gesamtbetrag = 100 Euro

**Vermerk auf deiner Rechnung:**

Laut Kleinunternehmerregelung §19 UstG bin ich vom Ausweis der Umsatzsteuer befreit.

Wenn du nicht zur Kleinunternehmerregelung optiert hast, dann steht in deiner Rechnung deine Leistung/Lieferung, die du erbracht hast, in der Summe:

Nettobetrag = 100 Euro
Zuzüglich 19% USt = 19 Euro (hier den entsprechenden Steuersatz angeben)
Bruttobetrag = 119 Euro

Tipp: Zur Rechnungslegung kannst du ebenso wunderbar das Programm – *Lexware Office* nutzen. Ich hab's ausprobiert und finde es einfach.

Und zu guter Letzt noch ein Hinweis:

Auch, wenn es noch eine Übergangsregelung gibt, ist ab 2025 **in Deutschland** die **E-Rechnung** (elektronische Rechnung) für den B2B-Bereich (Business to Business = Unternehmer an Unternehmer) **verpflichtend eingeführt wurden**. Das heißt, Rechnungen zwischen Unternehmen (B2B) im Inland müssen als E-Rechnungen im strukturierten elektronischen Format ausgestellt werden (z.B. XRechnung, ZUGFeRD oder Format XML). Nutzt du bereits entsprechende Softwaresysteme, dann prüfe genau, ob du entsprechende Formate empfangen und versenden kannst. Aus meiner Erfahrung mit Lexware Office her, sind diese auf dem aktuellen Stand und können E-Rechnungen erzeugen und empfangen.

Was für eine Möglichkeit: direkt mit Lexware Office loslegen.
Und aktuell hier schon mal 6 Monate kostenfrei nutzbar.

https://lxwr.net/6268

# WELCHE ABSICHT STEHT HINTER MEINEM TUN?

Jede Unternehmerin sollte eine Absicht haben. Ja, „sollte" – ganz bewusst.

Ohne klare Absicht wird aus deinem Business schnell ein gut gemeintes Hobby. Und ein Hobby bleibt ein Hobby, wenn du am Ende kein Geld in die Kasse bekommst. Es zählt sogar zur Liebhaberei, wenn du über einen längeren Zeitraum keine Gewinne verzeichnest und du in Bezug auf die Veränderung der Ertragslage nichts unternimmst.

Daher gibt es auch für dich als Unternehmerin eine sogenannte **Gewinnerzielungsabsicht**. Eine Gewinnerzielungsabsicht ist das, worauf du ausgerichtet bist: Geld zu verdienen, um langfristig und schneller erfolgreich zu sein.

Damit stellst du sicher, dass dein Happy Business ein profitables Unternehmen ist und du Gewinne erwirtschaftest.

> Damit auch hier genau das passiert, ist es mir eine Herzensangelegenheit, dass du deine Finanzen im Blick behältst, immer wieder klare Ziele steckst und Entscheidungen triffst, die dazu beitragen, dass dein Unternehmen Geld verdient.

Lege auch deshalb Preise fest, die dir ermöglichen, einen Gewinn zu erzielen, der langfristig und erfolgreich darauf ausgerichtet ist, dein eigenes Unternehmen weiterzuentwickeln.

*Mach dich und dein Business zur Priorität und wachse über dich hinaus.*

---

## MOMENTUM:

Eine wunderbare Übung ist hierzu:

Erledige jeden Tag fünf Dinge, die dich deinem Traum-Einkommen ein Stück näherbringen.

Diese Übung nenne ich EPA – einkommensproduzierende Maßnahmen: Darunter versteh ich alle konkreten Handlungen wie Kundengespräche führen, ein Angebot verschicken oder sichtbar werden. Mit dem EPA richtest du deinen Fokus aus und kommst Schritt für Schritt deinem Ziel näher. Du bist Unternehmerin.

Also geh los mit Klarheit, mit Fokus und mit echter Absicht. Denn genau darum geht's: bewusst zu handeln – und nicht einfach nur beschäftigt sein.

# 5.
# NEUE PERSPEKTIVEN – DAS NEUE LEBEN

## SCHULD UND SCHULDEN

Du träumst davon, endlich Frieden zu haben. Frei von Schuld und Schulden zu sein. Frei von Verschuldungen. Endlich genug eigenes Geld zu besitzen. Auch davon, einen leichten Umgang mit Geld zu leben, dass es einfach so fließen kann. Zu dir und zu anderen.

Was ist, wenn du nicht Schuld hast?

Nicht schuldig bist?

Was ist, wenn du keine Schulden hast?

Was dann?

Vielleicht hört es sich zu schön an, um wahr zu sein. Doch bitte fühl dich jetzt ganz bewusst in diese Fragen rein. Sobald du ins Fühlen kommst, kann es gut sein, dass es jetzt tief in dir drinnen ruhig wird und Frieden einkehrt.

Es geht nämlich nicht um Schuld, auch wenn du das gelernt hast und es dir immer wieder gesagt wurde. Selbst, wenn du dich schuldig fühlst: Es geht vielmehr um tiefstes Vertrauen in dich, auch wenn du manchmal oder auch schon sehr im Vertrauen bist. Es bedarf des absoluten Vertrauens, jeden Tag und in jedem Moment!

Du bist nicht schuld!

Andere auch nicht!

Sicherlich ist dir der eine oder andere Gedanken vertraut: Ich könnte schon so viel weiter sein. Ich hätte viel ruhiger leben können. Ich hätte mir so viel Geld sparen können. Hätte ich mal auf die anderen gehört! Vielleicht haben die anderen doch recht. Eigentlich war es doch klar, dass es nichts wird. So blauäugig kann man doch nicht sein. Ich bekomme es nicht hin. Du kannst das nicht. Lass endlich die Träumerei, du kannst sie nicht haben – die vielen Euros, die Millionen, das sind alles Illusionen, werde wach!

Du wundervolle Frau, wenn du begonnen hast, Eigenverantwortung zu übernehmen, bist du wach. Dann hast du aus meinem Buch schon mitnehmen können, dass du richtig bist. Genauso, wie du jetzt bist.

Doch der Glaube an Schuld verursacht Schuld. Dann entstehen Sätze und Überzeugungen wie:

DU bist schuld.

DER andere ist schuld.

DIE andern sind schuld.

Woher kommt diese Schuld wirklich? Wie entstehen diese Gedanken dazu?

Schuld kommt von der Idee, schuldig zu sein und sich schuldig zu fühlen, weil mit einem selbst etwas nicht stimmt. Schuld steht daher auch in enger Verbindung mit Scham; egal, ob es sich bei dieser Schuld um Menschen, um Geld dreht oder um die immaterielle Werte dreht.

In diesem Teil des Buches geht es um Schulden im finanziellen Sinne.

Doch was bewirkt nun dieses Wort Schuld in dir? Spüre bitte mal rein, wie du dich fühlst, wenn jemand zu dir sagt:

Du bist schuld.

Du bist schuldig.

Du hast Schulden.

Sehr wahrscheinlich geht es dir dabei nicht gut. Du fühlst dich weniger frei und ganz anders, als wenn jemand zu dir sagt:

Du bist wundervoll.

Du bist ein Geschenk.

Schön, dass es dich gibt.

Schuld – in welcher Form auch immer –, macht eng. Schuld verursacht in dir einen inneren Stress und macht Angst. Und diese Angst macht wiederum traurig. Sie löst Rückzug aus und ist mit Scham verbunden; mit dem Wunsch, sich verstecken zu wollen, unterzutauchen, still zu sein und sich in Luft aufzulösen.

Ja, Schuld steht oftmals auch in der Verbindung mit dem Gefühl der Einsamkeit.

Hinter all den Schuldgefühlen stecken Sätze wie:

Ich bin es nicht wert. Ich bin nichts wert. Ich fühle mich wertlos. Ich kann es sowieso nicht. Ich bin arm. Ich werde nie reich, nie finanziell erfolgreich.

Merkst du, was passiert, wenn du an dieser Stelle tiefer in dich hineinschaust?

Was kommt da hoch? Welche Gedanken zeigen sich?

Folgt ein Mangelgedanke nach dem nächsten?

Ein Glaubenssatz nach dem anderen?

Diese Sätze bringen dich nicht weiter und sie bringen dich auch nicht in eine gute Energie und in eine höhere Frequenz.

Aber woher kommt das Thema Schuld eigentlich? Warum begegnet es uns gesellschaftlich immer wieder? Und vor allem woher kommen diese versteckten Gedanken und Schuldgefühle, obwohl wir doch mit allem ausgestattet sind, was wir brauchen, und völlig neutral auf diese Welt kommen?

Deine Verbindung zu Geld und Schulden kommt davon, weil es dir so vorgelebt wurde. Weil das Verhalten deiner Herkunftsfamilie, deiner Eltern meistens ähnlich war. Oder sie bezweckt haben, mit Geld alles gut zu machen, was vielleicht nicht gut war. Dass sie keine Zeit hatten, dass sie manchmal so waren, wie sie waren.

Deine Beziehung zu Geld und Schulden ist so belastet, weil du es sehr wahrscheinlich nicht anders kennst, gesehen und nicht anders gehört hast. Weil deine Eltern selbst oft im Gefühl waren, etwas falsch gemacht zu haben und damit in der Schuld zu stehen und Schuld gegenüber anderen zu haben. Deine Eltern, deine Herkunftsfamilie, deine liebsten Menschen, deine Versorger – sie fühlten so. So sprachen so über Geld und ihre finanziellen Verpflichtungen und sprechen sehr wahrscheinlich auch noch heute so darüber.

Sehr wahrscheinlich ging es bei ihnen vielmehr um Schuld, als du bisher gedacht hast. Es ging um Schuld in Bezug auf ihr Leben und ihre Beziehung zu Geld. Sehr wahrscheinlich im finanziellen Sinne um Gewinne und Geldvermehrung. Verbindlichkeiten, Darlehen, Finanzierungen, Leasings und Krediten – was auch immer du wahrgenommen und gehört hast, auch wenn du es als Kind nicht klar zuordnen konntest.

Unser Umfeld – Banken, Medien, die Gesellschaft – haben genau diese Worte „Schuld" und „Schulden" geprägt. Auch, wenn wir hier noch einen Schritt weitergehen und auf Rückzahlungen und finanzielle Verpflichtungen schauen, merken wir schnell: Auch hinter diesen Begriffen stecken tief verankerte Werte. Es gilt als gute Moral, sich an Rückzahlungsvereinbarungen zu halten, pünktlich und korrekt zu sein, es unter allen Umständen hinzubekommen. Ja, das kann unfassbaren Druck auslösen und für tiefsitzende familiäre Prägungen sorgen.

Am Ende geht es immer wieder darum, zu erkennen, welche unbewussten Programme in unserem inneren System ablaufen. Wir könnten dazu tendieren, andere wieder dafür verantwortlich zu machen, dass keine Kunden kommen, dass das Geld nicht so fließt. Damit fütterst du das Wort Schuld und Schulden in dir. Damit kommst du nicht in die Fülle, ob wohl du schon tust und machst. Diese Gedanken sind Mangel. Diese Gedanken machen tatsächlich, wie vorhin geschrieben – eng. Angst und Verzweiflung ziehen Angst und Verzweiflung an. Und somit wieder mehr Versagensangst und Scham. Das Gesetz der Anziehung wirkt auch hier.

Doch du kannst jederzeit entscheiden: Was will ich stattdessen glauben?

Du zauberhaftes Wesen, diese Vertiefung ist wichtig, deshalb komme ich immer wieder zurück auf die **SEIN**s-Ebene. Du darfst erst jemand anders **SEIN**, dann etwas anderes **TUN,** um schließlich etwas anderes zu **HABEN**. Nicht andersherum. Du kannst tun, so viel du willst, wenn du nicht anders fühlst, wenn du nicht diesen alten Ballast abwirfst, der dich immer wieder ausbremst. Geh rein in dein SEIN.

*Das nötige Wissen ist das eine.*
*Doch die tägliche Reflexion und die sofortige Umsetzung in Veränderung ist das andere.*

Deine emotionale Sichtweise ist deine Haltung und beeinflusst wieder deine Einstellung zur Verschuldung. Statt in die Fülle rutschst du dahin, wo du nicht hinwillst.

Also, achte darauf, was du über deine Situation denkst, sagst und wie du mit dir und anderen sprichst. Immer und immer wieder. Deine Gedanken zu Geld, zu finanziellen Verpflichtungen, deine Einstellung kreieren dir deine Welt.

Und weil so viele Menschen die unterschiedlichsten Sichtweisen auf Schulden haben, kann es ein wesentlicher erster Schritt sein, nicht mehr von und über **Schuld und Schulden zu sprechen und andere Worte zu wählen.**

Löse dich von diesen Worten, streiche sie aus deinem Kopf, lösche sie von deiner Festplatte.

**MOMENTUM:**
Stattdessen wähle „Verbindlichkeiten", „offene Posten" und „Rückzahlung" als alternative Wörter. Verbindlichkeiten schaffen Verbindungen, offene Posten sind offen und Rückzahlungen geben etwas zurück.

Falls du dich jetzt noch mal fragst, was sind Verbindlichkeiten? Darüber hatte ich schon beim Thema Buchhaltung geschrieben, als ich über Eingangsrechnungen sprach. Es sind die Vereinbarungen und

Geschäfte, die du abgeschlossen hast und bei denen du dich verpflichtest durch einen Kauf, die volle Summe bis zu einem bestimmten Zeitpunkt in Raten zu bezahlen.

Oftmals vermeiden Menschen lieber, offene Posten entstehen zu lassen, aus Angst vor finanziellen Belastungen und vor eventuell folgenden Problemen.

Auf der einen Seite eine ist das eine sehr gute Einstellung und auf der anderen Seite kann es auch eine eigene Begrenzung sein. Denn etwas zu wagen und ein Risiko einzugehen, *kann* Wachstum bedeuten.

Auch, wenn sich Sicherheit gut anfühlt und ebenso, sich in dieser zu bewegen, kann sie auf der anderen Seite auch bedeuten, Angst vor der Unsicherheit zu haben. Sprich: Unternehmer, die große Unternehmen haben, wagen auch etwas, sie trauen sich auch, an manchen Stellen Risiken einzugehen. Nur wenn sie das tun, dann vertrauen sie zu einhundert Prozent, dass es funktioniert. Sie sind im Vertrauen. Sie lassen Zweifel nicht zu. Sie gehen. Sie setzen den Schritt.

Du siehst, hier greifen **Dualitäten**:

Sicherheit und Investieren. Verbindlichkeiten und Neukunden. Das eine geht ohne das andere nicht. In unserem Universum wirken immer diese gegensätzlichen Kräfte, die miteinander verbunden sind. Gegensätze sind untrennbar und schaffen damit das Gleichgewicht in unserer Welt. Was wir lernen, ist, mit diesen Gegensätzen in Einklang zu kommen und zu leben. Ja, daraus zu wachsen.

Daher geht es nicht mehr um Schuld. Sondern vielmehr um die Verbindung zwischen Kosmos und Erde. Zwischen dem, was ist und dem, was sich verändern darf. Zwischen Energie und Strategie.

Wage es, den Blickwinkel zu schärfen und ihn zu verändern. Statt Geld in Konsumgüter zu investieren – wie Einrichtungsgegenstände für den privaten Zweck oder die neuste Technik zu haben – wirke erst einmal mit dem, was da ist. Entwickle Bewusstsein dafür, wohin du wirklich investieren möchtest, damit dein Business wachsen kann. Ausdehnung ist super. Doch wenn noch gar keine Kunden da sind, kann es ein großes Risiko bedeuten, das Highprice-Programm zu buchen, anstatt andere gute Berater oder Begleiter zu wählen, die 1:1 an deiner Seite stehen und dies für moderate Honorare.

Wenn du also deinen Blickwinkel ins Positive drehst, kannst du Verbindlichkeiten als eine Art Werkzeug ansehen.

Sie können ein Mittel sein, um Investitionen zu tätigen, Vermögen aufzubauen oder finanzielle Ziele zu erreichen. Mit dieser Sichtweise kannst du Verbindlichkeiten als Chancen sehen – für strategisches Handeln, langfristigen Erfolg und finanzielle Freiheit.

Doch wie schon im Kapitel Finanzen geschrieben: Hab deine Finanzen im Blick und räume auf. Ein starrer Businessplan alleine reicht nicht aus. Kenne deine Fixkosten. Es braucht konkrete Handlungen, Energie und Haltung. Auch geht es nicht darum, pausenlos die Kreditkarte zu zücken und shoppen zu gehen, weil deine neue Identität das tut. Nutze stattdessen die irdische Energie, setze dich hin und schau genau und liebevoll zu deinen Finanzen. Hab sie im Griff!

Auch ich hatte sie: die Ängste vor meinen Zahlen. Die Scham. Die Zweifel vor dem Unbekannten. Diese Horrorszenarien im Kopf und ja, manchmal tauchen sie kurz wieder auf. Immer dann, wenn ich ins nächste Level springe, wenn ich mich in meinem Business über den Tellerrand hinausbewege und in mich und mein Unternehmen investiere.

Und ich weiß, du bist damit nicht allein. Du musst dich nicht schlecht fühlen, auch wenn Verbindlichkeiten da sind und die Antwort, auf das „Wie geht's?" noch nicht kommt. Du setzt den ersten Schritt mit deiner Priorität, dich deinen Finanzen zu stellen und dem Vertrauen: Ich schaffe das. Ja, du kannst das und es wird genial.

Ich kenne einige erfolgreiche Frauen, die gar nicht lange darüber nachdenken, sondern einfach loslegen und die Möglichkeiten nutzen, die da sind; mit dem tiefsten Vertrauen. Andere brauchen es für sich selbst, sich Zeit zu nehmen und alle Punkte genau abzuwägen. Das ist auch Typsache. Doch immer braucht es einen klaren Blick auf die Zahlen.

Also, beschäftige dich mit Geld.

Gehe spazieren mit Geld und führe ein Gespräch mit dir und deinem Geld. Frag es, ob es sich wohl bei dir fühlt und warum vielleicht auch noch nicht? Sprich mit Geld.

### *Verändere dein altes Denken über Geld und über Verbindlichkeiten.*

Sobald du das tust, wird sich alles zu wandeln beginnen.

Du wirst achtsamer mit deinen Worten, deinem Denken und in deinem Handeln. Anstatt das Geld nur von dir wegfließt und vor deinen dunklen Gedanken flieht, wird Geld kommen.

Und gehen – du wirst es anderen geben, weil du schenkst, weil du investierst, weil du gut wirtschaftest mit Geld.

Und bleiben – weil es Lust dazu hat, weil es schön ist, sich gut anfühlt auch finanzielle Polster zu haben.

Lass mich an dieser Stelle noch etwas mit dir teilen: Ich habe Darlehen inklusive Zinsen aufgenommen, um in mein Business und meine Zukunft zu investieren. Für mich war das die Lösung für meine Transformation und ein Weg, um das zu erreichen, was ich mir wirklich wünsche. Ein wirklich starkes Bewusstsein aufzubauen. Mentale Fitness und innere Stabilität. All das möchte ich nie wieder missen.

Gleichzeitig schaue ich immer hin: zu meinen Gedanken, die mich manchmal ausbremsen wollen, zu meinem Geld zu meinen Umsätzen. Daher wächst mein Business Schritt für Schritt und Sprung für Sprung. Es ebnet mir die Wege, die ich mir lange erträumt habe und immer noch weiter erträume. Ich habe neben all dem Bewusstsein meine Strategie auf energetischer Basis gefunden, die ich von Herzen gerne an Menschen weitergeben möchte, die bereit sind, mir zu folgen. Ich lebe privat und im Business Vertrauen und scheue mich nicht davor, auch mal aus dem Nähkästchen zu plaudern und eigene Erfahrungen weiterzugeben. Es ist nicht alles immer toll! Und dazu können wir stehen. Denn nur so können wir shiften – nur mit dieser Ehrlichkeit kannst auch du weitergehen:

Für deine Träume. Für deinen eigenen Erfolg.
Für dein eigenes Geld und für dein Happy Business.
Denn du bist nicht schuld.

*Du bist verantwortlich. Für deine Entscheidungen, deine Energie – und deine Ergebnisse.*

Sei also achtsam, wohin du dein Geld investierst und wie du damit umgehst und sprichst.

Frage dich: Lässt es mich wachsen, lässt es mich mehr Umsatz machen? Oder belastet es mich und bremst mich aus?

Investiere ich nur, weil andere es machen und ich das Gefühl habe, etwas zu verpassen? Oder spüre ich, dass ich mit diesem Schritt wachsen kann?

Die Energie ist entscheidend und es geht darum, von Anfang an umzusetzen, Geld zu generieren, Fülle zu kreieren und die Power-Energie mitzunehmen.

> Also, was wäre, wenn du jetzt aufräumst, du investierst – in welcher Form auch immer – und Umsätze generierst?

Einfach weil du es kannst. Weil du es machst und umsetzt, was ich dir auf deinem Weg mitgebe.

Mach es jetzt!

Belastet dich die Vorstellung, deine Verbindlichkeiten oder Finanzen bewusst anzuschauen? Willst du Unterstützung dabei, wieder einen klaren Blick zu bekommen? Dann melde dich gerne bei mir und wir reden über dein Happy Business. Es ist niemals zu spät!

# VERKAUFEN MIT HERZ

Erinnerst du dich an das Wort „Gewinnerzielungsabsicht"? Das ist genau das, was der der Staat als grundlegende Voraussetzung von dir als Unternehmerin erwartet. Schauen wir uns also gemeinsam an, was es braucht, damit Geld fließt und Gewinne erzielt werden.

Vermarktung und Verkauf.

Früher lief mein Offline-Business komplett ohne aktiven Verkauf. Es war nie notwendig, mich darum zu kümmern. All meine Aufträge kamen ausschließlich durch Mund-zu-Mund Propaganda und es benötigte kein Marketing und keine Werbung; weder Kalt- noch Warmakquise. Ein Kunde ging, der nächste kam. So habe ich verkauft.

Auch heute noch ist das möglich, wenn die ersten Kunden zufrieden sind und anderen Menschen glücklich von deiner Arbeit erzählen und dein Wirken, deine Expertise und deine Energie für sie als großartig wahrgenommen werden. Wenn sie dein Produkt, dein Programm, deine Behandlung oder Betreuung lieben, ganz gleich, was du anbietest. Ja, sogar dann, wenn jemand (noch) nicht gekauft hat.

Selbst die eigene Webseite ist dafür nicht notwendig. Ich hatte eine eigene Seite für mein Offline-Angebote. Doch ich habe darüber nie aktiv meine Dienstleistungen und Angebote verkauft. Sie war maximal meine Visitenkarte. Ganz ehrlich: Es reicht aus, wenn du darüber nachdenkst, wenn dein Business läuft. Und, wenn die Webseite für dich jetzt doch eine Priorität darstellt und du eine Visitenkarte zur Außendarstellung unbedingt willst, dann ist ein simpler One-Pager vorerst vollkommen ausreichend.

Aus meiner Perspektive hat sich der Akt des Verkaufens im Laufe der Zeit verändert. Früher bedeutete Verkaufen vor allem: Ein Produkt oder eine Dienstleistung wurde gegen Geld getauscht. Das Ziel war es, Umsatz zu generieren, Gewinne zu erzielen und neue Kunden zu gewinnen. Für mich ist es eine geschäftliche Transaktion, die darauf ausgerichtet war, Bedürfnisse zu erfüllen, indem Waren und Dienstleistungen vermarktet wurden.

Der rein wirtschaftliche Austausch wandelt sich jedoch gerade, besonders im Kontext der spirituellen Welt. Heute verkaufen nicht mehr nur diejenigen, die am lautesten schreien und das günstigste Produkt liefern. Der Verkaufsprozess wird zunehmend auf einer tieferen Ebene betrachtet und verstanden. Die Schwingung des Anbieter in Verbindung zu seinem Produkt gerät dabei immer stärker in den Fokus.

*Heute geht es beim Verkaufen nicht mehr nur um Zahlen, sondern auch um den Austausch von Energie, Werten und Absichten.*

Im Mittelpunkt steht das Bewusstsein für die wahren Bedürfnisse und Wünsche des Kunden und das Schaffen von echtem Mehrwert. Es zählt die Bereitschaft, eine positive, unterstützende Verbindung aufzubauen. Gerade diese Form des Verkaufens eröffnet uns allen neue Möglichkeiten. Sie stellt echte Verbindungen her, schafft Vertrauen und hilft Kunden dabei, ihr volles Potenzial zu entfalten.

Liebes, es geht darum, mit Herz und Seele zu verkaufen, authentisch zu sein und andere Menschen im Herzen zu berühren.

Beim Verkaufen geht es nicht mehr nur um dich und darum, deine Produkte „an den Mann und an die Frau zu bringen". Sondern es geht vielmehr darum, eine echte Win-Win-Situation zu schaffen, für dich und deine Kunden.

Verkaufen bedeutet Integrität. Es bedeutet, deinem Gegenüber mit Respekt zu begegnen und mit deiner Dienstleistung eine positive Veränderung in der Welt zu bewirken; beginnend bei jedem einzelnen Menschen, bei jedem einzelnen Kunden.

Wie du siehst, geht es nicht nur um einen materiellen Ansatz, sondern um Erfüllung auf beiden Seiten.

Es geht darum, wohin dein Kunde will, was ihn wirklich erfüllt und welchen echten Mehrwert er durch dein Angebot erfährt. Nicht das Geld steht im Mittelpunkt, sondern die Haltung des Gebens und der Wunsch, ein Beitrag für den anderen zu sein.

Wenn dein Gegenüber das Gefühl hat, dass dein Angebot ihm Wachstum, Freude und Sinn bringt, entsteht Fülle. Fülle im Innen und schließlich wieder im Außen.

Hast du das Gefühl, das dein Produkt oder deine Dienstleistung genau dabei unterstützt? Und dass dein Gegenüber es genauso empfindet? Dann beginnt der Verkauf zu fließen. Dann entsteht Sog und dann kommt Haben-wollen ins Spiel.

Wenn ich sage: „Wohin dein Kunde will und was ihn wirklich erfüllt", fragst du dich vielleicht: Wie soll das bitte im Handwerk funktionieren?!

Wie soll sich ein Kunde über eine Schraube freuen, über Holz, Steine – einfach über das, was er eben braucht? Was bringt ihn da in die Fülle? Da geht es doch nur ums Materielle und um reine Zweckerfüllung.

Stimmt.

Und trotzdem: Auch die Schraube ist Erfüllung.

Sie erfüllt einen Zweck und ohne sie würde es ganz schön mau aussehen – wenn keine Verschraubung da wäre, kein Halt, keine Stabilität, die Konstrukte hält und etwas Neues entstehen lässt.

Also, wie kannst du selbst Schrauben mit Liebe verkaufen?

Wie kannst du Bedarf und Nutzen ins Herz des Kunden bringen? Vielleicht, indem du fragst: „Lieber Herr Kunde, was darf die Schaube halten? Was wird sie verbinden?" Und du dann gehst du darauf ein. Zum Beispiel, wie wertvoll sein Vorhaben ist. Wie wichtig, wie großartig es ist, dass er so etwas entstehen lässt und z. B. Menschen verbindet.

Du kannst über Qualitäten und Vorteile der Verschraubungen sprechen und so viel mehr.

Nimmst du wahr, was das Verkaufen magisch werden lässt?

Wenn du deine Interessenten **mit Service und Storytelling abholst.**

**Mit echten Geschichten.**

**Mit Herz.**

Denn genau das macht den Unterschied.

## *Es geht um Emotionen. Immer.*

Liebes, wenn du in dieser Frequenz bist und authentisch schwingst, entsteht automatisch ein Mehrwert. Auch für deinen Gegenüber. Du sendest genau die Energie aus, auf die dein Kaufinteressent reagiert. Die Frequenz, die bei ihm das Haben-wollen-Gefühl erzeugt.

Dann spürt er: Das will ich. Das bereichert mein Leben. Dann entsteht Win-Win. Dann wird der Energieausgleich in Form von Geld zur Selbstverständlichkeit.

Weil du es wert bist. Und weil es deinem Gegenüber etwas wert ist.

Das ist die Challenge und zugleich deine eigentliche Aufgabe.

Bringe dich selbst in die Schwingung und in die Energie, als hättest du dein Produkt oder deine Leistung bereits verkauft.

Als wäre das Geld schon bei dir.

So, als ob dein Kunde begeistert wäre von dem, was er erlebt und von dem, was sein Herz tanzen lässt und bestenfalls sein Leben positiv verändert.

Tauche ganz ein in die Energie, denn das ist die Frequenz, die du benötigst.

Stell dir vor, wie es ist, wenn die Euros, die Fränklis, die Stutz nur so in deine Tasche fliegen.

> Und dann schau dir dein Kaufverhalten an.
> Wann kaufst du?
> Wie kaufst du?
> Schleichst du ewig um das Produkt herum oder sagst du schnell: „Das ist zu teuer." und „Das kann ich mir nicht leisten?"

Oder überlegst du stattdessen: Wie kann ich es mir möglich machen?

Und wenn es möglich ist, kaufst du sofort?

Vereinbarst du Raten?

Feilschst du um den Preis?

Bist du eine Schnäppchenjägerin?

Und fragst du gefühlt tausend andere Menschen, was sie tun würden, statt deinem Impuls zu vertrauen?

Wählst du immer das Günstigste?

Frage dich.

So wie du bist, ist dein Kunde.

Also, was kannst du heute tun, damit du ins Verkaufen kommst?

Erzähle von deinem Produkt und zeige täglich auf Social Media, dass es bei dir etwas zu kaufen gibt – **in deiner Power-Energie, als ob du schon verkauft hättest.**

Viele Frauen spüren Angst, wenn es um das Verkaufen geht. Sie fragen sich:

Was ist, wenn ich zu teuer bin?

Was ist, wenn der Kunde nicht kauft?

Soll ich einen Rabatt anbieten?

Hast du schon mal ein tolles Angebot gekauft oder sogar geschenkt bekommen, bei dem du dachtest: Das ist viel zu günstig?

Ich denke dabei an eine meiner Kundinnen. Als sie zu mir kam, lag ihr Angebot für ein Jahresprogramm bei 999,- Euro brutto. Darin enthalten waren Beratungen in einem 14-Tage-Rhythmus zu je dreißig- bis fünfundvierzig Minuten. Das sind bei 12 Monaten gerade mal 83,25 Euro brutto pro Monat!

Als Selbstständige!

Das ist echt nicht viel und selbst bei einem extrem bescheidenen Lebensstil würden sich damit niemals die Fixkosten decken lassen – selbst, wenn sie zehn Kundinnen dafür bekommen würde. Selbst mit 20 Kundinnen würde es knapp werden und mehr hätte sie gar nicht stemmen können.

Doch sie fühlte sich mit ihrem Preis noch unwohl und zweifelte daran, ob ihre Kunden überhaupt bereit seien, diesen Preis zu bezahlen. Und jetzt?

Ich sagte ihr das, was ich dir auch sagen möchte:

*Du darfst zu deinem Preis stehen.*

Immer.

Und ja, du darfst ihn aussprechen können, sogar laut vor anderen.

Als ich sie fragte: Wie viel das pro Monat sei? Meinte sie nach kurzen Rechnen 83,25 Euro. Sie schaute auf und lachte mich an. „Ups. Okay, das fühlt sich gleich viel entspannter an." Den Preis hatte sie noch nie heruntergebrochen. Und auf einmal nahm sie selbst wahr: Das ist ein absolutes Schnäppchen. Gerade mit all ihren Erfahrungen, ihrem Branchenwissen und ihrer Expertise. Fast geschenkt. Genau das konnte sie jetzt auch spüren und vertreten.

Auf einmal lief der Verkauf. Was war passiert?

In dem Moment fühlte sie ihren Preis so sehr. Fühlte, dass er genau richtig ist. Sie hatte eine Verbindung zu ihrem Produkt aufgebaut. Nur – was steckte in Wirklichkeit hinter ihren Zweifeln?

„Ob die Kunden es wirklich bezahlen können?" Es war die Angst, nicht zu genügen. Angst, dass kein einziger Kunde bucht.

Angst, dass allein die Gesamtsumme beim Gegenüber ein Nein auslöst. Doch dabei sah meine Kundin nur den Jahrespreis. Auf einmal konnte sie ihren Preis mit Überzeugung aussprechen, weil sie fühlte: Das ist der Einstiegspreis und ein richtig gutes Angebot.

Heute liegt ihr Preis fast beim Vierfachen. Denn durch ihre Arbeit verändern sich ganze Beziehungen. Paare finden zueinander, anstatt sich zu trennen.

Du siehst, was dran ist. Fühle deinen Preis, sprich deinen Preis aus. Wenn es sich um ein zauberhaftes Angebot handelt, ein Einführungsangebot, du einen Starterpreis anbietest, dann bitte – sprich in dieser Leichtigkeit darüber.

Wenn es sich um ein größeres Angebot handelt oder eine längere Begleitung, brich den Preis für dich runter. Auf den Monat, auf den Tag. Denn damit kommst du in eine andere Frequenz und kannst noch leichter verkaufen.

Liebes, du darfst als Unternehmerin Geld verdienen. Und zwar so viel, dass du genug für dich davon hast.

Wenn du ein Produkt verkaufst, dann werde dir darüber klar:

Was verändert sich für deinen Kunden sofort? Welche Erleichterung bringst du mit deinem Angebot? Welche Zeit- und Energieersparnis ermöglichst du damit? Was ist der Mehrwert für sein Leben, seine Beziehung, seine Firma, sein Team, seine Kunden?

Du kennst dein Produkt. Also lass dir etwas einfallen und denk groß. Sei kreativ.

*Verlieb dich in dein Produkt, in deine Dienstleistung und sei selbst dein bester Kunde.*

Wenn du verkaufen willst: Mach es auf deine Weise, echt, herzlich und nah am Menschen. Kenne seinen Bedarf und stehe zu deinem Wert.

Denn genau darum geht es:

*Verkaufen mit Herz und mit Gewinnerzielungsabsicht.*

So, wie es der Staat erwartet – und du verdienst.

## MIT DEM EIGENEN BUSINESS IN DIE FÜLLE

Mit dem eigenen Business, was dir Freude macht, richtig gut Geld zu verdienen, ist der Wunsch einer jeden Frau, die sich entschieden hat, für sich einzustehen und für ihre Träume etwas Neues zu wagen.

Was jetzt also tun?

Du hast die wichtigsten Informationen an der Hand.

Was braucht es deiner Meinung noch?

Was willst du wirklich wissen?

Und was kannst du tun?

Ich sage dir, was du tun kannst: **nach wie vor und immer wieder in deine Vision springen.** Setze dir deine Vision am besten auf die Ohren und das immer und immer wieder.

Wenn du mir schon auf Social-Media folgst: Was glaubst du, weshalb ich oft mit Kopfhörern zu sehen bin, weshalb ich teilweise immer wieder die gleichen Dinge höre, immer und immer wieder? Damit die Umprogrammierung funktioniert. Damit die Ausrichtung gegeben ist. Und ich immer wieder in der Fülleenergie schwebe. Auch, damit ich verbunden bin: mit mir. Mit der, die ich in Wahrheit bin und sein will. Mit der glücklichsten und erfolgreichsten Mutmacherin, Business- und Umsetzungsberaterin im deutschen Sprachraum. Mit der Frau, die Frauen zu erfolgreichen Marken macht, die ihre Ideen verkauft und Unternehmen zurück in die Freude und Profitabilität bringt.

Du liest richtig, ich bin jeden Tag mit ihr verbunden. Es geht immer wieder darum, die alten Glaubenssätze zu überschreiben, sie zu verändern, Programmierungen zu entlarven und zu drehen. Und dann neu zu denken und dieses Neue zu verinnerlichen.

Bring dich regelmäßig in die richtige Energie – indem du dich mit Menschen verbindest, die bereits erreicht haben, was du willst.

Die Magie und die Wunder – sie passieren nicht aus dem Verstand heraus, sie kommen nicht aus der 3D-Welt, sondern immer aus der fünfdimensionalen Welt. Die 3D-Welt ist die Ebene des Verstandes, des Greifbaren und Messbaren, während die 5D-Welt das Bewusstsein berührt: das Feld der Energie, der Intuition und der tiefen inneren Verbundenheit.

Wie du bis hierher schon wahrnehmen konntest, sind Chancen immer da. Du darfst beginnen, sie zu sehen und sie in dein Bewusstsein zu bringen, wenn sie bis heute noch nicht da sind.

Wir leben nun mal in der Dualität und das bedeutet, dass sich erst die Gegensätzlichkeiten zeigen und dann erst kannst du all die Möglichkeiten erleben. Du bist kein Fall der Umstände. Du darfst spüren und bewusst denken, fühlen, wahrnehmen, was ist und was du stattdessen tun kannst. Kreiere dir das, was du haben willst, und fange an.

Fülle ist überall. Je mehr du dich mit all den Dingen beschäftigen, nach denen du dich sehnst, desto mehr kannst du sie gefühlt greifen, obwohl sie noch nicht sichtbar ist.

Auf einmal bieten sich weitere Möglichkeiten: Noch mehr Kunden kommen, noch mehr Quellen des Geldes tun sich auf. Geld kommt aus allen Quellen und auf allen Wegen zu dir.

Vertraue dir. Vertraue dem Prozess und vor allem glaube daran, dass alles und immer mehr als genug da ist.

Je länger ich mich mit Persönlichkeitsentwicklung, Bewusstseinsarbeit, Geld, Business und Gesundheit, Beziehungen beschäftige und mich für Zwischenmenschliche Dinge interessiere, desto mehr Fülle kommt zu mir. Desto mehr lasse ich mich fallen und erlebe.

Vertraue darauf, alles wird zu dir kommen, auch wenn du noch eine Extrameile gehen darfst. Nimm es so an. Es kann ganz schnell gehen, dass du nur noch empfängst, auch dann wenn du gibst.

Ich liebe diese Gedanken, diese Fülle, die Emotionen dahinter und all das, was dazugehört. Das hier ist ein wunderbarer Zeitpunkt, die perfekte Stelle, um mich bei mir selbst zu bedanken. Danke Madlen.

Und ich danke auch dir, liebe Leserin und all denen, die mich auf meinem Weg begleitet haben, mein eigenes Business in die Fülle zu führen. Die mich gestärkt, erinnert und getragen haben, beruflich wie menschlich.

Denn genau darum geht es hier: Nicht nur ein Business aufzubauen, sondern eins, das dich erfüllt, das dich trägt, dein Herz tanzen lässt und das dir erlaubt, aus deiner vollen Kraft zu wirken.

Lass uns jetzt einen Schritt weitergehen.

Hier kannst du dir langes Suchen sparen: Ich habe einen Ort geschaffen, wo du alle zusätzlichen Inhalte zum Buch wiederfindest. Über den QR-Code kommst du direkt dorthin und kannst gleich eintauchen.

# 6. BOOSTER

## DEIN PREIS

Du wundervolle Frau, kommen wir so kurz vorm Ende zu einem heißbeliebten Thema – der Verkaufspreis.

Alles was ich hier schreibe, ist nicht für einen bestimmten Markt gedacht, sondern für die unterschiedlichsten Branchen anwendbar.

Ja, es gibt die unterschiedlichsten Betrachtungsweisen, wie Preise entstehen, von welchen Faktoren die Preisgestaltung abhängig ist usw..

Wenn ich alleine schon mit dem Coaching- und Beratungsmarkt anfange, gibt es die unterschiedlichsten Überlegungen zur Preisgestaltung. Genauso läuft es auch in anderen Märkten – überall da, wo es keine feste Preisbindung oder gesetzliche Vorgaben gibt.

Ich mag dir einige Faktoren mal benennen, die sich auf den Preis mit auswirken können:

Zum Beispiel kann die Expertise des Coaches, des Mentors, des Beraters oder des Dienstleisters ein Ansatz sein, um höhere Preise zu verlangen. Gerade auch dort, wo es um langjährige Erfahrung geht, spezifisches Fachwissen oder einen etablierten Ruf.

Zweitens kann auch die Zielgruppe und die Marktnische die Preise variieren lassen. Arbeitest du mit Businesskunden zusammen, darf dein Preis anders aussehen: zum Beispiel ein höherer Preis als bei einer allgemeine Lebensberatung. Hier entscheidet immer der Kontext.

Auch die Art deiner Dienstleistung kann eine Rolle spielen. Zum Beispiel:

Einzelcoachings oder maßgeschneiderte Mentoringprogramme dürfen preislich deutlich höher liegen als Gruppenangebote oder Onlinekurse.

Höhere Preise sind auch dann völlig in Ordnung, wenn du beeindruckende Kundenergebnisse vorweisen kannst. Sei es durch Testimonials, Kundenstimmen oder durch besondere Erfolge, die deine Mentees/Kunden/Klienten/Mandanten mit deiner Unterstützung erreicht haben.

Wie du siehst, das Feld ist weit offen, nach oben gibt es keine Grenzen. Gerade, wenn du neu am Markt bist, nimm dir Zeit: Schau dich um. Und dann fühle rein, was du wirklich willst?

Noch etwas mag ich dir ans Herz legen, auch wenn Geben etwas wundervoll ist. Verschenke deine Produkte und Dienstleistung nicht pausenlos! Oftmals erfolgt die Wertschätzung auch über den Preis. Das heißt: Denn nur, wenn der Kunde wirklich investiert und dafür bezahlt, ist der Kunde auch wirklich bereit und motiviert, aktiv etwas zu tun. Oftmals ist die Einstellung „für umsonst“ nix wert.

## MOMENTUM:

Was also tun, damit du deinen Preis bestimmen kannst?
Geht es um ein Produkt? Dann darfst du prüfen, was dein Produkt in der Produktion kostet.
Wie hoch ist dein Aufwand? Und dann prüfe deine Gewinnmarge.
Was ist üblich?
Welche Marge willst du haben?
Aber auch: Was macht dich besonders, wenn dein Produkt hochpreisiger ist?

Billig kann jeder und mit günstigen Produkten ist es eine Kunst, gute Umsätze zu machen. Gerade am Anfang. Später können sie sehr lukrativ sein.

> Also schaue von Anfang an genau.
> Wo willst du dich wiederfinden? Günstig oder exklusiv, einfach oder edel, 0815 oder einzigartig, zwecklos oder wertvoll?

Du willst auf den Coaching-, Trainings- und Beratungsmarkt? Wahrscheinlich hast du dich schon umgesehen und die Preisschilder wahrgenommen. Es gibt Lowprice- und Highprice-Angebote. Es gibt die Kritiker und, die bestimmte Angebote überragend finden. Denn sie haben diese Einzigartigkeit erlebt, diese mitreißende Power, die dich in eine Umsetzungsenergie bringen, die einfach nur Wow ist. Wenn du mit der für dich richtigen Person schnell und kraftvoll durchstartest und du in die Frequenz kommst, die dich dahin beamt, wo du hinwillst.

Auch, wenn die Preise auf dem Markt stark variieren, von Low-Budget bis High-Price: In manche Angebote kannst du mehrere Tausend Euro oder mehr investieren. Sie sind häufig auf eine bestimmte Zielgruppe und ein konkretes Thema zugeschnitten. Es ist sinnvoll, ein Vorgespräch zu führen, um zu prüfen, ob ihr menschlich zusammenpasst und ob das Angebot überhaupt für diesen Kunden geeignet ist. Denn nicht jeder Kunde ist automatisch der richtige. Einen guten Coach, Mentor, Berater, Trainer macht aus, dass er vorab schaut, wo sich der Interessent befindet und ob sein Angebot wirklich auf diese Person abzielt.

Und zu guter Letzt: Bitte bleibe bei deinem Preis. Lass ihn nicht fallen, wenn du nicht sofort verkaufst.

*Halte deinen Preis, bleibe in deiner Energie und wisse, jede Aktion bekommt eine Reaktion!*

Glaube an dich und vertraue dir, gerade im Verkauf. Gehe immer wieder rein, zeige deine Produkte, sprich darüber und wichtig! Lerne deine Preise auszusprechen.

Nur wenn du deinen Preis fühlen kannst, kannst du ihn auch gut aussprechen. Nur, wenn du dein Produkt selbst zu diesen Konditionen kaufen würdest, ist dein Angebot genau richtig.

Spiele mit deinem Preis und **fühle ihn!**

*Verkaufe dich nicht unter Wert!*

## DU BIST DRAN

Wenn du jetzt wirklich richtig durchstarten willst, ist der richtige Zeitpunkt gekommen, den Beginn deiner Selbstliebe zu starten.

Mache dich zu deinem wichtigsten Projekt zu machen und bringe dein Business zum Laufen.

Triff kraftvolle Entscheidungen und eliminiere alle Energieräuber. Reinige deine Räume, lade dich energetisch auf und lass Bewertungen über dich und in Bezug auf andere Menschen los.

Schau zu DIR. Du bist dran.

Wie kannst du nun aufräumen und wie kannst du dich abgrenzen?

Wie kannst du für dich sorgen und welche Schritte kannst du wählen, damit du so richtig in den Flow kommst?

*Erstens*, **praktiziere Selbstliebe.** Nimm dir die Zeit für Selbstfürsorge und Selbstliebe. Kümmere dich in erster Linie um deine Bedürfnisse. Pflege sie. Egal, in welcher Form. Sei es durch Meditation, Sport und gesunde Ernährung, Dankbarkeitsübungen oder einfach durch das Tun von Dingen, die dich erfüllen. Die dich weiterbringen und im besten Fall sogar richtig viel Freude machen.

*Zweitens*, **detox your life**: Schau dir dein Umfeld an Menschen an und überprüfe für dich, inwiefern sie dich positiv unterstützen und beeinflussen. Hast du das Gefühl, dass dich etwas eher runterzieht, statt dich zu unterstützen und positiv zu beeinflussen, dann löse diese giftigen Beziehungen auf. Lass los, was dich klein hält und dich davon abhält, dein volles Potenzial zu leben. Wenn du dich nicht ganz lösen magst, dann schaue, dass du genug Abstand bekommst.

*Drittens,* **lasse Bewertungen los**! Lerne, dich von negativen Bewertungen zu lösen. Sei es von anderen oder von dir selbst. All diese Bewertungen tun dir nicht gut. Sie sagen immer mehr über dich selbst aus als über den anderen. Du bist der Schlüssel zu allem. Etwas zu bewerten zieht etwas an, was du vielleicht gar nicht haben willst.

Grenze dich ab, schaue zu dir und achte auf deine dich selbst bewertenden Gedanken und drehe sie ins Positive. Sei gut zu dir.

Und *viertens,* **Durchstarten im Business**: Jetzt setze dir klare Ziele für dich und dein Business! Nimm deine Businessvision und stecke die ersten großen Etappen ab! Unterteile sie in Zwischenziele und dann erstelle deinen klaren Aktionsplan. Beginne mit den ersten kleinen Schritten und lasse sie nach und nach größer werden. Mache das so lange, bis du kontinuierlich an der Verwirklichung deiner Vision wirkst.

Genau so legst du den Grundstein für dein stabiles Fundament. Du wirst wahrnehmen, wie erfüllt und erfolgreich dein Leben wird, wenn du tust, was du liebst, wenn du immer weiter vorwärtsgehst.

## *Kommt der Sturm, dann stehe auf, richte deine Krone und geh weiter. Liebevoll!*

Der Sturm wird nicht ausbleiben. Das kann ich dir aus eigener Erfahrung und aus der Arbeit mit meinen Kundinnen sagen.

Und wenn du das Gefühl hast, darin verloren zu gehen oder von Beginn an alles professionell aufbauen möchtest, hole dir Unterstützung! Hol dir Experten an deine Seite, die in ihrem Fachgebiet herausragend sind. Die genau wissen, wie man Dinge einfach, schnell und effektiv umsetzt. So sparst du wertvolle Zeit und kannst dich auf jene Aufgaben konzentrieren, die dir Freude bereiten und dich voranbringen. Damit schlägst du zwei Fliegen mit einer Klappe: Du beschleunigst nicht nur deine Projekte, sondern auch deine persönliche Entwicklung.

## POWER UND WUNDER

Bei all dem Aufräumen, bei all der Unterstützung, darf eines ganz und gar nicht fehlen. Das ist der Booster neben all der Dankbarkeit – es sind die Freude und die Leichtigkeit.

Mit diesem Buch habe ich dich sicherlich motivieren können, dein Leben selbst in die Hand zu nehmen und Verantwortung für deine Erfolge zu tragen. Ja, es kann nur motivierend und inspirierend sein, die Eigenverantwortung dafür zu übernehmen, dass jeder Tag dein bester Tag wird.

Du hast es in der Hand, du besitzt den Kompass, die Anleitung zu deinem Erfolg.

Und nun schalte den Booster Freude und Leichtigkeit ein.

Entscheide dich dafür, jeden Tag aufs Neue. Immer und immer wieder. Spring rein in dein Leben. Mach etwas draus.

Beginne mit deiner inneren Stabilität und mit deiner Gesundheit.

Spring rüber in deine Unternehmensklarheit. Bleibe dran. Setze um und dann beginnst du deine Marke in die Welt zu tragen.

Lade die Freude und die Leichtigkeit ein, jeden Tag aufs Neue. Vertraue darauf, dass Wunder geschehen, wenn deine Energie stimmt.

Du wundervolle Frau, das ist der Weg zum Happy Business und Traumjob Unternehmerin.

Wunder über Wunder.

Alles Liebe

# Dankeschön

Dieses Buch ist ein Dankeschön an mein Leben.

An Moni, die mir mit den ersten drei Büchern zur Persönlichkeitsentwicklung den Weg zu einer tieferen Reise zu mir selbst eröffnete.

An meine Eltern, meinen Bruder und meine Familie – für ihre Liebe, ihr Dasein, das Bieten von Möglichkeiten, all ihre Unterstützung und ein behütetes Aufwachsen.

Ein Dank an Sven für die Empfehlung eines Business-Coachings, das mir entscheidende Tiefe schenkte und mir die Verbindung zwischen Businessaufbau und innerer Arbeit zeigte.

Ein besonderes Dankeschön gilt meinem Partner – für unser gemeinsames Wachsen, seine Liebe, seine Unterstützung und all die Zeit, die er mir schenkte. Für seinen unternehmerischen Blick, den wertvollen und ehrlichen Austausch, sein Stärken und das Glauben an mich.

Mein Dank gilt auch meinen Freunden und all den Menschen, die mich begleiten, begleitet haben, mich motivieren und an mich glauben.

Heute bin ich die Frau, die Verantwortung übernimmt und voller Freude ihr Herzensbusiness lebt. Eine Frau, die vertraut, die mutig ihren Weg geht und andere Frauen ermutigt, dasselbe zu tun.

Angekommen in mir selbst und in meinem Business gehe ich jeden Tag weiter – Schritt für Schritt, wachsend, lernend, liebend.

Eine Reise, die nicht endet, sondern sich weiter entfaltet und immer wieder neu öffnet – im Jetzt, mit Vertrauen in die Zukunft und in die Kraft meines Herzens.

# Literaturverzeichnis


Jens Corssen – „Der Selbstentwickler“

Robin S. Sharma – Parabel vom Glück: Der Mönch, der seinen Ferrari verkaufte

Thomas Alva Edison – Eine wahre Geschichte und Erzählung aus seinem Tagebuch „heldenhafte Mutter“

Dr. Petra Bock – „Mindfuck®“ im Sinne der mentalen Selbstsabotage

Byron Katie – Methode „The Work“

Mel Robbins – 5-Sekunden-Methode

Louise L. Hay – Gesundheit für Körper & Seele

Laura Malina Seiler – Mögest du glücklich sein

# Über die Autorin

Madlen Heller, geboren im „sächsischen Nizza" und aufgewachsen in einer Unternehmerfamilie, ist seit über 20 Jahren selbstständig. Mit ihrem Hintergrund in Steuerwesen und Unternehmensberatung hat sie zahlreiche Unternehmerinnen und Unternehmer begleitet und ihnen bei Wachstum und Erfolg zur Seite gestanden. Als **Gründerin von HellerZauber®** wirkt sie heute im gesamten deutschsprachigen Raum und unterstützt vor allem Frauen und Unternehmergattinnen dabei, finanzielle Abhängigkeiten zu überwinden, ein eigenes Business zu starten und es gezielt zu einer starken, profitablen Marke auszubauen.

Ihre Expertise verbindet Betriebswirtschaft und fachliches Know-How mit Persönlichkeitsentwicklung. Dafür ließ sie sich inspirieren und motivieren von einigen internationalen Persönlichkeitslehrern und absolvierte u. a. den CPD – Coach for Professional Development (Business Coach, Dr. Bock Akademie). Ergänzt wird ihr Wissen durch Weiterbildungen in der Neurolinguistik und der positiven Psychologie, systemischer Arbeit und Human Design.

Mit diesem ganzheitlichen Ansatz verbindet sie Klarheit, Mut und Strategien, die Frauen befähigen, ihr Potenzial zu entfalten, Umsätze zu erzielen und echte finanzielle Unabhängigkeit zu erreichen.

**Ihre Mission: Frauen sichtbar machen –**
**stark als Marke, frei und erfüllt im Business.**
**www.hellerzauber.de**